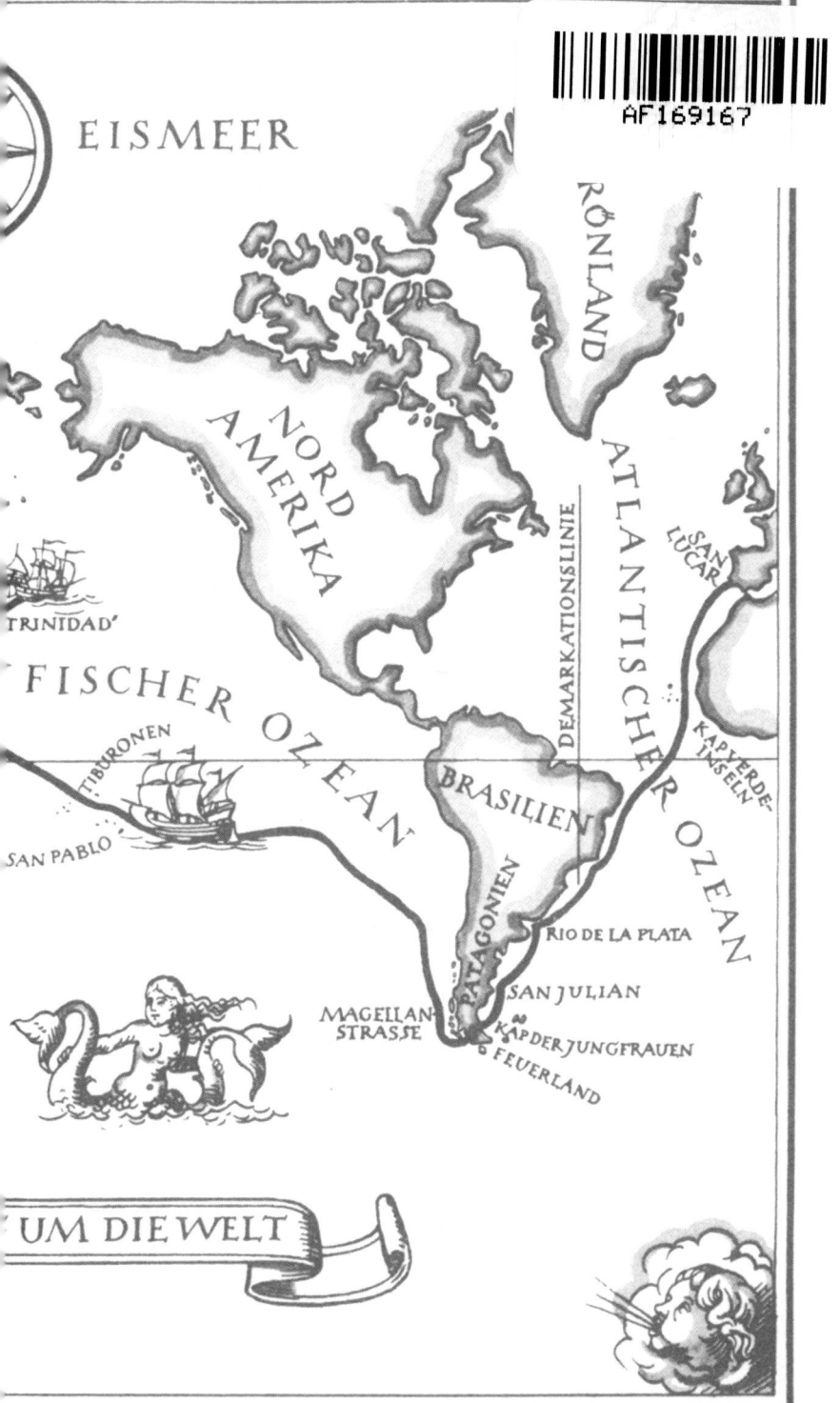

Marleen Nelen

Expedition ins Ungewisse

Marleen Nelen

Expedition ins Ungewisse

Die Abenteuer des jungen Julio,
der mit Magellan die Welt umsegelte

Deutsch von Thomas Ansgar Ostheim

Urachhaus

Die niederländische Originalausgabe erschien 2007 unter dem Titel
Duivelstocht beim Verlag Davidsfonds, Leuven.

Die Übersetzung dieses Buches wurde vom Flämischen Literaturfonds
(www.vfl.be) gefördert.

4. Auflage 2021
Erschienen im Verlag Urachhaus
www.urachhaus.de

ISBN 978-3-8251-7674-7

© 2009 Verlag Freies Geistesleben & Urachhaus GmbH, Stuttgart
© 2007 Marleen Nelen & Davidsfond Uitgeverij NV, Blijde-Inkomstraat 79-81,
3000 Leuven, Belgium
Vorsatz: Karte von Fritz Kredel, entnommen der 1. Auflage des Buches
Magellan. Der Mann und seine Tat von Stefan Zweig.
Reichner Verlag, Wien, Leipzig, Zürich 1938.
Karte auf Seite 234: © Uitgeverij Davidsfonds
Umschlagabbildung: © Getty Images, München
Gesamtherstellung: CPI books GmbH, Leck

Inhalt

Der Kauf 7
Ein neues Leben 19
Juan 29
Unterwegs 36
Der General 46
Die *Concepción* und ihre Mannschaft 55
Freud und Leid 62
Die Überfahrt 70
Die Berichte des Domenico 80
Zweifel 91
Meuterei 104
San Julián 117
Die Durchfahrt 133
Hunger 144
Don Nino 155
Krieg 167
Irrfahrt im Reich der tausend Inseln 181
Der Eindringling 193
Heimwärts 208
Die Ankunft 221

Karte der Magellanstraße 234
Glossar der wichtigsten nautischen Begriffe 235

Der Kauf

Julio steht mit etwa hundert anderen Knaben auf dem Hof und wartet. Es ist kalt. Seine nackten Füße sind blau und gefühllos. Ein Mann in einem schwarzen, langen Mantel geht langsam durch die Reihen und mustert sie langsam und aufmerksam. Schwere Edelsteine schimmern an seinen Händen. Der Direktor des Waisenhauses geht ihm hinterher. Sobald der Adlige bei jemandem stehen bleibt, zerrt der Direktor diesen sofort aus der Reihe. Er zwängt seine fetten Finger zwischen die Zähne des Knaben und dreht das ängstliche Gesicht hin und her. Der Mann schüttelt seinen Kopf und geht weiter. Julio hört ihn murmeln: »Das ist nicht, was ich suche. Das ist überhaupt nicht, was ich suche.«
»Diesen hier«, sagt der Direktor. »Der ist sehr stark und widerspricht nie.«
»Der sieht zu dumm aus. Ich habe Euch doch bereits gesagt, dass ich keine Muskeln suche.«
Der Edelmann knöpft seinen aufgewehten Mantel zu. Die dünnen Hemden und die abgewetzten Hosen der Kinder lassen ihn frösteln.
Der Direktor schaut schmeichelnd zu ihm auf. »Wir kleiden sie nicht zu warm. Sonst werden nur Schwächlinge aus ihnen. Wir müssen sie ja auf das echte Leben vorbereiten, nicht wahr?«

»Nennt es, wie Ihr wollt. Einer von ihnen geht mit mir nach Hause und er wird was Ordentliches zum Anziehen haben.«
Der Direktor hört zufrieden zu. Seine runden Wangen färben sich rot.
»Natürlich«, sagt er. »Und mit Eurem Geld kaufen wir neue Kleider für die anderen.«
Der Adlige zieht ungläubig eine Augenbraue hoch, sagt aber nichts.
Vorsichtig späht Julio zur Seite. Sie sind fast bei ihm, nur noch drei Jungen entfernt.
Die meisten von ihnen wollen verkauft werden – nicht aber Julio.
›Er nimmt mich nicht‹, denkt er. Er betet schier. ›Er nimmt mich nicht.‹
Der Mann schaut in seine Richtung, als höre er ihn denken. Eine Sekunde lange kreuzen sich ihre Blicke. Julio wendet seinen Kopf schnell zur Seite.
Der Fremde ist ganz in Schwarz gekleidet. Er sieht aus wie eine Krähe. Eine große düstere Krähe, sogar die langen Federn auf seinem Hut sind schwarz. Bei jeder Bewegung wippen sie nervös auf und ab und kitzeln den Jungen der vorderen Reihe im Nacken. Seine Augen sind dunkel und schwermütig, seine Nase ist messerscharf mit einem Tropfen an der Spitze. Er ist erkältet.
Die zwei Männer sind nun so nahe, dass Julio den Mann riechen kann: Er riecht nach Moschus und Schweiß.
Julio versucht, so dumm und jämmerlich wie möglich auszusehen. Er saugt seine Wangen ein. ›Mutter‹, denkt er, ›komm du mich doch holen.‹
Aber das ist natürlich Unsinn. Dergleichen geschieht nur in den Geschichten, die die Jungen einander abends flüsternd erzählen.

Julio weiß nichts über seine Mutter, außer dass sie ihn wie einen Sack alte Lumpen an der Tür des Waisenhauses abgesetzt hat. Sie hat sich nicht einmal die Mühe gemacht, ihm einen Namen zu geben. Andere Jungen haben zumindest einen kleinen Zettel in ihrem Nachttischchen.
Das ist Marco. Ich bin arm. Kümmern Sie sich bitte gut um ihn.
Oft fragt er sich, ob sie noch geblieben ist, bis sie sicher war, dass ihn jemand gefunden hat. Vor allem nachts erscheint ihm das sehr wichtig. Mit seinem Kopf unter der verschlissenen Decke stellt er sich vor, wie sie mit ihm in den Armen zu dem düsteren Gebäude läuft und ihn ein letztes Mal an sich drückt. Während sie ihn niederlegt, rutscht das Deckchen ein bisschen beiseite. Er schläft. Ihm läuft der Speichel aus seinem kleinen Mund, den sie mit ihrem Handrücken abwischt. Sie läutet die schwere Glocke und verschwindet so schnell sie kann in der Dunkelheit. Fast wäre sie von einem schnell fahrenden Pferdefuhrwerk überfahren worden. Die Verwünschungen des Kutschers erwidert sie mit einem Blick voller Tränen. Der Pförtner des Waisenhauses öffnet die quietschende Tür und flucht beim Anblick des Bündels.
Vielleicht war es so.
Manchmal ändert er die Geschichte ab. Wenn er sich schlecht fühlt, lässt er den Kutscher sie überfahren und schreckliche Schmerzen leiden. Das ist seine Rache. Manchmal träumt er wiederum, sie besinne sich. Dann kommt sie zu ihm zurück, nimmt ihn wieder mit, und sie sind arm und glücklich zusammen.
Julio ist Eigentum des Waisenhauses. So wie die immer dreckigen Teller, die Gitter vor den Fenstern und die Kastanienbäume neben den hohen Mauern, die fachmännisch beschnitten werden. Sein ganzes Leben lang schläft er schon mit diesen Jungen in einem großen Saal. Die eisernen Betten stehen dicht beieinander und im Stroh lebt allerhand Ungeziefer, das raschelnd das

Weite sucht, wenn man sich bewegt. Nie ist es still. Immer wird geflüstert oder geweint. Wird es zu laut, kommen die Patres mit ihren baumelnden Laternen. Sie schlurfen – ihre Gesichter im Dunkel der Kapuzen verborgen – an den Betten vorbei, sehen aus wie gruselige Gespenster und strafen willkürlich.

Der Direktor schlägt ihm mit der flachen Hand ins Gesicht.
»Bist du taub?«, faucht er.
Jetzt hat Julio sich doch überraschen lassen.
»Und?«
Julio hat die Frage nicht gehört. Es ist besser, nichts zu sagen, als eine falsche Antwort zu geben. Vielleicht lässt der Edelmann es dabei bewenden und geht zum nächsten Jungen weiter. Julio neigt den Kopf und starrt auf die dürren Knie des Adligen. Sie sind vom vielen Reiten ein bisschen nach außen gedreht. Die goldene Stickerei auf seinen Schuhen glänzt in der Wintersonne, Armbänder geben ein klirrendes Geräusch von sich. Julio fühlt eine kalte Hand unter seinem Kinn. Die Hand hebt seinen Kopf, sanft aber bestimmt. Julio zwinkert mit den Augen. Ein Adliger, der sich nicht vor ihm ekelt! Ein Adliger, der sich traut, ihn anzufassen!
»Kann das Kind sprechen?«, fragt der Mann den Direktor, während er Julio loslässt.
Der Direktor verabreicht ihm erneut eine schallende Ohrfeige.
»Er kann sprechen, hat aber einen schlechten Charakter. Ich empfehle ihn nicht. Er arbeitet lange gut mit, ist sogar behilflich. Und dann – schwupps! – wird er störrisch und unausstehlich. Er ist unberechenbar. Es ist natürlich an Euch.«
»Wie alt ist er?«
»Sieben. Vielleicht acht.«
»Ich nehme ihn.«

»Wie Ihr wollt. Ihr könnt ihn aber nicht umtauschen oder zurückbringen. Gekauft ist gekauft. Wenn er hier einmal rausspaziert ist, will ich ihn nie wieder sehen. Seid ihr unzufrieden und wollt einen anderen, müsst Ihr einen neuen bezahlen.«
»Ich habe nichts anderes erwartet. Er kommt sofort mit mir.«

Der Junge folgt dem Adligen. Während sie zur hohen braunen Tür hinauslaufen, tritt er vor Aufregung auf die Hacken seines Käufers. Der dreht sich böse um.
»Komm her und lauf neben mir. Ich beiße dich schon nicht.«
Julio piepst etwas Unverständliches.
Es ist das erste Mal, dass er auf die Straße kommt. Noch nie hat er die Mauern des Waisenhauses verlassen. Acht Jahre lang hat er die Jahreszeiten nur durch den kleinen viereckigen Himmelsausschnitts über dem Hof beobachtet. Die starre, platte Scheibe der Sonne, die die Steine glühend heiß machte und an den Füßen brannte, das war der Sommer. Wenn die Blätter über die Mauer fielen, war Herbst.
Außerdem kannte er die Bücher mit den Drucken, in denen er blätterte, wenn man ihn ließ. Und den Tagesablauf des Waisenhauses: das Beten, die stets missmutigen Gesichter der Waschfrauen, den Keller, in dem er wohl insgesamt ein Jahr allein gesessen hat, weil er ungehorsam oder frech gewesen war, oder einen Apfel gestohlen hatte.
Dies hier ist vollkommen neu, überall ruft und schreit es. Karren rattern vorbei, große Hunde jagen einander und rennen ihn schier um. Julio lässt sich in den Matsch fallen und schließt seine Augen. Undeutlich nimmt er wahr, dass sich immer mehr Menschen um ihn scharen. Sie lachen ihn aus. Julio kneift seine Augen zu, bis er Sterne sieht und sich mit seinen Händen die Ohren zuhält. Der Adlige beugt sich zu ihm herunter.

»Steh auf«, zischt er, »steh sofort auf.«
»Nein«, flüstert Julio. »Lasst mich liegen. Weg. Ich will sterben.«
Der Adlige bleibt kurz unschlüssig knien. Dann beginnt er, die Umstehenden zurückzudrängen. Er schiebt einen Arm unter den Knaben, zieht ihn hoch und ruft eine Kutsche. Julio öffnet seine Augen immer noch nicht. Der Mann legt ihn auf weiche Kissen und setzt sich neben ihn. Der Kutscher nörgelt. Er bekommt sein Geld und schweigt. Nach einer Weile schaut Julio um sich. Der Adlige sitzt neben ihm und schaut aus dem Fenster. Die Stadt rüttelt vorbei.

Julio sitzt in einem warmen Bad und eine dicke, rote Frau seift seinen mageren Körper ein. Sie heißt Mina. Ihre Hände sehen aus wie abgewetztes Sämischleder und fühlen sich auch so an. Mina beklagt sich. Sie flucht über Läuse und Dreck. »Was er mir da antut! Wo hat er nur seinen Kopf! Was soll ich mit so 'nem Affen? Das führt doch zu nichts!«, sagt sie und scheuert seine Haut, als sei es ein angebrannter Topf. Plötzlich halten ihre geschäftigen Hände inne. Sie schaut ihn mit gerunzelter Stirn an.
»Wo sind deine Eltern?«
»Was geht Euch das an?«
»Soll ich dir den Mund mit Seife waschen? Kannst du haben! Denkst du, mit so einem Rotzbengel wie dir würde ich nicht fertig?«
Julio starrt in das grau gewordene Wasser und antwortet nicht. Er überlegt, dass er sie beißen könnte. Allein bei dem Gedanken muss er grinsen. Schon sieht er sie vor sich, wie sie zeternd auffährt und sich an ihre Nase fasst. Wenn sie noch ein bisschen näher kommt, dann tut er es.
›Komm nur, dicke Nase. Komm.‹
Sie ist so nah, dass er ihre Haare auf dem Kinn sieht.

»Was grinst du so?«
Sie wird noch röter als sie ohnehin schon war. Julio spannt seine Muskeln und ist sprungbereit. Genau in diesem Moment kommt ihr Herr herein. Mina zieht Julio an seinen Haaren hoch und geht einen Schritt zurück. Der Mann setzt sich auf einen Stuhl, um seinen neuen kleinen Sklaven in Ruhe betrachten zu können.
»Gute Arbeit, Mina«, spricht er. »Er sieht aus, wie ein rosa Schweinchen.«
»Mir fallen die Arme ab«, seufzt sie. »Bei allem Respekt, Don Nino, wo habt Ihr denn so etwas aufgetrieben?«
»So etwas kümmert im Waisenhaus unserer Stadt vor sich hin. Und er ist immer noch ein Kind – egal wie schmutzig er auch ist.«
Hinter seinem Rücken hört Julio sie keifen. Don Nino gebietet ihr mit einem Wink zu schweigen. Er zeigt auf Julios schmutzige Kleidung.
»Sieh zu, dass das heute noch verbrannt wird. Ich habe jemanden geschickt, Kleider für ihn zu kaufen. Wenn er so weit ist, bring ihn zu mir. Ich habe ihm noch etwas zu sagen. Richte inzwischen die Dachkammer für ihn her.«
Bevor er die Tür hinter sich schließt, wendet er sich noch einmal um und zeigt auf Julios Beine: »Und gib ihm etwas zu essen, eh ihm die dünnen Stöcke wegklappen.«
Julio traut seinen Ohren nicht: neue Kleider, ein eigenes Zimmer, Essen. Jetzt ist er froh, dass er Mina nicht gebissen hat. Eigentlich sieht sie doch nicht so schrecklich aus. Er schluckt ein bisschen, doch er kann seine Tränen nicht mehr zurückhalten. Mina tut erst, als merke sie nichts. Dann bittet sie ihn, nicht weiter zu heulen, aber ihre Stimme klingt bereits viel weniger barsch. Sie hilft ihm aus dem Waschzuber, reibt ihn trocken und

legt das Handtuch auf einen Stuhl. Darauf darf er sich setzen. Ein Mann mit strengem Blick betritt das Zimmer. Auf seinem Arm trägt er ein Bündel Kleider. Er überreicht Mina alles und sie wechseln ein Paar Worte – so leise, dass Julio nichts verstehen kann. Nur das Wort *Waisenhaus* hört er ein paar Mal heraus und bemerkt Mitleid in Minas Tonfall. Julio schnuppert an seiner Haut. Er riecht gut. Der streng aussehende Mann streift Handschuhe über, hebt mit angeekelter Mine Julios alte Kleider auf und schafft sie mit ausgestreckten Armen fort.

Mina gibt ihm einen Wink. Nun ist Julio willig. Sie zieht ihm ein tadellos weißes, gestärktes Unterhemd über. Dazu bekommt er eine kurze braune Hose, schwarze, kratzige Kniestrümpfe und ein türkisfarbenes Hemd mit Puffärmeln. Sie schwenkt ein Paar Stiefel mit Schnürsenkeln vor seiner Nase hin und her.

»Gefallen sie dir?«

»Sie sind prima.«

»Ich zeige dir einmal, wie es geht.«

Es sieht kompliziert aus. Die Schnürsenkel sind sehr lang, aber Mina schnürt ihm die Stiefel im Handumdrehen und hilft ihm auf die Füße. Julio schwankt. Die Stiefel drücken. Er probiert zu laufen, aber seine Füße fühlen sich an wie aus Blei. Um überhaupt vorwärts zu kommen, hebt er sie übertrieben in die Höhe und stapft unbeholfen umher. Mina muss lachen.

»Du gewöhnst dich bald daran, keine Sorge.« Sie gluckst. »Du stiefelst wie ein Elefant.«

»Es fühlt sich schrecklich an. So kann ich doch nicht zu Don Nino gehen?« Schon wieder schießen ihm die Tränen in die Augen.

»Komm, ich ziehe sie dir wieder aus. Du kannst nachher in deinem Zimmer noch üben. Und fang nicht ständig zu heulen an, das halte ich nicht aus.«

Er kann nichts dafür. Gerade noch war er derart voller Kampfeslust, dass er ihr in die Nase beißen wollte und jetzt fühlt er sich klein und erbärmlich. Seine Ohren glühen, weil Mina sie so stark gerieben hat, und sein Gesicht ist tränenüberströmt.

»Schau mal«, sagt Mina. Sie zeigt auf die Malereien, die in dem langen dunklen Gang hängen. »Das ist die Verwandtschaft deines Herrn.« Ihre Stimme klingt jetzt noch freundlicher. Julio schiebt seine Nase bis kurz vor die rissige Farbe.
»Gib Acht, nachher fallen sie noch runter.«
»Die Männer haben alle den gleichen Kleiderbügel als Nase.« Mina lacht. Sie kommen an einem hohen Fenster vorbei und Mina hebt ihn hoch, damit er hinaussehen kann. Sie riecht nach der Seife, mit der sie ihn gewaschen hat.
»Wir wohnen am Markt von Barcelona. Siehst du die Männer mit den Mützen? Das sind Kutscher, die auf Kunden warten. Und auf der Allee dort drüben, mit den prächtigen Bäumen, kommt das reiche Volk jeden Sonntag spazieren. Dann kann man sich hier die Augen aussehen.«
Julio starrt über den großen Platz. Er sieht die Männer mit den Mützen. Er sieht die kahlen Bäume, die auf den Frühling warten. Er sieht eine Welt, in der jeder frei umherläuft: den Markt von Barcelona. Wird das sein neues Zuhause? Mit Fenstern ohne Gitter? Ein paar Mädchen überqueren den Platz. Sie tragen große Körbe mit Obst und Gemüse auf ihrem Rücken und reden und lachen. Ein Ball rollt über den Platz. Ein wartender Kutscher kickt ihn zu einer Jungengruppe.

Als sie weitergehen, wird Julio bewusst, wie groß das Haus ist. Es hat so viele Gänge wie ein Labyrinth. Bei einer schweren Eichentür bleibt Mina schließlich stehen.

»Er wartet hier auf dich«, sagt sie. »Sei tapfer. Nachher bekommst du etwas zu essen.«
»Kommt Ihr nicht mit rein?«
»Nein, das geht nicht. Nein.«
Sie klopft und wartet auf Antwort. Dann öffnet sie die Tür und schiebt ihn hinein. Schnell sieht er sich um: Das Zimmer ist geräumig und hat hohe Fenster, die bis zur Decke reichen. Dennoch herrscht Halbdunkel, schwere, dunkelrote Vorhänge halten das Tageslicht weitgehend zurück. In der Mitte des Zimmers steht ein massiver Schreibtisch, der so groß ist, dass bequem acht Personen an ihm Platz nehmen könnten. Er liegt voller Pergamentrollen. Außerdem gibt es ein paar Schränke und einen Teppich. Hier hängt nichts an den Wänden. Sein Herr steht bei einem Kaminfeuer. Es dauert einen kleinen Moment, bis er sich umdreht. Julio wartet mit durchgedrücktem Rücken, so wie er es im Waisenhaus gelernt hat.
»Mein Name ist Don Antonio de la Cruz. In diesem Hause werde ich mit *Don Nino* angesprochen. Das hat Mina dir vielleicht schon erzählt. Ich habe dich gekauft, also gehörst du jetzt mir. Das bedeutet, dass du nach meinen Regeln lebst. Eine dieser Regeln ist, dass du nur zu mir sprechen darfst, wenn ich dich etwas frage, verstanden?«
»Ja.«
Errötend fügt er sofort hinzu: »Don Nino.«
Julios Mund ist voller Leim statt Speichel.
Don Nino fährt fort.
»Du bist mein persönlicher Sklave. Das soll heißen, dass du jederzeit, zu jeder Minute des Tages darüber Bescheid weißt, was ich tue oder wo ich bin. Du weckst mich. Du wäschst mich und rasierst mich. Wenn ich hier bei der Arbeit bin und es dunkel wird, dann entzündest du Kerzen, ohne dass ich dich danach

fragen muss. Du reinigst die Gänsefedern und legst sie bereit. Du füllst die Tintenfässchen. Du bist da, um mein Leben so einfach wie möglich zu machen. Dafür habe ich dich gekauft. Du musst mein Schatten sein. Hast du dazu etwas zu sagen?«
Julio schüttelt den Kopf. Seine Lippen kleben jetzt endgültig aneinander und er bringt kein Wort mehr heraus. Don Nino sieht ihn an. Dann wendet er sich wieder dem Feuer zu.
»Und noch etwas.«
Julio ballt seine Fäuste. Jetzt kommt das dicke Ende.
»Ich werde dir Unterricht geben lassen.«
Julio klappt vor Verblüffung die Kinnlade runter: ›Unterricht‹? Gespannt starrt er auf Don Ninos Rücken, aber sein Herr schweigt. Julio zweifelt – soll er es wagen, eine Frage zu stellen, beispielsweise, warum er ihn unterrichten lassen will, oder was er denn lernen soll? Aber Don Nino hat ihm gerade gesagt, dass ein Sklave nicht von sich aus das Wort ergreifen darf. Er wagt es nicht, sich zu bewegen. Hinter ihm knarzen die Dielen, und eine schwarze Hündin, die er vorher nicht gesehen hat, läuft an ihm vorbei zu Don Nino. Sie drückt ihre nasse Schnauze an dessen Hand und er streichelt sie kurz. Dann schiebt er sie von sich und beginnt, auf und ab zu gehen.
»Kannst du dich noch an den Sklaven erinnern, der deine Kleider geholt hat?«, fragt Don Nino endlich.
»Ja, Don Nino.«
»Er war mein persönlicher Sklave. Hast du ihn dir gut angesehen? Dann hast du gesehen, dass er ein Idiot ist. Er kann aufräumen und den Tisch decken. Aber ich kann mit ihm über nichts reden. Ich habe es satt, Dumme um mich zu haben. Ich kann Dummköpfe nicht ausstehen.«
»Ich bin auch dumm, Don Nino. Ich weiß gar nichts.«
»Aber du bist jung, Julio. Ich sorge dafür, dass du etwas lernst.

Verstehst du das nicht? Aber täusche dich nicht. Dass du Unterricht bekommst, heißt nicht, dass du ein bequemes Leben führen wirst – im Gegenteil. Wie soll ich das erklären? Ich will, dass du Praktisches für mich übernimmst. Und hierbei stelle ich hohe Anforderungen, das wird Mina dir bestätigen. Wenn ich an etwas denke, sollte es eigentlich bereits passiert sein. Wenn ich schreibe, müssen sich die Kerzen sozusagen von alleine entzünden. Wenn ich etwas anziehen will, muss mein Arm bereits im Ärmel sein. Aber von dir erwarte ich mehr als von einem normalen Hausdiener. Ich bin oft allein und will mich mit dir unterhalten können. Meine Verwandtschaft wohnt weit weg und ich habe kaum Kontakt zu ihr. Außerdem studiere ich viel und will meine Kenntnis mit jemandem teilen können. Ich will hin und wieder ein normales Gespräch mit jemandem führen können, der immer in der Nähe ist.«

»Das wird lange dauern. Ich kann noch nicht einmal schreiben.«

»Nicht über die Stränge schlagen, Julio. Das ertrage ich nicht. Übrigens hast du ohnehin keine Wahl. Wir fangen morgen an, dein Lehrer wird um acht Uhr hier sein. Und gib dir Mühe, Julio. Vergeude deine Privilegien nicht, ich vergebe sie nur sparsam.«

Don Nino schreitet zu Tür und reißt sie auf.

»Mina? Nimm ihn mit. Gib ihm zu essen und lass ihn schlafen. Morgen früh weckst du ihn um sechs Uhr. Und nimm Nadina mit nach unten. Ich will nicht gestört werden.«

Mina schnalzt mit der Zunge und der Hund folgt ihr gutmütig. Kurz bevor er das Zimmer verlässt, wirft Julio noch einen Blick zurück. Sein Herr sitzt in einem weinroten Sessel und starrt gedankenverloren in die Flammen.

Ein neues Leben

Was für eine Entwicklung. Gestern erst saß Julio ausgehungert an einem langen Tisch im Waisenhaus und sorgte sich, weil ihm ein älterer Junge seinen einzigen Kanten Brot weggenommen hat, und heute – nur einen Tag später – sitzt er in einer blitzblank geputzten Küche, in der die Lebensmittel aus den Schränken quellen. Er isst einen Teller Hühnersuppe, in der große Fleischstückchen schwimmen. Er schläft in einem Bett mit einer echten Matratze, das Zimmer unter dem Dach hat eine schräge Decke und gehört ihm ganz alleine. Darin steht ein kleiner Schrank, in dem Julio noch weitere Kleider findet. Am Fußende des Bettes befindet sich ein rechteckiges Fenster, das mit einem zwar gewaschenen, aber fadenscheinigen Vorhang verhängt ist. Neben dem Bett steht ein Schemel mit einer Kerze. Es herrscht Stille. Wenn Julio nicht schlafen kann, hält er den Atem an und lauscht: Nichts zu hören. Hin und wieder rekelt er sich im Genuss der weichen Matratze.
Mina weckt ihn täglich um sechs Uhr. Während er sich wäscht, bleibt sie bei ihm und betätigt die Pumpe. »Vergiss deine Achseln nicht«, mahnt sie. Oder: »Sind die Ohren sauber?« Julio gefällt das; ihre Stimme klingt so mütterlich. Manchmal vergisst er absichtlich seine Ohren, nur um ihre Stimme zu hören. Nach dem Waschen nimmt sie ihn mit in die Küche, wo er Milch,

Brot und vor allem Butter bekommt, nach der er ganz verrückt ist. Er löffelt seine Schälchen leer und leckt anschließend noch die letzten Reste auf – ganz im Stile Nadinas. Während er dem Essen tüchtig zuspricht, schaut Mina ihm zu. Sein kahl geschorener Kopf glänzt noch von der Seife. Hin und wieder schaut er Mina mit seinen blauen Augen durchdringend und aufmerksam an.

»Hast du noch was von dem gelben Zeug?«

»Butter? Iss davon mal nicht zu viel. Nachher wirst du noch krank«, sagt sie und gibt ihm trotzdem noch eine weitere Portion.

Sie sind als Erste wach und frühstücken deshalb immer gemeinsam. Julio nutzt die Gelegenheit, um sie auszufragen.

»Wer ist er eigentlich? Don Nino? Ist er echt ganz allein?«, fragt er mit vollem Mund. Er ist neugierig, hat aber auch einen gesegneten Appetit.

»Von uns einmal abgesehen, schon. Er hat mit dir zusammen zwölf Diener und Sklaven. Seine Verwandtschaft wohnt in Italien. Die sieht er fast nie, und geheiratet hat er auch nicht. Don Nino ist steinreich – mein lieber Schwan! Er hat Ländereien und Häuser in drei verschiedenen Ländern.«

»Wieso hat der soviel Geld?«

»Geerbt, mein Junge. Sein Vater ist eben rechtzeitig gestorben.«

»Und was macht er denn dann den ganzen Tag?«

»Studieren, hauptsächlich Geografie, Astrologie und Navigation.«

»Klingt kompliziert. Worum geht es da?«

Mina hebt ihre Schultern.

»Das weiß ich auch nicht so genau. Öfters kommt einer hierher: Don Juan Sebastián Elcano. Den wirst du noch kennenlernen.

Der hat die gleichen Interessen wie Don Nino. Sie suchen nach neuen Möglichkeiten, wie man seine Position auf der Erde bestimmen kann. Oder sie streiten sich tagelang darüber, wie groß die Welt sei. Als ich ihnen letztens was zu essen ins Studierzimmer gebracht habe, habe ich Don Nino gehört, wie er gesagt hat, der Mond habe Einfluss auf das Meer … na ja, und lauter so Sachen.«

»Dann ist dieser Juan also auch ein Gelehrter?«

»Er ist ein Offizier bei der spanischen Marine.«

»Ein echter Seemann?«

»Jawohl, ein echter Seemann. Er ist ungehobelt und hat keine Manieren, aber Don Nino hat einen Narren an ihm gefressen. Meistens bleibt er eine Woche oder so zu Gast. Dann schleichen wir hier auf Zehenspitzen umher. Die beiden reden sich so sehr die Köpfe heiß, dass sie für alles andere keinen Nerv mehr haben. Er ist aber oft unterwegs, deshalb sehen wir ihn hier nicht so oft. Aber wenn er kommt, ist es besser, ihnen nicht in die Quere zu kommen.«

›Don Nino ist also gereizt, wenn Juan da ist‹, merkt Julio sich. Er lernt viel von Mina. Sie erklärt ihm, wie der Hase läuft in ihrem Haus. Während sie redet, richtet sie Don Ninos Frühstück. Sie stellt alles auf ein Tablett. Auf ein schönes Tablett übrigens: Auf seinen Rändern sitzen Vögel mit vergoldeten Federn. Julio bewundert sie, während er die Treppe hinaufgeht. Er klopft und tritt ohne abzuwarten ein. Er zieht die Vorhänge beiseite, während Don Nino so tut, als wache er auf. Julio weiß, dass Don Nino allmorgendlich im Bett auf ihn wartet. Er wünscht seinem Herrn einen guten Morgen und hilft ihm aus dem Bett. Während Don Nino frühstückt, steht Julio neben ihm. Er hat seine Hände hinter dem Rücken und versucht stillzustehen.

Julio freut sich über sein neues Leben. Jeden Tag langt er kräftig zu und Mina bewahrt für ihn die besten Bissen auf. Er trägt schöne Kleidung aus weichem Stoff und muss nicht mehr frieren. Aber sein neues Leben hat auch Schattenseiten, zum Beispiel muss er Don Nino rasieren. Mina hat schon versucht, ihn davon zu überzeugen, sich besser von jemand anderem rasieren zu lassen, aber Don Nino blieb dabei: Julio und kein anderer solle ihn rasieren. Julios Hände zittern, wenn seine kleinen Finger über die stoppeligen Wangen fahren. Don Nino hält seine Augen geschlossen, während das Messer über seine Haut fährt und Julio innerlich betet, dass auch ja alles gut gehe.
Mit der Zeit gelingt es ihm immer besser. Nach einer Weile traut Julio sich sogar, während der Rasur an etwas anderes zu denken: an die Hündin Nadina, mit der er so schön auf dem Rasen hinterm Haus spielt, oder an die Pferde im Stall. Und dann ist es doch passiert! Julio ist abgerutscht. Er hat das Messer nicht schief genug gehalten und ein roter Strich erscheint auf Don Ninos Wange. Es dauert ein paar Sekunden, bis er merkt, dass Julio ihn geschnitten hat. Er springt auf. Er packt Julio am Arm, schleudert ihn zu Boden und brüllt, er werde ihn zurückbringen.
»Dreckskerl! Willst du mich umbringen? Ich verkauf dich an den Nächstbesten! Ach, was sag ich! Umsonst kann er dich haben. Geschenkt!«
Er tritt Julio in den Bauch.
»Ich habe mein Geld zum Fenster rausgeschmissen.«
Er hebt das Rasiermesser, das auf den Boden gefallen ist, auf und zerrt ihn grob zu sich her, das Messer hält er ihm dicht vor das Gesicht.
»Es wäre kein Problem«, zischt er. »Kein Hahn kräht nach dir.«
Beide ringen nach Luft. Ihre Gesichter sind dicht beieinander. Die Wut in Don Ninos Augen lässt Julio erstarren. Das Rasier-

messer glänzt in seinem linken Augenwinkel, und Blut tropft von Don Ninos Wange auf ihn herunter. Langsam und warm läuft es ihm den Hals herunter. Don Nino lässt Julio los und der Junge schlägt unsanft mit seinem Kopf am Boden auf.
Mina hat den Tumult gehört und kommt angerannt.
»Schließ ihn weg«, ruft Don Nino ihr zu. »Ich will ihn nicht mehr sehen.«
Er betastet seinen Unterkiefer, seine Finger sind voller Blut.
Mina begleitet Julio zur Tür hinaus.
»Ich kann nichts dafür«, schluchzt Julio. »Das Messer ist viel zu groß. Mina! Verkauft er mich jetzt echt?«
»Wahrscheinlich nicht. Aber das wird dir eine Lehre sein, Julio. Du bist und bleibst ein Sklave. Daran ändert sich nichts, nur weil du zufällig Unterricht kriegst. Don Nino verfügt über dein Leben. Er darf dich töten. Egal wann, warum und wie. Vergiss das nie.«
Sie bringt ihm heimlich etwas zu essen.
Nach zwei Tagen darf er sein Zimmer wieder verlassen.

Nachdem Don Nino rasiert ist, muss Julio lernen. Sein mürrischer Lehrer, Don Miguel, wartet um Punkt acht Uhr bereits auf ihn. Wenn er zu spät kommt, bedeutet das, dass er für jede Minute mit dem Eisenlineal einen Schlag auf die Hände bekommt. Don Miguel schlägt gerne. Er schlägt Julio, wenn er zu spät oder zu frech ist, wenn er eine Antwort nicht weiß oder einen Fehler macht. Er findet immer einen Grund. Während Julio konjugiert, marschiert Don Miguel auf und ab. Mit seinen hohen Absätzen zerhackt er den Bretterboden. Das Gestampfe ist alles andere als förderlich für Julios Konzentration – zumal seine Hände schmerzen. Dennoch bringt Don Miguel ihm viel bei: Rechnen, Schreiben, Italienisch. Die Stunden bei Don Miguel sind nicht

mit dem Unterricht vergleichbar, den sie im Waisenhaus bekamen. Dort mussten sie stundenlang mit verschränkten Armen still sitzen und wochenlang die gleichen Sätze aus der Bibel herunterleiern, während der Pater hinter seinem Katheder schlief. Julio ist klar, dass er Glück gehabt hat. Kein einziges Waisenkind lernt, was er jetzt lernt.
Mina mag es überhaupt nicht, dass Don Miguel ihn so viel schlägt. Als eines Tages seine Hände stark bluten, legt sie absichtlich einen übertrieben großen Verband an, wodurch Julio recht ungeschickt wird. Während er Don Nino bedient, zerbricht er ein Glas. Don Nino sagt nichts, aber am nächsten Tag ruft er Don Miguel zu sich: Wenn Don Miguel verärgert sei, möge er sich etwas anderes einfallen lassen. Er könne auf den Tisch schlagen oder noch heftiger mit seinen Absätzen stampfen, aber er solle Julios Hände unversehrt lassen.
Das Lineal verschwindet. Don Miguel beißt sich fortan auf seine Unterlippe.

Von zwölf bis vier Uhr bedient Julio Don Nino. Doch um Punkt vier muss er im Studierzimmer präsent sein, wo Don Nino bereits auf ihn wartet. Auf seinem Schoß liegt ein Stapel Blätter, die er von Don Miguel bekommen hat. Don Nino hört Julio selbst ab. Er will genau wissen, wie gut Julio vorankommt. Don Ninos Füße stecken in weichen, seidenen Pantoffeln und sein Hausmantel hat genau die gleiche Farbe wie sein Sessel. Der Kopf der treuen Nadina liegt auf der Lehne: Sie ist sehr anhänglich und stets in Don Ninos Reichweite. Während Julio nachdenkt, streichelt Don Nino ihren Kopf oder zieht ihr zärtlich an den Ohren. Dann schließt sie ihre Augen vor Genuss. Bei jeder richtigen Antwort macht Don Nino mit seiner langen Gänsefeder einen Strich am Seitenrand.

Eines Tages macht Julio keinen einzigen Fehler. Don Ninos Blatt ist schwarz vor Strichen. Er stellt noch eine Frage und dann noch eine allerletzte. Julios Antwort ist richtig. Don Nino denkt nach. Dann rückt er einen Schemel an seinen Sessel.
»Setzt dich dorthin«, sagt er und zeigt auf den Schemel. Nadina knurrt ihn an. »Lass dich von ihr nicht stören. Nadina, still!«
Nadina legt ihre Ohren beleidigt in den Nacken.
»Mal sehen, was wir da haben.«
Gemessenen Schrittes geht Don Nino an seinem reich bestückten Bücherregal entlang. Seine Hände fahren über die sauber abgestaubten Buchrücken, bis er plötzlich stehen bleibt, sorgfältig ein Buch auswählt und sich damit in seinem Sessel niederlässt. Julio kann sich auf all das keinen Reim bilden.
»Mach nicht so ein Gesicht, wie sieben Tage Regenwetter. Ich werde dich schon nicht schlagen.«
Er öffnet das Buch an einer willkürlichen Stelle und hebt an, laut zu lesen. Aber Julio ist so verwirt, dass er kaum zuhören kann. Der Schemel ist niedrig und Julio reicht gerade einmal bis an Don Ninos Knie, was er sehr unangenehm findet. Außerdem sitzt er viel zu nah bei ihm. Er beginnt zu schwitzen und seine Nase kitzelt durch den Muff, den das Buch verströmt.
Nach zehn Minuten schlägt Don Nino das Buch zu.
»Deine stumpfsinnige Nase wäre schier dazwischen geraten. Außerdem hast du nicht zugehört. Denkst du, du kannst mich zum Narren halten? Stell das Buch zurück und mach, dass du fortkommst. Und ich dachte, du wärst für die wahre Arbeit bereit, aber da habe ich mich wohl gründlich getäuscht.«
BUCH DES EDLEN RITTERS UND LANDFAHRERS MARCO POLO: DIE GROSSEN WUNDERLICHEN DINGE DIESER WELT, liest Julio auf dem Einband. Langsam stellt er es zwischen die anderen Bücher zurück.

Am nächsten Tag gibt Julio sich besondere Mühe, aber Don Nino lässt ihn warten. Nach endlosem Abfragen, das Julio inzwischen fast immer fehlerlos besteht, gebietet Don Nino ihm endlich wieder, auf dem Schemel Platz zu nehmen.
»Sei still und hör zu«, warnt er ihn. »Ich behalte dich im Auge.«
Diesmal ist Julio bei der Sache. Er hört nicht nur zu, sondern Don Ninos Erzählungen von fremden Welten, ehrwürdigen Kriegern und falschen Königen, die in prächtigen Palästen wohnen, schlagen ihn völlig in ihren Bann.
Julio sehnt sich zunehmend nach diesen Stunden. Er lernt fleißig, um schnell wieder auf dem Schemel sitzen und Don Ninos Geschichten zuhören zu können. Und dieser wählt seinerseits bewusst die tollsten Passagen aus. Er genießt Julios Aufmerksamkeit, und der Junge beweist ihm täglich aufs Neue, dass er nicht auf den Kopf gefallen ist. So sitzen sie stundenlang zusammen im Studierzimmer und durchforsten Buch für Buch Don Ninos Bibliothek. Nicht selten werden sie von der Glocke, die das Abendessen ankündigt, überrascht. Dann gehen sie gemeinsam mit glühenden Wangen ins Esszimmer und Julio bedient seinen Herrn schweigend. Seine Aufnahmefähigkeit ist für heute erschöpft.

Don Miguel bleibt nicht lange Julios Lehrer. Sobald der Junge über solide Grundlagen verfügt, übernimmt Don Nino ihn selbst. Eines Tages betritt der Edelmann sein Studierzimmer durch die offene Tür. Julio steht an der Tafel und hält eine große Karte hoch. Die Karte fasziniert ihn derart, dass er Don Nino nicht einmal kommen hört.
»Was tust du hier ohne meine Zustimmung?«
Julio erschrickt und lässt die Karte beinah fallen.
»Es … es tut mir furchtbar leid, Don Nino«, stottert er. »Aber

mir gefällt diese Karte so sehr. Ich kann mir nur keinen Reim darauf bilden. Was soll das Oval? Don Miguel hat doch gesagt, die Welt sei rund?«

»Ich erklär es dir. Aber dazu muss ich weit ausholen. Mach erstmal die Tür zu.«

Nachdem Julio die Tür geschlossen hat, holt sich Don Nino einen großen Pergamentbogen, zeichnet eine Münze, die an zwei Fäden hängt, und schreibt *Welt* darüber.

»Die Patres haben dir früher erzählt, die Erde sei eine Scheibe und die meisten Menschen wissen es bis heute noch nicht besser. Sie denken, die Welt höre irgendwo auf.« Unter der Münze zeichnet er große Zacken. »Hier könne man runterfallen und im Maul widerwärtiger Monster landen, glauben sie. Daher traut sich niemand, weit weg zu fahren.«

Er zeichnet ein paar Figuren mit Seemannsmützen, die er schreiend in der Tiefe verschwinden lässt. Dann streicht er die Zeichnung durch.

»So ist die Welt aber nicht beschaffen. Das wussten die Griechen eigentlich schon – noch vor Christi Geburt. Ihr Wissen ist nie ganz verloren gegangen, nur war es so, dass die Menschen von solchen Weltbildern nichts hören wollten. Es galt die Bibel allein, und alle Wissenschaftsbereiche unterstanden Gott. Und wer etwas behauptete, das nicht mit der Bibel vereinbar war, wurde der Ketzerei bezichtigt. Doch nun stehen die Zeichen auf Wandel, Julio. Und alles geht sehr schnell.« Don Ninos Augen fangen an zu glänzen. »Unsere Schiffe werden besser, seetüchtiger, und die Menschen werden mutiger. Sie fahren einfach weiter und kehren mit Informationen über die unterschiedlichsten Dinge heim. Das sind Informationen von Gelehrten aus der ganzen Welt. Da wird so manche verrückte Geschichte erzählt und niemand weiß, was Seemannsgarn und was Wirklichkeit ist: Am anderen Ende der Welt lebten Menschen mit einem Fuß in Form eines Regenschirms, den sie sich bei Regen über den Kopf halten könnten. In manchen Meeren koche das Wasser. Don Juan war viel unterwegs, doch dergleichen ist ihm noch nicht unter die Augen gekommen. Kürzlich war er in Konstantinopel, wo ihm ein Gelehrter eine außerordentliche Karte überreichte. Moment, ich schaue einmal nach.«

Er wühlt in seinen Papieren, zieht eine Karte voller seltsamer Zeichen und Zeichnungen hervor und legt sie neben die erste Karte.

»Die andere Karte ist von einem Freund von Juan, einem Madrider Steuermann, der letztes Jahr in Mosambik war.«

Mit zitternden Fingern zeigt er ihm die Unterschiede zwischen den beiden Karten und schreibt dann eine Menge mathematischer Formeln auf die Pergamentrolle mit der Münze und den hinabstürzenden Seeleuten. Er spricht über Eratosthenes, Hipparch und Ptolemäus, griechische Gelehrte, die als Erste die Welt zu kartografieren versucht haben. Er spricht von Längen- und Breitengraden. Er gestikuliert wild, zupft an seinem Kinnbart und ballt aufgeregt die Fäuste.

Julio versteht immer weniger. Die komplizierten Worte Don Ninos machen ihn ganz schwindelig und er bereut schon lange, die Frage gestellt zu haben. Aber Don Nino lässt es nicht mehr los.

Juan

So verstreichen die Jahre und Julio vergisst allmählich das Waisenhaus. Manchmal kommt es ihm vor, als habe er nie etwas anderes als das Leben bei Don Nino gekannt. Wenn er mit Mina auf dem Markt ist und einen Pater sieht, versteckt er sich hinter Minas breitem Rücken, denn er hat Angst, sie könnten ihn wieder mitnehmen. Mina lacht ihn aus. Julio sei doch schon lange bei ihnen und Don Nino habe doch für ihn bezahlt. Übrigens sei sie sich sicher, dass Don Nino mit Julio zufrieden sei. Das könne sie daran sehen, wie ihr Herr Julio ansehe. Er habe ihn gern um sich.

Eines kalten Wintermorgens hält Don Juans Kutsche vor der Tür. Juan Elcano ist Don Ninos bester Freund. Die beiden Männer haben zwar die gleichen Interessen, führen aber ein sehr unterschiedliches Leben: Während Don Nino fast immer zu Hause ist und nur ab und zu seinen Landgütern einen kurzen Besuch abstattet, geht Juan beinahe pausenlos auf große Reisen und erstattet Don Nino nachher über alles Gesehene und Erlebte treu Bericht – Juan tut, wovon Don Nino träumt. Wenn Juan zu Besuch kommt, schließt Don Nino sich mit ihm im Studierzimmer ein und Mina muss sie mit Speisen und Getränken versorgen. Sie reißen ihr die Schüsseln aus den Händen und schlagen ihr die Tür wieder vor der Nase zu.

Juan sieht eigentlich mehr wie ein Zigeuner als wie ein Seemann aus: Er hat langes, lockiges Haar und trägt große Ohrringe. Seine Züge sind markant und um seinen Mund laufen tiefe Falten, die sich nicht mitbewegen, wenn er lacht. Stattdessen lacht der Schalk aus seinen Augen, als nehme er jedermann fortwährend auf den Arm. Mina sagt, das komme vom Alkohol, denn Juan sei ein Genussmensch. Er spaziert ins Haus, ohne die Glocke zu läuten, und brüllt im Hausflur, ob jemand zu Hause sei. Sobald er hört, dass Don Nino oben sitzt, stürmt er zwei Stufen gleichzeitig nehmend die Treppe hinauf. Julio hat bereits gesehen, wie er in Eile wie ein Kind auf dem Treppengeländer nach unten gerutscht ist.

Julio hört Juans Stimme und hastet in die Stallungen. Er mag die Ställe, denn er ist gern bei den Pferden und hilft dem Kutscher beim Striegeln. Die warmen Pferdeleiber dampfen und ihre braunen Augen starren in die Ferne. Mina kommt ganz außer Atem in den Stall. »Du sollst zu Don Nino kommen, beeil dich«, keucht sie mit ihren Händen an der Brust.

Julio sieht sie ungläubig an.

»Aber Don Juan ist doch da. Da will er doch nie gestört werden.«

»Du sollst kommen, spute dich. Er wartet auf dich. Ich sollte sogar die Tür offen lassen.«

Julio wirft die Bürste ins Heu und rennt ins Haus, und als er vor Don Ninos Zimmer steht, zieht dieser ihn ungeduldig hinein. Juan mustert den auserkorenen Sklaven von oben bis unten.

»So. Das ist also der Junge, in den du gerade so viel Zeit steckst. Ich erkenne ihn, er verschwindet immer im Handumdrehen, wenn er auch nur einen Schimmer von mir sieht. Ein hässlicher Kerl: Die Ohren sind zu groß. Gut, dass du deine Sklaven

zwingst, sich die Haare zu rasieren. Das ist hygienischer. Ich finde aber trotzdem, dass du einen hübscheren hättest nehmen sollen, lieber Nino. Etwas Ansehnliches tut immer gut.«
»Ich komme gerade aus dem Stall«, sagt Julio beleidigt. »Ich habe dem Stallmeister geholfen.«
»Er ist noch jung, und was nicht ist, kann ja noch werden. Außerdem ist mir Schönheit nicht so wichtig.«
Die beiden Männer nehmen ihr Gespräch wieder auf, als sei Julio gar nicht da. Nach der Anmerkung über sein Äußeres ist er rot angelaufen, dann aber vergisst er das Gesagte und konzentriert sich auf das Gespräch zwischen den beiden Männern.
Sie sprechen über das Buch *Imago Mundi* von Kardinal Pierre d'Ailly, dem ehemaligen Kanzler der Universität Paris. Das Buch ist auf Spanisch aufgelegt worden und Don Nino hat es ihm kürzlich gegeben. Julio hat es gelesen – sogar zweimal, und er denkt, dass er das Wichtigste wohl verstanden hat. Er wartet ab.
Don Nino und Juan kommen derweil immer mehr in Wallung. Sie sind hinsichtlich der Schlussfolgerungen, die der Autor betreffs des vermutlichen Weltumfangs zieht, verschiedener Meinung.
»Kardinal d'Ailly behauptet wie Ptolemäus, die Erde sei zur Hälfte flach und zur Hälfte kugelförmig. Laut seiner Argumentation befindet sich zwischen Indien und der spanischen Küste nur ein kleines Meer. Kolumbus hat diesem Buch vertraut. Er ist nach Indien gefahren, und was hat er gefunden? Die Neue Welt. Ich habe letztes Jahr die Überfahrt gemacht. Die Fahrt selbst ist einfach. Die Schiffe fahren südwärts, bis sie irgendwann in die Passatwinde kommen. Der Passat bläst sie im Nu an die Küste. Allerdings ist das Meer viel breiter, als man gedacht hat. Und von der Neuen Welt wissen wir immer noch fast nichts: Wie groß ist sie? Wo hört sie auf?«

Plötzlich geht Juan auf den Jungen zu und fragt ihn nach seiner Meinung. Julio merkt, wie er kreidebleich wird. Verzweifelt versucht er, einen klaren Gedanken zu fassen und murmelt etwas.
»Was sagst du, Junge? Ich verstehe dich nicht.«
Don Juan beugt sich vor und wendet Julio sein rechtes Ohr zu. Der Spott in seiner Stimme macht Julio wütend. Er streckt seinen Rücken, während die Worte von selbst kommen. Er zitiert Aristoteles, stellt einige Rechnungen an und beginnt, auf und ab zu gehen, um besser nachdenken zu können.
Niemand unterbricht ihn. Als er endlich fertig ist, herrscht tiefes Schweigen. Julio schaut verschämt zu Boden. Bestimmt hat er etwas Falsches gesagt. Juan äugt zu Don Nino, doch dieser tut, als gehe ihn das alles nichts an. Juan geht zu Julio und legt seine schwere Hand auf seine Schulter.
»Du weißt allerhand«, sagt er. »Für einen kleinen Sklaven.«
»Das ist nicht mein Verdienst«, erwidert Julio mit bebender Stimme, »sondern das meines Herrn.«
Ängstlich schaut er zu Don Ninos Rücken. Er ist sich noch nicht sicher. Endlich dreht Don Nino sich um. Er schiebt ein Tablett in Julios Richtung und macht eine vage Geste.
»Bring das in die Küche zurück.«
Julio bleibt stocksteif stehen. Ist das alles? Mehr hat sein Herr ihm nicht zu sagen? Julio weiß jetzt mit Sicherheit, dass er sich lächerlich gemacht hat und versucht sich zu erinnern, was er alles gesagt hat, doch sein Kopf ist auf einmal leer.
»Aber ein bisschen plötzlich, Julio, wir haben nicht den ganzen Tag Zeit.«
Julio läuft enttäuscht zum Tisch. Während er sich bückt, zwinkert Don Nino ihm zu. Julio fällt ein Stein vom Herzen. Kein Grund zur Sorge also – Julio hat sich bewährt!

»Lass die Pferde zäumen«, sagt Don Nino noch. »Juan und ich wollen ausreiten.«

Don Nino schließt die Tür hinter sich, und Julio bleibt unschlüssig mit seinem Tablett im Flur stehen. Er hört Juans Stimme, versteht aber nicht, was er sagt. Aus einem plötzlichen Drang heraus legt er das Tablett leise auf den Boden und hält sein Ohr an die Tür. Jetzt hört er Juans Stimme deutlicher.

»Er sieht gescheit aus, Nino. Und du hast ihm ordentlich Unterricht gegeben. Ich kann mir vorstellen, dass er eine angenehme Gesellschaft ist. Fraglich ist nur, ob es schlau ist, einem Sklaven zu so viel Wissen zu verhelfen. Aber ich bin nicht gekommen, um deinen Sklaven zu beurteilen, obwohl ich vermute, dass ich ihn in der nächsten Zeit wohl öfter sehen werde. Rutschst du ein bisschen? Ich habe hier die Karte, von der ich dir vor ein paar Monaten erzählt habe. Die Karte aus dem geheimen Archiv in Lissabon.«

Julio hört Pergamentgeraschel.

»Magellan hat sie abgezeichnet«, fährt Juan fort. »Er hat mich gebeten, sie dir zu zeigen. Wie du weißt, hat der Papst 1493 die Welt in zwei Teile geteilt, um dem Dauerzwist um Indien zwischen Portugal und Spanien ein Ende zu bereiten.«

»Indien ist ja auch eine Goldgrube«, ertönt Don Ninos Stimme. »Kein Wunder, dass es so umkämpft ist.«

»Gold, Seide, Gewürze, Sklaven, Edelsteine, Parfums – was das Herz begehrt. Die Trennlinie des Papstes verläuft hundert Leguas von der westlichsten Kapverdischen Insel entfernt und zieht sich vom Nordpol bis zum Südpol. Schau hier, alles, was westlich davon liegt, hat der Papst den Spaniern zugeteilt; was östlich davon liegt, ist für die Portugiesen. Die Portugiesen erreichen Indien über das Kap der Guten Hoffnung. Magellan hat mit roter Tinte angedeutet, wie sie fahren. Siehst du diese

Linie? Die Route ist sehr teuer, aber machbar. Kolumbus hat für Spanien eine Route über den Westen gesucht und die Neue Welt gefunden. Schau dir diese Karte an, Nino. Das ist spektakulär! Laut dieser Karte erstreckt sich hinter der Neuen Welt ein weiterer Ozean. Indien könnte doch näher sein, als wir dachten. Wenn das wahr ist, bedeutet das einen Durchbruch für Spanien – dann ist es nicht verwunderlich, dass Portugal das geheim gehalten hat. Alles hängt natürlich von der Breite dieses unbekannten Ozeans ab. Jedenfalls hat ein Neffe von Magellan bestätigt, dass Teile der Gewürzinseln sich so weit östlich erstrecken, dass sie eigentlich zu Spanien gehören müssten.«

»Gesetzt den Fall, dieser Ozean besteht: Wie kommen die Schiffe dann an der Neuen Welt vorbei? Tragen wir sie auf unserem Rücken übers Land?«, fragt Don Nino ironisch.

»Genau das ist ja das Sensationelle: Hier unten soll es eine Durchfahrt geben, die die beiden Meere miteinander verbindet.«

»So weit im Süden?«

Schweigen. Jemand läuft im Studierzimmer umher und Julio weiß, dass es Don Nino ist, da die Schritte so leise und gedämpft klingen. Don Nino trägt seine Pantoffeln.

»Magellan ist Portugiese«, sagt er misstrauisch.

»Stimmt«, antwortet Juan. »In Portugal finden sie seine Gedankengänge zu gewagt. Sie brauchen übrigens keinen neuen Seeweg – zumindest keinen, der teurer ist. Es ist ein großes Unterfangen und Magellan ist auf deine Hilfe angewiesen. Ich denke nicht, dass es ohne dein Geld möglich ist, Nino.«

Don Ninos Schritte halten inne. Einen Augenblick lang ist nichts zu hören und Julio drückt sein Ohr noch dichter an die Tür. Erneut Geraschel.

»Hmm, dann komme ich aber mit. Und mein Sklave ebenfalls.«

»Meinst du den Jungen, den du mir gerade vorgestellt hast? Wie alt ist er eigentlich?«
»Als ich ihn gekauft habe, war er ungefähr acht Jahre alt. Ich habe ihn vier Winter. Er müsste zwölf sein.«
»Darüber lässt sich reden. Komm, wir reiten aus. Mir ist nach frischer Luft. Wir reden gleich weiter – versteck die Karte! Davon muss niemand etwas wissen.«
Der kräftige Schritt Juans ist in der Nähe der Tür zu hören. Julio schnellt hoch und springt zwei Stufen gleichzeitig nehmend die breite Treppe hinab. Er verfehlt die letzten drei Stufen und landet schmerzlich auf seinem Allerwertesten. Er rennt zur Küche, in der Mina singt. Oben hört er noch Juans verwunderte Stimme: »Was soll das Tablett hier im Flur?«
Julio stellt sich neben Mina an die Anrichte und hilft ihr beim Ausnehmen des Truthahns. Dabei steckt er mit zitternden Fingern beide Hände tief in den noch warmen Leib.

Unterwegs

»Julio, morgen reisen wir sehr früh ab. Mina hat dein Bündel bereits gepackt. Sieh zu, dass du rechtzeitig schlafen gehst und frühstücke ordentlich. Ich kann nicht sagen, wann du das nächste Mal etwas zum Essen bekommen wirst.«
Gleichgültig, als hätte er über das Wetter gesprochen, zupft Don Nino einen Fussel von seiner Hose.
Julio schöpft gerade die Suppe auf die Teller. Er hält inne und starrt Don Nino sprachlos an.
»Auf, schenk mir die Suppe ein.«
Julio kleckert auf Don Ninos Arm.
»Was machst du denn schon wieder? Du bist wirklich schnell aus der Fassung zu bringen. Geh auf dein Zimmer und lass Mina kommen.«
»Aber ...«
»Lass Mina kommen!«
Don Nino holt nach ihm aus und Julio kann gerade noch schützend seinen Arm vor den Kopf halten.
Im Flur begegnet er Mina. Sie ist bleich und weicht seinem Blick aus.
»Mina, weißt du mehr? Wo fahren wir hin?«
Julio versucht, sie aufzuhalten, aber Mina reißt sich los.
»Lass mich, Julio.«

»Du kommst doch mit, oder?«
»Du fährst alleine mit Don Nino. Niemand von uns kommt mit.« Und schon ist Mina verschwunden.
Julio steht auf halber Höhe der Treppe und sieht ihr nach.

Alle Diener und Sklaven sind auf die Veranda gekommen, um Abschied zu nehmen. Der Gärtner fährt Julio mit seiner sandigen Hand über den Kopf. Julio wehrt ihn gekränkt ab. Mina kommt bis zur Kutsche mit und küsst dem Jungen auf die Stirn.
»Auf Wiedersehen, Mina.«
Er zwängt seinen Arm durchs Fenster, um ihr zu winken.
»So, das reicht«, sagt Don Nino. »Setz dich. Du benimmst dich wie ein kleines Kind.«
Julio antwortet nicht. Heute fühlt er sich tatsächlich wie ein kleines, verwirrtes Kind. Aufgewühlt, traurig und angstvoll zugleich.
Nadina läuft noch ein Stück weit mit der Kutsche mit. Sie bellt und bellt, aber nach einer Weile gibt sie es auf und bleibt mit hängender Zunge am Wegesrand stehen. Julio hört noch, wie Mina ruft, dann biegt die Kutsche um eine Kurve und das Haus ist nicht mehr zu sehen.
Sie fahren zum Hafen Barcelonas. Hier herrscht wegen des Frühmarkts dichtes Gedränge. Fischweiber stapeln große Kisten frischen Fischs und bieten lauthals ihre Ware feil. Ihre Stimmen sind laut und schrill. Die Kutsche hält an. Es ist zu viel los, als dass man noch weiter fahren könnte. Der Kutscher wuchtet ihr Gepäck vom Dach und sucht einen Träger, der ihm bei Don Ninos schwerem Kabinenkoffer helfen kann. Don Nino wartet nicht. Er gibt Julio ein Zeichen und der Junge packt seinen Sack und eilt seinem Herrn nach, dessen großen Schritten er kaum

folgen kann. Die Frauen, die sich um die Fischstände drängen, gehen für Don Nino beiseite, da er so wichtig aussieht. Für den kahl geschorenen Julio aber rücken sie kein Stück und er rennt gegen ihre fülligen Hintern. Er bekommt einen Schlag, bei dem er nicht einmal sehen kann, von wem. Er stolpert über spindeldürre Katzen. Die elegante Feder auf Don Ninos Hut verschwindet immer wieder in der Menge.
Julio ist erleichtert, als sie endlich den Kai erreichen. Dort ist es ruhiger. Bei den Fischerbooten verlangsamt er seinen Schritt. Ein paar junge Männer machen das blutige Deck ihres Boots sauber. Sie spritzen sich gegenseitig nass und lachen schallend. Julio späht zu ihnen herüber. Sie sehen stark und glücklich aus – unerschütterlich, auf ihren kräftigen Seemannsbeinen. Ihre Haut ist von Wind und Sonne gegerbt – genau wie die von Juan. Julio wird blass vor Neid. Sie erreichen eine Werft, in der große Galeonen am Steg vertäut sind. Hier stinkt es nicht mehr so sehr nach altem Fisch. Julio atmet den scharfen Geruch von Teer und frisch gesägtem Holz ein, Holzgerüste ragen hoch neben ihm auf und die majestätischen Spanten der für die Weiten des Ozeans gebauten Schiffe beeindrucken ihn tief. Er kann sich an ihnen nicht sattsehen. Die arbeitenden Männer grüßen Don Nino mit unverwandtem Blick. Julio winken sie mit ihren Hämmern und heben die Daumen. Das ermutigt Julio.
Vor einem großen Schiff bleibt Don Nino endlich stehen. Der Kutscher und der Träger kommen mit einem Handwagen, auf dem der Koffer steht. Ein Mann mit einer tadellosen Uniform kommt von Bord, um Don Nino herzlich willkommen zu heißen. Er bringt sie in ihre Kajüte. Julio schluckt. Hier sollen sie schlafen? Die Kajüte ist winzig und die Decke so niedrig, dass Don Nino nicht aufrecht stehen kann. Und es gibt nur eine einzige Pritsche.

»Du kannst auf dem Boden schlafen, Julio. Du kannst dir die Decke nehmen. Nachts ist es ja nicht mehr so kalt. Vielleicht hat jemand noch Stroh übrig.«
Julio legt sein Bündel auf den Boden.
Der Kutscher grinst Julio an, als wolle er sagen: »Besser du als ich.« Er schiebt mit dem Träger zusammen Don Ninos Gepäck unter die Pritsche, verbeugt sich vor seinem Meister, klopft Julio auf die Schulter und sagt lachend: »Wer weiß, wann ich dich wiedersehe. Machs gut, Junge. Die Pferde werden dich vermissen.« Dann geht er zusammen mit dem Träger nach oben. Don Nino rüttelt am Bullauge.
»Mistding, geh schon auf. Puh! Ein bisschen Frischluft. Komm, Julio.« Don Nino übersieht geflissentlich Julios entgeisterte Miene. »Wir gehen nach oben.«
Kaum hat er dies ausgesprochen, da wird laut gepfiffen. Sie stechen in See! An Deck wuseln gut und gern fünfzig Matrosen durcheinander. Jeder weiß genau, was er zu tun hat. Manche klettern wie Affen in die Takelage. Hoch oben schwingen sie hin und her. Julio sieht bewundernd zu ihnen auf. Kurz darauf fallen die Segel donnernd herab. Ein leichter Ruck geht durch das Schiff. Die Schiffspfeife erschallt erneut. Fünf Männer lichten den Anker. Sie drehen an dem Rad, das knackt und ächzt. Ihre nackten Oberkörper glänzen vor Schweiß, und dicke Adern treten in ihrem Nacken stark hervor. Allerseits werden unverständliche Kommandos geschrien. Julio schwindelt es.
Als sie das offene Meer erreichen, spürt er einen sauren Geschmack im Mund. Sein Magen zieht sich zusammen, er beginnt am ganzen Körper zu zittern und Tränen schießen ihm in die Augen. Er sinkt auf die Knie und starrt voll Abscheu auf die Wellen, die gegen den Bug klatschen; immer und immer wieder. Von jeder neuen Welle wird ihm elender zumute. Er fühlt sich

hundsmiserabel wie am Jüngsten Tag, bis er sich schließlich übergeben muss.
Ein Matrose hebt ihn auf und trägt ihn unter Deck.
»Eine kurze Kotzpause bitte.«
Die anderen lachen laut und geben ihren Senf dazu. Julio sieht direkt in den offenen, ziemlich zahnlosen Mund des Mannes, der ihn trägt. Er sieht braune Speichelkügelchen in seinen Mundwinkeln und die ungleichen Stoppeln seines schlecht rasierten Kinns. Der grinsende Mund wird größer und größer, bis er Julio beinah verschluckt, dann zieht er sich zusammen, bis er in seiner Kleinheit genauso widerwärtig wird. Julio hört hysterisches Gelächter. Es schwillt an, bis es in seinen Ohren schmerzt, dann verstummt es zwar, doch auch die Stille schmerzt ihm in den Ohren. Er wälzt sich auf dem wenigen Stroh, das ein Matrose ihm gebracht hat. Die Planken unter ihm sind hart. Sein Schädel dröhnt, und jede Bewegung ist schmerzhaft. Letztendlich fällt er doch in einen unruhigen Schlaf. Als er wach wird, sind Gesicht und Haare voller Erbrochenem.

Don Nino schaut hin und wieder zur Tür herein, um zu sehen, wie es ihm geht, doch zwischen diesen Besuchen liegen Ewigkeiten: In der kleinen Kajüte ist es immer dunkel. Oben hört er das Gescharre der Füße. Schwere Taue fallen mit derartigem Getöse auf das Deck, dass er Angst hat, sie könnten jeden Moment die Decke durchbrechen und ihn unter sich erdrücken. Julio fühlt sich lebend begraben. Und dabei dachte er immer, Reisen sei fantastisch, doch nun liegt er hier – mutterseelenallein. Währenddessen steht Don Nino an Deck, lässt sich die Haare vom Wind zerzausen und schaut auf das weite Meer hinaus.
Am dritten Tag bringt er Julio eine Schale Suppe. Er sieht zufrieden aus.

»Der Wind steht günstig. Wenn das so bleibt, sind wir morgen in Malaga.«
»Einen ganzen Tag noch! Das überlebe ich nie.«
Julio fängt an zu weinen. Seine Leidensfähigkeit ist erschöpft. Schließlich hat er die Kajüte immer noch nicht verlassen und vegetiert bereits seit zwei Tagen und Nächten hier vor sich hin. Er fühlt sich zu elend, um aufzustehen.
»Das wird bestimmt bald besser. Ich finde, du solltest dich jetzt einmal zusammenreißen. Es gibt Schlimmeres, als seekrank zu sein.«
Verärgert geht Don Nino zur Tür.
»Vielleicht hätte ich dich besser zu Hause lassen sollen. Was habe ich von einem kranken Sklaven, der bei jedem bisschen gleich zu flennen anfängt?«
Er schlägt die Tür laut hinter sich zu und stampft wütend die Treppe hoch. Julio nimmt eine Handvoll Stroh und wirft sie seinem Herrn hinterher, doch die Tür ist bereits zu, und das Stroh taumelt ziellos zu Boden.
»Na prima! Hättest mich ruhig zu Hause lassen können«, ruft er ihm hinterher. »*Ich* wollte nicht mit.«
Zum Abend hin geht es ihm tatsächlich besser und er hat sogar ein bisschen Hunger. Don Nino lässt ein Bad für seinen kleinen Sklaven bereiten und setzt ihn danach auf das Gangspill an Deck.
»Es freut mich, dass du wieder zu Kräften kommst.«
»Es tut mir leid, dass ich mich habe gehen lassen, Don Nino. Mir ging es wirklich schlecht.«
»Das weiß ich wohl. Komm, iss das hier mal auf. Es kann gut sein, dass du nie mehr im Leben seekrank wirst – was übrigens zu hoffen ist.«
»Wie meint Ihr das?«

»Moment. Ich hole noch eine Decke.«
»Meine ist ... na ja, sie hat eine Menge abbekommen.«
»Ich finde schon was.«
Don Nino kommt mit seiner eigenen Decke zurück und legt sie über Julios Beine. Das Essen schmeckt Julio, doch er kann Don Ninos Bemerkung nicht vergessen.
»Schau mal was für ein wunderschöner Himmel«, sagt sein Herr.
Der Himmel verfärbt sich von Dunkelblau über Feuerrot ins Gräuliche. Kurze Zeit später zieht die tintenschwarze Nacht über das Wasser. Am Himmel funkeln die Sterne. Es ist so dunkel, dass sie das Gesicht des anderen nicht sehen können.
»Die Welt ist so groß«, sagt Don Nino nachdenklich. »Diese Endlosigkeit des Wassers.«
Es herrscht kaum Wellengang und die Küste ist nicht zu sehen. Das Schiff scheint im leeren Raum stillzustehen. Julio nickt. Er denkt an das Gespräch zwischen Don Nino und Juan, das er vor einigen Monaten belauscht hat. Über einen Ozean hinter der Neuen Welt ... Er schaut kurz zur Seite: Don Ninos Profil ist nur ein schwarzer Fleck vor dem dunklen Segel.
»Wohin fahren wir, Don Nino?«
»Ein Sklave darf das Wort nicht von sich aus ergreifen, Julio.«
Don Nino schweigt lange, dann räuspert er sich.
»Ich werde es dir erzählen, aber du darfst mit niemandem darüber reden, hast du verstanden? Wir fahren auf der Suche nach den Gewürzinseln westwärts. Irgendwo am südlichen Ende der Neuen Welt soll es eine Durchfahrt zu einem anderen Ozean geben. Diese Durchfahrt suchen wir. Der spanische König hat uns fünf Schiffe zur Verfügung gestellt. Der Befehlshabende ist ein gewisser Magellan – ein Portugiese, der vor kurzem zu den Spaniern übergelaufen ist. Ich habe versprochen, einen Teil der

Kosten für die Expedition zu übernehmen – unter der Bedingung, dass ich mitfahren kann, und zwar mit meinem Sklaven. Juan kommt übrigens auch mit. Wir fahren in Kolumbus' Kielwasser und dann noch viel weiter. Mit etwas Glück umsegeln wir die ganze Welt.«
»Wie breit ist denn der andere Ozean?«
»Das wissen wir nicht.«
»Das wissen wir nicht?« Julios Stimme überschlägt sich.
»Aber das ist ja eine Expedition ins Ungewisse! Wenn wir die Durchfahrt finden und da dann ein Ozean ist, der nicht zu breit ist ...«
»Dann machen wir Spanien steinreich«, lacht Don Nino. »Du bringst es auf den Punkt. Ich wusste doch, dass du kein Esel bist.«
Julio wird wieder schlecht.
»Ich fahre nicht mit«, sagt er aufbrausend und erhebt sich.
Don Nino richtet sich auch auf. Julio kann seinen Gesichtsausdruck nicht erkennen, aber seine Stimme klingt hörbar wütend.
»Soso, und wie stellst du dir das vor? Willst du etwa weglaufen? In einigen Tagen ergreifen sie dich doch wieder und setzen dich hinter Gitter, bis ich mich entschlossen habe, was ich mit dir tun will. Vielleicht lass ich dich einfach vergammeln. Nein, mein Junge. Du gehörst mir und du wirst mir gehören. Wir machen diese Reise zusammen. Ich gehe jetzt schlafen. Lass dir ruhig noch ein bisschen den Wind um den Kopf wehen, aber ich erwarte dich gleich in der Kajüte.«
Julio lässt den Kopf hängen: Don Nino hat recht, er hat immer recht. Julio muss an Minas Worte denken: ›Du bist nichts, Julio. Nichts. Don Nino kann dich töten wie und wann er will. Vergiss das nie‹. Er denkt ganz stark daran, doch es schmerzt. Manch-

mal ist Don Nino über lange Zeit gütig: Er liest vor und gibt Julio Unterricht, und alles geht gut, sodass Julio beinah vergisst, dass er ein Sklave ist. Und dann behandelt er ihn wieder wie eine Kakerlake. So fühlt Julio sich: wie eine Kakerlake, über der der Absatz eines Riesenfußes schwebt, der ihn jederzeit zerdrücken kann.

Während er über das ruhelose Wasser sieht, kommt er auf andere Gedanken: Er muss an die Erzählungen des großen Entdeckers Marco Polo denken. Er sieht sich wieder, wie er in dem großen Haus am Markt neben Don Nino sitzt und hört die irrsinnigen Geschichten, die sein Herr ihm mit bedächtiger, warmer Stimme erzählt. Er erinnert sich, wie er sich danach sehnte, selbst ein Held zu sein. Er erinnert sich, wie er abends von rauen Meeren, menschenleeren Wüsten, wilden Pferden und Kriegern träumte, die ihre Säbel schneller als der Wind schwingen.

Am nächsten Mittag erreichen sie Malaga. Eine beeindruckende Festung sichert den Hafen, und überall stehen Türme – höher und schöner, als Julio sie je sah. Alle sind voller Ungeduld und wollen schnellstmöglich an Land – doch so einfach geht das nicht, denn wie so oft steckt der Teufel im Detail: Erst müssen alle Papiere überprüft werden und muss jeder sein Gepäck wiederfinden. Don Nino und Julio stehen in der langen Schlange und kommen nur langsam vorwärts. Der Kapitän wartet mit ein paar Soldaten, die sich auf ihre Lanzen stützen und grimmig dreinblicken, an der Laufplanke. Einer drängelt vor, was Zank und Streit nach sich zieht. Es dauert lange, bis Don Nino und Julio bei der Laufplanke ankommen.
Don Ninos Dokumente werden nur flüchtig zur Kenntnis genommen, und der Kapitän salutiert sogar ehrerbietig, als er vorbeikommt.

Als sie in einer Kutsche sitzen, die sie zu einer Herberge bringen soll, erzählt er Julio, es gelte nun, eine Kutsche nach Sevilla zu suchen.
»Du wirst dich noch danach sehnen, seekrank auf einem Schiff zu liegen. Überlandreisen sind kein Zuckerschlecken, das kann ich dir sagen! Die Straßen sind in schlechtem Zustand.«
Sie holpern über Kopfsteinpflaster durch das Gassenlabyrinth dieser Stadt. Die Häuser sind in fröhlichen Farben getüncht, hie und da spielen Kinder in den Wassergräben. Wenn die Kutsche kurz anhält, rütteln sie an den Türen. Sie sind bleich und mager, stecken ihre dreckigen Händchen durch die kleinen Fenster und flehen um Geld oder etwas anderes. Don Nino behandelt sie zunächst wie Luft, doch dann fährt er den Kutscher an.
»Wofür bezahle ich dich eigentlich? Verjag die Blagen!«
Der Kutscher schlägt mit der Peitsche nach ihnen.
Don Nino nimmt sich ein Zimmer in einer Herberge. Große Schinken hängen zum Trocknen unterm Dach, verschüttetes Bier weicht den festgestampften Lehmboden auf. Der Diener verbeugt sich so tief vor Don Nino, dass seine Haare den Boden berühren.

Der General

In Sevilla fahren sie unmittelbar zu Juans Haus, das dieser hier besitzt. Juan liegt noch im Bett, sodass sie ein bisschen warten müssen, bis er herunterkommt. Er hat Ringe unter den Augen und seine Locken stehen wild nach allen Seiten ab. Die zwei Männer schütteln sich herzlich die Hände, danach geleitet Juan sie stolz durch sein Haus. Im Gegensatz zu Don Ninos Haus ist Juans üppig eingerichtet: Überall stehen Figuren, und Bilder in allen Größen kleiden jedes Mauerstück aus. Juan reist eben viel und kehrt selten mit leeren Händen heim. Er hält Don Nino Duftflakons unter die Nase und drängt Julio, Kissen in die Hand zu nehmen, die mit sündhaft teuren Stoffen bezogen sind.
»Hast du schon einmal so etwas Weiches gefühlt?«
»Nein, Don Juan.« Julio weiß, was von ihm erwartet wird. »Sie sind herrlich.«
Juan nimmt einen elfenbeinernen Elefanten vom Kamin.
»Diese Figur ist aus dem Zahn eines Elefanten geschnitzt, Julio. Elefanten sind wunderbare Tiere.« Juan öffnet die Arme. »Und sie sind riesig, nichts kann sie aufhalten. Sie zertreten dich mühelos. Mit einem Fuß. Da bleibt kein Knochen ganz.«
Don Nino unterbricht ihn: »Erzähl besser, was du letzte Woche gemacht hast. Hat das Anheuern der Mannschaft schon begonnen?«

»Ja«, antwortete Juan. Er zieht seine Stirn in Falten. »Aber das ist nicht einfach. Magellan will nicht, dass das Ziel unserer Expedition bekannt wird. Er hat Angst, die Portugiesen könnten Wind davon bekommen und seine Pläne zunichte machen. Oder schlimmer noch: ihn ermorden. Sie haben ihn des Hochverrats bezichtigt – wusstest du das?«

Don Nino schüttelt seinen Kopf.

»Ja, und das bringt eben Probleme mit sich: Dir leuchtet sicher ein, dass die Fähigen nicht für eine Fahrt anheuern, bei der weder bekannt ist, wohin die Reise geht, noch wie lange sie dauert. Hinzu kommt, dass Magellan nicht besonders beliebt ist. Für die Leute hier bleibt er ein Portugiese – also ein Feind, ein Spion. Und wenn sie sich das mal in den Kopf gesetzt haben, kann man es ihnen nicht mehr ausreden. Ich habe sogar bereits in einer Kneipe munkeln gehört, Magellan habe Pferdefüße, so wie der Leibhaftige. Und das nur, weil er ein bisschen hinkt. Das muss man sich mal vorstellen!«

»Wart ihr schon in den Gefängnissen?«, fragt Don Nino.

Juan gibt ihm ein Glas Wasser. »Oder willst du lieber was Stärkeres?«

»Dafür ist es noch zu früh«, antwortet Don Nino. »Wir müssen noch zu Magellan. Er soll wissen, dass ich da bin.«

»Um noch auf deine Frage zurückzukommen: Wir haben etwa siebzig Männer aus dem Zuchthaus angeheuert. Die Kerle sind für die gefährlichen Arbeiten an Bord gerade richtig. Mit den Burschen an Bord ist nichts verloren.«

»Und der Proviant?«

»So lala – obwohl es Wahnsinn ist, was alles mit soll. Wenn du gleich bei Magellan bist, musst du einmal fragen, ob du die Listen einsehen kannst.«

»Die Schiffe?«

»Die liegen in San Lucar de Barrameda. Ich habe sie selbst noch nicht gesehen. *Trinidad, Concepción, Victoria, Santiago* und *San Antonio*. Wir werden auf der *Concepción* fahren – unter Gaspar de Quesada.«
»Guter Mann«, nickt Don Nino.
»Er ist mehr als gut.«
Don Nino stellt sein Glas weg. »Juan, lässt du ein Bad für uns fertigmachen? Und willst du Magellan vorwarnen?«
»Natürlich, mein Freund. Aber erst müsst ihr noch was essen. Ich lass frische Feigen holen. Und Käse. Moment, ich bin gleich wieder da.«
Juan eilt zu Tür hinaus.

Am Nachmittag sprechen Don Nino und Julio bei Magellan vor. Magellan ist ein Choleriker: Er spricht laut und gereizt, als sei er davon überzeugt, dass ihm sowieso widersprochen werde. Der Schweiß hinterlässt dunkle Flecken auf seinem Rücken und an den Achseln. Er schmatzt unangenehm mit den Lippen und zieht dauernd an seinem Schnurrbart, der dünn und fettig aussieht. Und er hinkt. Julio schielt nach den Füßen des Mannes, aber sie sind von den weiten Hosenbeinen einer langen Hose bedeckt. Julio muss an die Pferdefüße denken, was ihn ganz durcheinander bringt.
›Stimmt es vielleicht doch?‹, denkt er. ›Vielleicht ist der Mann ein Teufel …‹
Als Magellan ihn nach seinem Namen fragt, antwortet Julio stotternd. Er hält sich an dem weiten Mantel seines Herrn fest. Don Nino merkt sofort, wo der Hase im Pfeffer liegt und greift Julio am Kragen.
»Der Einfaltspinsel denkt, Ihr wäret der Leibhaftige. Weil Ihr hinkt.«

Magellan lacht schallend – unangenehm laut, findet Julio. Er beugt sich bis auf eine Handbreit vor Julios Gesicht vor. Julio zappelt, kann sich aber nicht aus dem eisernen Griff seines Herrn befreien.
»Ich habe mir das Bein verwundet, Bürschchen«, erklärt Magellan. »Im Krieg in Marokko. Soll ich dir die Wunde zeigen?«
Julio schüttelt den Kopf. Nein, er will nichts sehen. Er will sich die Speicheltropfen Magellans aus seinem Gesicht wischen und er will, dass Don Nino ihn endlich loslässt, aber der schiebt ihn in eine Ecke des Zimmers.
»Hör zu und sei still. Du hast dich schon genug blamiert.«
Er dreht sich zu Magellan um.
»Juan hat mir geraten, die Waren- und Proviantlisten einzusehen. Er sagt, es sei die Mühe wert.«
»Da sind sie.« Magellan wühlt in seinen Papieren. »Das wird noch ein Kraftakt, alles an Bord zu bekommen. Der törichte König Karl – verzeiht meine Ausdrucksweise – macht mir das Leben schwer. Er hat Schreiber angestellt, die jeden kleinen Spiegel, der geladen wird, protokollieren. Sie sind schrecklich kleinkariert und stehen ständig im Weg. Sie gehen mir auf die Nerven.«
»Der König steuert viel Geld für die Reise bei.«
»Bei allem Respekt, Don Nino. Das ist wahr. Aber wisst Ihr, dass seine Schreiber sogar mitfahren? Um mich im Auge zu behalten! Ich könnte mich ja bereichern. Allein der Gedanke! Als hätte ich bei derlei Expeditionen nichts Besseres zu tun. Schon bei der Vorstellung daran, dass ich mich mit diesen Krähen arrangieren muss, läuft es mir heiß und kalt über den Rücken. Wisst Ihr, wie alt unser König ist? Siebzehn! Aber alles besser wissen.«
Don Nino reicht die Listen an Julio weiter. Julio liest und liest die nicht enden wollenden Aufzählungen:

Proviant: fünfzehn Tonnen Schiffszwieback, drei Tonnen Bohnen, zehn Zentner Käse, vierzehn Zentner Zucker und so weiter und so fort. Sie nehmen Wasser in Holzfässern mit, doch es sind auch für jeden Wein und Spirituosen vorgesehen, denn Wasser hält sich nicht lange.

Bewaffnung: sieben Kanonen, an die drei Tonnen Schießpulver, fünfzig Arkebusen, sechzig Armbrüste mit gut viertausend Pfeilen, hundert Speere, tausend Lanzen, zweihundert Schilde.

Für den Tauschhandel unterwegs: tausend kleine Spiegel, zwanzigtausend Glöckchen, zwei Zentner Nägel, zweitausend Kupferarmbänder und jede Menge anderen Tand. Julio überspringt die kleineren Stückzahlen.

Wertgegenstände zum Günstigstimmen von Königen und Häuptlingen: anderthalb Tonnen des kostbaren Pigments Zinnober, zehn Zentner Elfenbein, Safran und Quecksilber zum Reinigen von Gold und Silber.

Siebenhundert Kerzen sollen die Nächte erhellen.

Der König mischt nicht nur bei der Ladung mit, sondern er hat aus Sorge, Magellan könne ihn verraten, drei spanische Kapitäne angeheuert, die verhindern sollen, dass Magellan die Flotte heimlich für portugiesische Ziele missbraucht und dass er sich im letzten Moment mit dem ganzen Geld des Königs doch noch seiner portugiesischen Wurzeln besinnt. Deshalb steht die Flotte unter der Leitung dreier Spanier und dreier Portugiesen mit Magellan im höchsten Rang. Magellan poltert: Warum sollte er Spanien verraten? Ihm sei es gleich, für welches Land er fahre. Er wolle die Expedition unternehmen, um zu beweisen, dass er recht habe. Die Welt sehe so aus, wie er denke. Die Gewürzinseln lägen hinter der Neuen Welt – der Rest könne ihm gestohlen bleiben.

Don Nino kann das gut nachvollziehen. Ihm sei es ebenfalls gleich, für wen sie fahren, aber »muss unsere Mission wirklich geheim gehalten werden?«, fragt er. »Juan berichtete heute Morgen, es gebe etliche Schwierigkeiten.«
»Großgünstiger Herr, freilich ist das erforderlich, und zwar aus zwei Gründen: Wisst Ihr, was passiert, wenn Portugal erfährt, was ich vorhabe? Sie lauern uns irgendwo auf und versenken unsere Schiffe. So einfach ist das. Und sollten wir die Reise überleben: Könnt Ihr Euch vorstellen, dass ich je noch mal fünf Schiffe bekomme? Ein zweiter Grund ist, dass wir meiner Meinung nach überhaupt niemanden mehr für die Besatzung finden würden, sobald bekannt wäre, was wir vorhaben. Dafür ist unsere Expedition zu ungewiss. Ich werde übrigens – genau wie Kolumbus – zwei Logbücher führen. Eins mit den richtigen Daten für mich selbst und im Interesse der Wissenschaft, und eins mit falschen Meilenangaben für die Mannschaft. Ich bin doch nicht blöd. Die Leute brauchen nicht zu wissen, wie lange wir bereits unterwegs sind und welche Strecken wir zurücklegen. Glaubt mir, ich kenne diesen Menschenschlag: Die fangen grundlos an zu meutern. Haben sie die Gefangenen gesehen? Die sind mit allen Wassern gewaschen.«
Magellan schlägt mit der Faust auf den Tisch.
Julio schaudert: ›Meuterei!‹
Allein bei dem Wort bekommt er eine Gänsehaut.
Er hat genug Geschichten darüber gelesen: Decks rot vor Blut, an der Rah gehängte Männer, denen die blaue Zunge aus dem Mund hängt, deren Genick gebrochen ist und deren Beine im Wind baumeln.
Magellan sieht, welchen Eindruck er auf Julio gemacht hat. Er geht auf ihn zu und hält ihn schmerzhaft mit Daumen und Zeigefinger am Kinn fest.

»Was ich hier erzähle, ist natürlich streng vertraulich. Wenn etwas durchsickert, weiß ich, wer es ausgeplappert hat. Dann lass ich dich kielholen, klar?«
Don Nino lacht schallend über Julios verängstigte Miene. Kielholen!
Julio findet das nicht so lustig. Dieser Magellan ist ihm zuwider. Während die zwei Männer sich weiter unterhalten, denkt Julio nach: Er muss etwas sagen; er muss Magellan zeigen, dass er nicht auf den Kopf gefallen ist.
Mit einem Diener bittet er um das Wort. Don Nino gibt ihm mit einem Nicken die Einwilligung und Julio wendet sich an Magellan.
»Wir fahren mit fünf Schiffen«, sagt er. »Wie gedenkt Ihr, die bei Nacht zusammenzuhalten? Ich nehme an, dass jedes verlorene Schiff unsere Überlebenschancen um ein Fünftel vermindert?«
»So ist es«, sagt Magellan. Er lässt sich in einen breiten Sessel fallen und legt sein lädiertes Bein auf ein Kissen.
»Ich erleuchte den Achtersteven meines Schiffes mit einer Laterne oder einem brennenden Reisigbündel. Damit gebe ich Signale. So ist es mit den Kapitänen abgesprochen. Ein Licht bedeutet: vor Anker gehen. Bei zwei Lichtern verändere ich den Kurs. Bei dreien muss das Großsegel gerefft werden. Dann droht schlechtes Wetter. Wenn ich vier Lichter anstecke und sie schnell wieder lösche, dann müssen alle Segel gerefft werden. Wenn Land in Sicht ist, werden wir verschiedene Lichter gleichzeitig anstecken oder einen Kanonenschuss abfeuern. Befriedigt das deine Neugierde?«
»Dann muss Tag und Nacht Wache gehalten werden – auf allen Schiffen.«
Don Nino wirft Julio einen warnenden Blick zu. Es genügt.
»Stimmt«, lacht Magellan. »Die Nachtwache wird auf drei

Schichten verteilt: die erste von der Dämmerung an, eine um Mitternacht und eine bis zum Morgengrauen. Wer die erste Wache hat, bekommt in der nächsten Nacht die zweite Wache; der von der zweiten bekommt die dritte und so weiter.«

Beim Hinausgehen stoßen Don Nino und Julio auf einen äußerst vornehm aussehenden Mann: Sein Parfum stinkt sieben Meilen gegen den Wind, er ist über und über mit Schmuck behängt, sein Gesicht ist schneeweiß gepudert, seine Kleider sind von teurem, hauchfeinem Tuch und er hat rund ein Dutzend Sklaven bei sich.

»Ich habe Euch nicht gesehen. Verzeihung. Wisst Ihr, ob Magellan gerade Zeit hat?«

»Ich denke schon. Wir waren eben bei ihm.«

Der Mann streckt seine behandschuhte Hand aus.

»Ich bin Cartagena, Kapitän der *San Antonio*.«

»Angenehm. Antonio de la Cruz.«

Cartagena kann den Namen einordnen und verbeugt sich ehrerbietig.

»Ich bin gerade zurück aus San Lucar.« Er zögert kurz.

»Dann habt Ihr die Schiffe gesehen?«, ermutigt ihn Don Nino.

»*Schiffe*? Bei allem Respekt – das sind Wracks. Sie sind viel zu klein. Und zu alt.«

»Soweit ich weiß, werden sie gründlich überholt.«

»Kann sein, aber sie sind nicht mit anzusehen. Wenn Ihr *mich* fragt, werden sie auseinanderbrechen, ehe sie die Neue Welt erreicht haben. Es ist eine Schande, dass man uns so in See stechen lässt.«

Davon will Don Nino aber nichts wissen. Ihm tut es bereits leid, dass er Cartagena nach seiner Meinung gefragt hat. Doch Cartagena ist nicht mehr zu bremsen: Er redet und redet, während er sich von einem seiner Sklaven Kühle zufächeln lässt. Don Nino tänzelt ungeduldig von einem Fuß auf den anderen, doch Cartagena redet eine halbe Stunde lang ohne Punkt und Komma.

Beim Abendessen erzählt Don Nino von ihrer Begegnung. Juan muss über seine Beschreibung lachen und fügt hinzu, der Mann wolle achtzehn persönliche Diener mitnehmen. Achtzehn!

Don Nino zuckt verärgert mit den Schultern.

»Der Kerl kann nicht mal selber seine Hose zuknüpfen, wie soll er um Himmels willen ein Schiff befehligen können?«

»Cartagena wird noch unsere kleinste Sorge sein«, antwortet Juan. »Stürme, Flauten, böswillige Gefangene, meuternde Matrosen, Havarien, wilde Eingeborene. Wer weiß, was uns alles noch erwartet.«

Er sagt das mit einer gelassenen Stimme, aber seine Augen glänzen.

Die *Concepción* und ihre Mannschaft

Ein paar Tage später reisen sie mit einer kleinen Gesellschaft von Kapitänen und nautischen Offizieren zu den Schiffen ab. Die Schiffe liegen in San Lucar. Über der Stadt hängt ein unbekannter Geruch. Julio riecht Fisch und Abfall – so wie in jeder Hafenstadt, aber es hängt eine Frische in der Luft, eine Leichte, die ihm zu Kopfe steigt. Möwen fliegen dicht über seinen Kopf; die Taue klopfen sanft gegen die Masten.
Zuvorderst liegt die *San Antonio*. Cartagena hatte recht: Die Schiffe sind klein. Die *San Antonio* ist mit einer Länge von sechsundzwanzig Metern noch das größte der ganzen Flotte. Cartagena hat zwar übertrieben, als er die Schiffe als Nussschalen bezeichnete, doch Julio kann ihn schon verstehen. Wenn er an die unendliche Weite des Ozeans und die Reise denkt, die ihnen bevorsteht, sinkt ihm der Mut. Mit diesen Schiffen werden sie lange unterwegs sein, und besonders solide sehen sie nicht gerade aus. Er denkt auch an Magellans Liste. Wie sollen sie all das jemals auf die Schiffe verteilt verstauen?
Das Beladen ist immer noch in vollem Gange. Männer mit schweren Ballen schwanken vorbei. Der Schweiß läuft ihnen übers Gesicht; ihre Hemden sind schweißgetränkt. Etwas weiter lässt jemand ein Paket fallen; sofort knallt eine Peitsche. Hie und dort wird laut geflucht. Julio sieht vornehme Herren mit

mürrischen Mienen die Laufplanken auf und ab laufen – sicher die Schreiber König Karls. Sie würdigen niemanden eines Blickes. Ihre Pergamentrollen flattern im Seewind. Don Nino prägt sich diesen Anblick ein, als wolle er ihn für immer im Gedächtnis behalten. Er steht den Trägern im Weg. Jedem, der nur kurz stillsteht, stellt er Fragen. Dann eilt er zu den anderen Schiffen. Julio versucht, ihm auf den Fersen zu bleiben, doch Don Nino verschwindet in der Menge. Julio hat ihn verloren und lässt sich auf ein paar herrenlosen Säcken nieder und wartet.

»So mein Bürschchen, was faulenzt du hier rum? Hast du nichts zu tun? Sonst wüsst' ich schon was für dich, du Strolch.«
Julio hebt erschrocken den Kopf: Vor ihm steht ein großer Mann mit einem Holzbein. Julio starrt es an, es sieht aus wie ein Tischbein: eckig und unten in eine stumpfe, abgewetzte Spitze zulaufend. Mit Riemen ist es auf der Höhe des Knies am Stumpf festgeschnallt.
»Noch nie ein Holzbein gesehen?« Der Mann grinst, bleckt seine fauligen Zähne und legt eine Hand in Julios Nacken. Die Hand packt zu und zieht den japsenden Julio hoch.
»Spionierst du für die Portugiesen? Warte mal. Was soll ich mit dir machen? Schmeiß ich dich ins Wasser? Vielleicht findest du ja da die Sprache wieder.«
Julio piepst etwas.
»Was sagst du, Bürschchen?«
»Der gehört zu mir!«
›Uff, gerade noch rechtzeitig!‹
Der Mann lässt ihn fallen und eilt unterwürfig zu Don Nino.
»Aha. Und wer seid Ihr?«
»Antonio de la Cruz. Wir fahren auf der *Concepción* mit.«
»Welch ein Zufall: ich auch. Und Euer Name sagt mir was – Ihr

habt viel Geld gespendet, um die Reise zu ermöglichen. Mein Name ist Giacomo, ich bin der Bootsmann der *Concepción*. Soll ich Euch zu Diego bringen? Das ist unser zweiter Offizier. Da drüben steht er.« Giacomo zeigt auf ihn. »Wo unser erster Offizier ist, weiß ich nicht. Juan verschwindet öfters. Seid Ihr bereits auf dem Schiff gewesen? Vielleicht kann Diego einen kleinen Rundgang mit Euch machen.«
»Das wäre mir recht«, antwortet Don Nino. »Komm, Julio. Und mach nicht so ein langes Gesicht. Er frisst dich schon nicht!«
Giacomo grinst erneut.
Julio betastet seinen lädierten Hals.

Diego ist ein älterer, hochgewachsener Mann. Sein kurz gestutzter Bart ist grau und seine Uniform makellos. Er hat einen wachen Blick und freundliche Augen, mit denen er Don Nino und Julio von Kopf bis Fuß mustert.
»Juan, unser erster Offizier, hat bereits viel von Euch berichtet. Ich meine mich sogar zu erinnern, er habe auch von Eurem kleinen Sklaven gesprochen. Der ist wohl recht helle, nicht? Das sieht man nicht alle Tage. Bitte folgt mir, die *Concepción* liegt zuhinterst vor Anker.«
Der dickbäuchige Rumpf ist königsblau gestrichen, die kleinen Bullaugen sind rot. Julio gefallen die fröhlichen Farben. Sie nehmen dem Schiff die Trostlosigkeit. Als sie die Laufplanke hinaufgehen, schnuppert Julio hörbar.
»Das ist Pech«, erklärt Don Nino. »Was du da riechst, ist Pech. Damit werden die Schiffsrümpfe kalfatert. Zum Schutz gegen Muscheln und Würmer.«
Ein kleines weißes Segel liegt an Deck ausgebreitet und wird von zwei Männern genäht. Sie brummen ein unverständliches Lied vor sich hin, während die dicken Nadeln im Takt auf und nieder

gehen. Diego läuft vorsichtig um sie herum und die anderen folgen ihm.

Das Schiff hat drei Masten. Der mittlere ist höher als das ganze Schiff lang ist. An ihm ist ein Segel befestigt: das Großsegel, das für den Großteil des Schubs verantwortlich ist. Auf ihm ist ein Kreuz gemalt.

Julio folgt den Männern nach unten. Diego und Don Nino müssen sich stark bücken, um sich nicht den Kopf an den Deckenbalken zu stoßen. Sie laufen einen schmalen Gang entlang.

»Hier sind die Kajüten des Stabs. Und hier sind Eure Gemächer.« Diego stößt eine kleine Tür auf. »Hab ich es richtig verstanden, dass der kleine Sklave bei Euch schläft?«

Don Nino nickt. Sie treten ein. Die Decke ist so niedrig wie auf dem Schiff, mit dem sie nach Malaga gekommen sind, doch hier ist zudem der Boden so schräg, dass Don Nino erstmal das Gleichgewicht wiederfinden muss. Es gibt drei mit Stroh bedeckte Pritschen. Zwei sind dicht übereinander und bei der obersten ist ein Bullauge, das etwas Licht in die Kajüte lässt. Dicht unter dem Bullauge klatscht das Wasser gegen die Bordwand.

»Dieses Fach ist für dich, Julio.« Don Nino zeigt auf die Pritsche beim Bullauge. »Probier mal.«

Julio macht sich platt wie eine Flunder und rutscht auf die Pritsche. Seine Nase endet knapp unterhalb der Kajütendecke.

»Und das dritte Bett?«, fragt Don Nino.

»Das ist für Domenico Caïlo. Ein Gelehrter, der bei uns mitfährt. Er spricht arabisch und hebräisch.«

»Ist er vom König angestellt?«

»Ja, angestellt und bezahlt vom König.«

Don Nino schweigt. Es bleibt ihm nichts anderes übrig und er sieht ja selbst, dass sogar Schotte versetzt wurden, um ihnen soviel Platz wie möglich zu gewährleisten.

»Wollt Ihr noch den Rest des Schiffes besichtigen?«
Diego fährt mit seiner Hand und missmutiger Miene über seine makellose Uniform, die leicht dreckig geworden ist.
Julio zwängt sich aus seiner Lagerstätte. Der offene Bereich neben den Kajüten ist der Mannschaftsraum.
»Oder willst du lieber hier schlafen, Julio?«
Julio schaudert: Nein, zwischen den rauen Gesellen da schläft er lieber nicht.
»Nein danke«, sagt er. »Mein Bett ist prima.«

Der zweite Raum dient der Lagerung von Proviant und Beute. Ganz unten sind Ballaststeine zum Trimmen des Schiffes gestapelt.
Diego zeigt ihnen die Holznägel, die das Schiff zusammenhalten. Zwischen die Planken sind zum Kalfatern in Pech getränkte Taue geschlagen worden.
»Es sickert äußerst wenig Wasser durch. Auf langen Fahrten lösen sich die Taue natürlich und das Schiff macht Wasser. Dann muss gelenzt werden.«
Julio schaut zu Diego, um zu sehen, ob das ein Scherz sei, aber beide Männer sind ganz ernst.
Sie gehen zurück nach oben.
»Und das ist die Toilette.«
Julio schluckt: Die Toilette ist ein Brett über dem Bug. Julio sieht sich schon dort über der Gischt hängen.
»Ihr müsst mich entschuldigen. Ich mache mich kurz frisch.«
Don Nino und Diego geben einander die Hand und Diego geht zurück nach unten.
»Der macht nicht einen ganz so schlimmen Eindruck wie Cartagena«, sagt Don Nino zu Julio. »Aber es würde mich doch interessieren, wie viele Koffer er mitnimmt.«

»Er sieht sehr vornehm aus«, antwortet Julio. Er kann Diego gut leiden.

Am nächsten Morgen wird die ganze Mannschaft vom Schiffsjungen bis zum Kapitän in der Kirche erwartet. Julio sitzt neben Don Nino. Sie waren am Vortag noch einkaufen. Julio hat hohe Stiefel bekommen und eine Weste in fast dem gleichen Blau wie der Rumpf der *Concepción*. Er ist ganz stolz drauf, schließlich war es das erste Mal, dass er sich selbst etwas aussuchen durfte. In seiner Hosentasche ist ein Messer! Es hat einen dünnen elfenbeinernen Griff, und die Klinge ist klein, aber sehr scharf. Hin und wieder fühlt Julio mit seinem Zeigefinger daran.

Sich selbst hat Don Nino einen schwarzen Mantel mit einem dunkelroten Samtfutter gekauft. Don Nino liebt Mäntel und hat, seit Julio ihn kennt, schon immer Mäntel getragen.

Schräg hinter ihnen sitzt der Stab der *Concepción*. Juan sitzt kerzengerade und schaut starr geradeaus. Neben ihm sitzt Diego, der zweite Offizier, in einer blütenweißen, gestärkten Uniform. Giacomo mit seinem Holzbein sitzt weiter weg und kippelt mit dem Stuhl. Wenn seine und Julios Blicke sich kreuzen, zwinkert er ihm zu. Julio schaut betreten in die andere Richtung und errötet bis zum Hals.

Die fünf Kapitäne sitzen neben Magellan in der vordersten Reihe. Julio sieht nur ihre Rücken. Der zweite Rücken ist der ihres Kapitäns: Gaspar de Quesada. Don Nino erzählt, eben dieser habe noch vor kurzem ein meuterndes Schiff der spanischen Flotte zurückerobert und den Befehl erteilt, neunzig Männer hängen zu lassen. Neunzig! Julio betrachtet den muskulösen Nacken Quesadas, dem man nicht ansieht, dass so viel Blut an seinen Händen klebt. Laut Don Nino hätten die Meuterer von vorneherein gewusst, was sie erwartete, und es sei ihre gerechte

Strafe. Und dennoch … Quesada flüstert Cartagena, dem Kapitän der *San Antonio*, etwas ins Ohr. Julio sieht, wie die Schultern der Männer zucken. Sie lachen über einen Witz Quesadas und sitzen dann wieder ruhig da. Cartagena sieht aus, als gehe er auf einen Ball. Der weiße Kragen um seinen Hals ist so breit, dass er beinahe Quesadas Ohr kitzelt. Außer ihnen kennt Julio noch niemanden. Er sieht sich um, doch Don Nino knufft ihn in die Seite.

»Schluss mit der Zappelei!«, zischt er. Julio seufzt, die Messe will auch gar nicht enden. Eine Glocke erklingt und jedermann erhebt sich – endlich. Magellan dreht sich um und geht gemessenen Schrittes zur Kirche hinaus. Seine Kapitäne folgen ihm und allmählich leert sich die Kirche. Draußen erwartet sie eine Reihe Trompeter, deren Instrumente in der Sonne blinken. Alle zusammen laufen sie durch ein Spalier Neugieriger. Magellan hält eine kurze Rede, und dann ist es so weit: Die Anker werden gelichtet. Ein steifer Westwind schwellt die Segel, Kanonenböller erschallen und sie stechen in See. An Bord sind zweihundertfünfzig Mann aus aller Herren Länder. Magellan nimmt sogar seinen Sklaven Enrico mit, den er von einer früheren Reise zu den Gewürzinseln mitgebracht hat.

Wir schreiben den 20. Dezember 1519.

Freud und Leid

Ist die Kajüte schon für zwei Mann eigentlich zu eng – für drei Mann ist sie es erst recht. Domenico Caïlo echauffiert sich maßlos gleich am Anfang ob der Tatsache, dass ein Sklave bei ihnen in der Kajüte schlafe, was er auch ohne Umschweife zum Ausdruck bringt. Kaum haben sie den Hafen verlassen, da kommt es auch schon zur ersten Auseinandersetzung: Don Nino hängt gerade eine Karte, auf der er das Vorankommen der Flotte verzeichnen will, an der Tür auf, als diese mit einem Male auffliegt und gegen seine Nase prallt.
»Holla, wird hier nicht geklopft?«
Don Nino reibt sich mit der einen Hand die Nase und hält mit der anderen die Tür. Vor ihnen steht ein kleiner Mann mittleren Alters.
»Ich bitte vielmals um Verzeihung. Ich teile diese Kajüte mit Euch. Ich bin Domenico Caïlo.«
Seine listigen Augen fliegen von Don Nino zu Julio und zurück. Der Mann hat kaum noch Haare auf dem Kopf, und die wenigen, die ihm noch bleiben, sind nach vorne gekämmt.
»Angenehm«, sagt Don Nino. »Können wir vereinbaren, dass wir immer anklopfen, ehe wir die Tür aufmachen? Hier ist es zu eng, um unangekündigt hereinkommen zu können.«
»Hier ist es vor allem zu eng für einen Sklaven!«

Das war deutlich. Domenico schaut zu Julio und zieht ein wütendes Gesicht, als verpeste Julio die Luft in der Kajüte.
»Eine charmante Begrüßung«, sagt Don Nino kurz angebunden. Er wendet sich an Julio.
»Schieb den Koffer beiseite. Dann kann der Herr auch reinkommen.«
Julio ist sofort klar, dass er es mit Domenico nicht leicht haben wird. Zu seinem Glück lässt Don Nino sich Domenicos Willen nicht aufzwingen, denn er will wirklich nicht bei der gemeinen Mannschaft schlafen. Die sind nicht zimperlich, und Julio ist noch keinem Matrosen begegnet, der ihn nicht mindestens um einen Kopf überragt.
»Was für ein Kamel«, sagt Don Nino, als Domenico wieder weg ist. »Na ja, mach dir nichts draus. Aber in einer Sache muss ich dich dennoch enttäuschen: Du kannst nicht mit mir essen. Dafür kann ich nichts, es ist einfach kein Platz mehr und es gehört sich auch nicht.«
Bei der ersten Mahlzeit sieht Julio, wie die einfache Mannschaft bei der Kombüse mit einem Eisennapf in der Hand Schlange steht und traut sich nicht, sich ihnen anzuschließen. Er versteckt sich und isst einfach nichts, aber lange kann er das natürlich nicht aushalten. Nach der ersten Nacht mit einem grummelnden Magen stellt er sich am nächsten Morgen doch an. Sie lassen ihn unbehelligt, ja sie beachten ihn nicht einmal. Ein Mann mit einem dreckigen roten Tuch um seinen Kopf klatscht ihm etwas in sein Schälchen, das aussieht wie Kartoffelpüree; es sind aber Bohnen – zu Brei zerkochte Bohnen. Daneben liegt ein zwei Finger großes Stück Fleisch: Pökelfleisch. Er sucht sich einen Platz so weit ab von den anderen wie möglich. Das Schälchen stellt er auf seinen Knien ab und probiert: Es schmeckt nach nichts.

»Fleisch mit Bohnen, Schiffszwieback mit Bohnen und einmal in der Woche getrocknete Erbsen – kannst dich schon mal dran gewöhnen. Viel Abwechslung gibt es nicht an Bord.«
Ein Junge von Julios Größe setzt sich neben ihn. Er kaut auf einem zähen Stück Fleisch und schaut gleichgültig vor sich hin.
»Iss«, sagt er nach einer Weile, da Julio keine Anstalten macht, weiter zu essen. »Das hier ist nichts für Zartbesaitete.«
›Zartbesaitete!‹ Julio schlägt beleidigt seine Zähne in das Fleisch.
»Essen sie da unten das Gleiche?«, fragt er mühsam kauend.
Der Junge hebt gleichgültig die Schultern.
Julio denkt an Don Nino und kann sich beim besten Willen nicht vorstellen, wie sein Herr den gleichen Fraß ist – oder gar Diego. Im Waisenhaus hat er auch derlei gegessen, aber das ist lange her.
Julio sieht verstohlen zu dem Jungen neben ihm. Er hat weiße Haut, aber seine Augen sind dunkel und sein Haar ist wellig. Seine Füße sind nackt und unglaublich dreckig, die Kleider fadenscheinig. An einigen Stellen schimmert seine Haut durch. Er hat auch eine frische Narbe am Hals – so als habe jemand versucht, ihm die Kehle durchzuschneiden. Die Handgelenke des Jungen sind ungewöhnlich schmal und seine Finger sind lang. Er hat elegante Hände.
»Fertig mit Glotzen? Ich bin Manuel.«
»Julio«, murmelt er und fühlt sich ertappt. Er kaut, bis ihm der Kiefer schmerzt.
Ein bisschen weiter weg sitzen die Matrosen. Jemand spielt leise auf einer Flöte. Eine schwere Stimme brummt die Melodie mit. Es ertönt ein dröhnendes Gelächter. Julio fühlt sich nicht wohl in seiner Haut. Er tastet nach dem Messer in seiner Hosentasche und beschließt, es immer bei sich zu führen.
»Hast du da ein Messer?«

Julio nickt und fühlt sich schon wieder ertappt.
»Darf ich es sehen?«
Zögernd gibt Julio es ihm.
»Gute Qualität«, sagt Manuel und gibt es ihm zurück. »Reicher Herr.«
»Das hat so seine Vorteile.«
Julio antwortet nicht, sondern er denkt daran, dass es auch Nachteile hat. Wäre sein Herr weniger reich, säße Julio jetzt nicht auf diesem Schiff. Trotzdem, Julio ist froh, dass er jemandem begegnet ist, mit dem er sich unterhalten kann. Diese Begegnung ist bis jetzt der einzige Lichtblick. Don Nino kümmert sich kaum um ihn – eigentlich überhaupt nicht. Jeden Abend trinkt und philosophiert er zusammen mit Juan und kommt meistens erst kurz vorm Morgengrauen in die Kajüte. Dann steigt Julio von seiner Pritsche und hilft seinem Herrn, sich auszuziehen, während Domenico auf seiner Pritsche stöhnt und seufzt, weil er von dem Gepoltere geweckt wird. Don Nino stößt mindestens fünfmal irgendwo an, ehe er im Bett ist. Früher hat er nie getrunken, doch seit er an Bord ist, hat sich das geändert. Er lässt sich von Juan beeinflussen. Vom Alkohol bekommt er Launen, die sein Sklave ausbaden muss.
In der Kajüte verbreitet sich nach einigen Wochen ein penetranter, stechender Geruch. Es stinkt nach ihren Körpern, aber auch nach Ratten. Die Viecher kommen zum Vorschein, sobald es dunkel wird, und schnuppern an den Zehen der Schlafenden. Eines Nachts wacht Julio auf, weil etwas in seinem Gesicht kitzelt: der lange, eklige Schwanz einer Ratte, die dicht neben seinem Kopf sitzt. Julio fährt mit einem Schrei auf und stößt mit seinem Kopf gegen die Decke. Domenico stöhnt verärgert.

Eines Morgens, als Don Nino bereits an Deck ist, versucht Julio das Ungeziefer aus Don Ninos Stroh zu holen. Da stolpert Domenico über seine Füße.
»Du bist der dümmste Sklave, den ich je gesehen habe. Das nennst du saubermachen? Du taugst wirklich zu gar nichts. Dein Herr kann einem leid tun.«
Er stößt absichtlich Julios Eimer um. Julio beschließt, die Kajüte zu verlassen und nachher zurückzukommen, vergisst dann aber, dass er seine Arbeit nicht zu Ende gebracht hat. Es ist bereits Mittag, als es ihm siedendheiß wieder einfällt. Er stürmt die steile Treppe hinunter – doch zu spät. Don Nino kommt gerade aus der Kajüte. Er schubst Julio grob, sodass er mit dem Hinterkopf gegen die Wand des schmalen Gangs stößt.
»Hatte ich dir nicht gesagt, dass du aufräumen sollst, Faulpelz? Denkst du, du müsstest das hier nicht machen? Denkst du vielleicht, dass das hier für dich eine Vergnügungsreise sei?«
Julio beißt seine Zähne aufeinander. Er wird Prügel beziehen. Don Nino holt drohend aus, doch plötzlich steht der kleine Manuel hinter ihm.
»'tschuldigung. Darf ich mal vorbei?«
Don Nino dreht sich um und Manuel zwängt sich neben ihm vorbei. Don Nino hat den roten Faden verloren und starrt dem Jungen hinterher. Dann steigt Giacomo laut mit seinem Holzbein polternd die Treppe hinab. Er sieht beide an und wünscht ihnen einen guten Tag.
»Mach die verdammte Kajüte sauber«, zischt Don Nino, als alle wieder weg sind. »Sofort. Blitzblank. Ich will dich nicht mehr an Deck sehen, solange es noch hell ist.«
»Jawohl, Don Nino.«
Julio füllt seinen Eimer neu und holt einen Wischlappen. Er räumt alles aus der Kajüte und fängt an zu scheuern.

»Aha, der Herr Sklave, schön zu sehen, dass du auch arbeiten kannst. Ist das Wasser auch nicht zu kalt für deine zarten Hände?«
Domenico!
»Mach mein Bett auch gleich fertig. Oder soll ich deinem Herrn erzählen, dass du heute Morgen frech zu mir warst?«
»Ich habe doch gar nichts gesagt.«
»Und wem, denkst du, wird er Glauben schenken? Meiner bescheidenen Meinung nach ist er bereits ein bisschen böse auf dich, oder?«
Julio zuckt mit den Schultern und scheuert weiter. Er wird sich auch um Domenicos Bett kümmern. Domenico hat einen gesunden Schlaf, und so geht Julio auf Pirsch nach der größten Kakerlake der *Concepción* und legt sie ins Stroh, an Domenicos Kopfende. Dann geht er nach oben zum Essen, doch da ist bereits alles aufgegessen. Die nächste Mahlzeit gibt es erst am nächsten Morgen. Er denkt an die Kakerlake und daran, dass Domenico das Tierchen einfach mit seinem dicken, stumpfsinnigen Kopf erdrücken wird.

Manuel legt seine Hand genau auf Julios Beule.
»Mir war klar, dass du in der Patsche saßest«, nickt er. »Warum wollte er dich schlagen?«
»Ich hatte meine Arbeit nicht fertig gemacht. In letzter Zeit wird er schnell wütend auf mich. Er findet, es ist meine Schuld, dass die Kajüte voller Viecher ist.«
»Was ist denn das für ein Quatsch? Auf einem Schiff gibt es immer Ungeziefer.«
»Er weiß nicht, was er mit mir anfangen soll: Studieren können wir nicht, weil wir keine Bücher haben. Die Kajüte sauber zu machen, dauert nicht einmal eine Stunde am Tag. Wenn er

baden will, braucht er mich, um das Wasser warm zu machen. Aber ansonsten fällt ihm nichts ein, womit er sich oder mich beschäftigen kann. Wie bist *du* eigentlich auf das Schiff geraten, Manuel? Warum fährst *du* eigentlich mit?«

Sie lassen ihre Beine über die Bordwand baumeln und halten sich an der Reling fest, denn das Schiff rollt und stampft.

»Saß auch in der Patsche«, grinst Manuel. »Mein Vater war früher ein reicher Kaufmann. Wir wohnten in einem großen Haus in Sevilla. Schöne Zeit. Wir hatten Pferde und Diener und alles, was wir nur wollten. Aber dann geriet mein Vater in ein paar zweifelhafte Geschäfte, so genau weiß ich auch nicht, was da alles war. Jedenfalls mussten wir unser Haus verkaufen, und niemand wollte mehr etwas mit uns zu tun haben. Mein Vater fing an zu trinken. Die Hütten, in die wir umzogen, wurden immer kleiner. Und dann bekam meine Mutter die fliegende Schwindsucht. Eines Morgens lag sie tot in ihrem Bett. Mein Vater war noch nicht zu Hause, er hatte mal wieder die Nacht durchgezecht. Sie war halb aus ihrem Bett gerutscht und Blut lief ihr aus dem Mund. Ich wusste sofort, dass sie tot war. Ich brachte die anderen Kinder zur Nachbarin und ging Vater suchen.«

»Und, hast du ihn gefunden?«

»Er war wütend. Als hätte ich sie ermordet. Ich habe mit ihm gekämpft.« Manuel zeigt auf seine Narbe. »Danach bin ich geflüchtet. Beim Anheuern auf diesem Schiff wurden keine Fragen gestellt.«

»Du hast ihn doch nicht getötet?«

»Natürlich nicht, du Blödmann. Ist doch mein Vater.«

Manuel schweigt einen Augenblick.

»Es ist schrecklich, von meinen Geschwistern getrennt zu sein«, sagt er dann. »Und mir fehlt meine Mutter.«

»Du hast sie zumindest gekannt! Erzähl mir von ihr.«

Manuel ist kein Mann der großen Worte, aber seine Mutter beschreibt er so genau, dass Julio sie vollkommen vor sich sieht. Sie war blond, ihre Oberarme waren breit und sie hatte flinke Hände, mit denen sie saftige Klapse austeilen konnte. In dem großen Haus ließ sie alle ihre Kinder bei sich ins Bett kriechen. Eine lebendige Kinderschar, die auf ihr herumkrabbelte und sie kitzelte. Sie buk Zuckerkuchen, der ihnen noch Stunden später an den Zähnen klebte. An ihrem Knöchel hatte sie drei kleine Muttermale, die zusammen ein Dreieck bildeten. Wenn Manuel einen schlechten Traum gehabt hatte, nahm sie ihn auf ihren Schoß und sang ihm leise ins Ohr, um ihn zu trösten. Manuel erzählt und erzählt, und Julio hört zu.

Wenn er in der Kajüte liegt und die Ratten hört, denkt er an Manuels Mutter: Er drückt seine Nase in ihr frisch gewaschenes Haar. Er fühlt ihre Arme um sich; sie besänftigt ihn. Er erlebt, dass Manuels Trauer seiner eigenen sehr ähnlich ist. Verlust und unstillbare Sehnsucht – ist das nicht das Gleiche?

Dank den vielen Beschreibungen wird Manuels Mutter auch ein bisschen Julios Mutter.

Manuel ist der Moses an Bord, jedermanns Knecht und Mädchen für alles. Barfuß scheuert er das Deck. Er hilft, Eimer zu tragen, rollt Taue auf, hilft dem Koch, teilt Essen aus und ist für das Glasen verantwortlich, das Schlagen der Schiffsglocke. Acht Glasen sind eine Wache. Er klettert zum Lösen der Taue in die Wanten. Mit gleichgültiger Miene führt er aus, was ihm aufgetragen wird und lässt die übelsten Bemerkungen über sich ergehen. Manuel ist stärker als Julio, härter im Nehmen, zäher. Julio sieht zu ihm auf und verbringt soviel Zeit wie möglich mit ihm.

Die Überfahrt

Zeit kann auf See etwas schwer Greifbares sein: Solange sie noch an der afrikanischen Küste entlangsegeln, ist das Verstreichen der Zeit und das Vorrankommen der Schiffe zwar noch anhand der vorbeiziehenden Küste und der sich verändernden Natur erlebbar, bald aber gilt es, Kurs Richtung Westen zu nehmen und die Überfahrt zu wagen, und dann werden sie wochenlang nur von Wasser umgeben sein. Es wird sich anfühlen, als stehe die Zeit still. Langeweile wird sich breitmachen – bei allen. Don Nino lässt Julio mit blauer Kreide auf der Karte zeichnen. Das macht Mut, weil zumindest die kleine blaue Linie täglich länger wird. Der Strich steht für die Strecke, die sie bereits zurückgelegt haben – wenig im Vergleich zu dem, was ihnen noch bevorsteht.
Mit nacktem Oberkörper steht Juan auf dem erhöhten Teil des Hecks, der Kampanje. Das schickt sich zwar nicht für einen Offizier, aber Juan findet, er müsse den Wind auf seiner Haut spüren, um wissen zu können, ob der Wind drehen, oder Sturm aufziehen wird. Denn Juan ist kein gewöhnlicher Offizier. In seiner Kajüte herrscht ein Tohuwabohu, und je länger sie unterwegs sind, desto mehr verschärft sich dieser Zustand. Um hinein zu gelangen, muss Don Nino sich mit seinem ganzen Gewicht gegen die Tür stemmen und die auf dem Boden liegenden Pergamentstapel beiseite schieben. Das Log, mit dem die Ge-

schwindigkeit des Schiffes errechnet wird, liegt nachlässig über einen Stuhl geworfen. Juans Offiziersweste – medaillen- und abzeichenschwer – hängt am Türknauf. Die Schränke, deren Türen immer offen stehen, sind voller Spirituosen. Juan schaut gern tief ins Glas. Manchmal fallen ihm Rumgläser um. Dann müssen die Karten unter den spottenden Blicken der Mannschaft auf Deck zum Trocknen aufgehängt werden. Trotzdem findet Juan in dem Durcheinander alles wieder. Wenn Quesada das eine oder andere Dokument sehen will, gräbt Juan in seinem Papierberg und holt kurz darauf das gesuchte Pergament mit selbstzufriedenem Grinsen zum Vorschein.

Manchmal nimmt Don Nino Julio mit zu Juan. Juan lässt den Jungen mit dem Kompass oder dem Astrolabium üben. Er fordert ihn heraus, und Julio geht mit dem Instrument hinaus, hält es in die Sonne und liest die Tabellen ab. Er ist bis auf den Grad genau. Juan schaut Don Nino an und zieht hinter Julios Rücken anerkennend die Augenbrauen hoch. Der zuckt mit den Schultern.

Juans Oberkörper glänzt vor Schweiß und seine Muskeln beben wie Saiten. Er ist im Streit mit Quesada. Die Matrosen lauschen gespannt; in den Händen halten sie das, womit sie gerade beschäftig waren. Alle Arbeiten stehen still.

»Und ich sage, dass wir die Küste jetzt nicht verlassen dürfen«, sagt Juan mit erhobener Stimme. Dass alle mithören, ist ihm einerlei. »Was für ein Schwachkopf hat denn hier das Sagen? Es wird Regen geben. Da bin ich mir sicher.«

»Sei still, Juan, jeder kann dich hören«, zischt Quesada. Er kennt seinen ersten Offizier. Er weiß, dass es nicht daran liegt, dass Juan seinen Kapitän nicht respektiert, sondern daran, dass Juan ein guter Seemann ist, was er auf den bisherigen Fahrten bereits zu Genüge bewiesen hat.

»Ich habe Magellan ausrichten lassen, was du davon hältst. Mehr kann ich nicht tun. Wenn er sagt, wir hätten keine Zeit, noch länger zu warten, dann haben wir keine Zeit. Übrigens scheint die Sonne. Der Himmel ist strahlend blau. Wir müssen uns Magellan fügen.«

Juan schlägt sich mit der Faust auf die Stirn. »Ich bleibe dabei, dass es dumm ist, den Ozean jetzt zu überqueren«, sagt er.

»Heiße Giacomo sich bereitzuhalten«, ruft Quesada Diego zu, seinem zweiten Offizier. Dann wendet er sich zu Juan und zischt: »Und du beherrsch dich. Sonst kann ich für nichts garantieren.«

»Bootsmann, halte dich bereit«, ruft Diego.

Giacomo nickt. Er stapft mit seinem Holzbein auf den Bretterboden. »Männer! Macht euch bereit für eine Kursänderung.«

Die Männer verteilen sich. Es wird hitzig diskutiert – sie trauen der Sache nicht, haben aber keine Wahl. Langsam drehen die Schiffe und steuern aufs offene Meer hinaus. Die Küste wird kleiner und kleiner, bis sie schließlich nur noch ein schwarzer Strich am Horizont ist. Einige Möwen begleiten die Flotte noch ein Stück weit, doch dann verschwinden auch sie. Weit und breit ist kein Land mehr zu sehen.

Der Wind steht günstig und bläst die Schiffe mit voller Kraft vorwärts – immer weiter weg von der Heimat. Es herrscht ein ausgezeichnetes Segelwetter, und Julio genießt es. Er steigt ein paar Meter die Wanten hinauf, aber sehr hoch traut er sich nicht. Er geht so gerade so weit, dass er das Gefühl haben kann, allein zu sein. Unter ihm ist das Stimmengewirr der Männer nur noch leise zu hören. Wenn er nicht bei Manuel sein kann, ist er am liebsten hier oben. Hier lauscht er dem Wind in den Segeln und denkt, dass Juan nicht recht haben wird. Es ist keine einzige Wolke auszumachen. Nichts deutet auf Regen hin.

Manuels Rufe reißen ihn aus seinen Tagträumen.
»Heda, sie probieren, einen Hai zu fangen.«
Julio lässt sich herabgleiten und rennt hinter Manuel her.
Giacomo hängt mit hochgekrempelten Ärmeln über dem Schanzkleid und um ihn herum stehen einige Männer, die ihn anfeuern. Manuel windet sich mit Julio im Schlepptau zwischen ihnen durch, bis sie dicht bei Giacomo stehen. Der stochert mit einem langen Haken in einer Gruppe von Haien herum, was diese wütend macht. Sie schnappen nach dem Haken und schlagen mit ihren riesigen Schwanzflossen.
»Weiter links. Hau dem Fetten auf den Deez, Giacomo. Achtung!«
Einer der größten Haie stößt mit voller Wucht mit seinem enormen Haupt gegen den Haken. Giacomo schwankt und sein Holzbein schlägt gegen das Schanzkleid. Jemand packt ihn an seinem Hemd. Giacomo rutscht mit seinem Bauch über die Reling und man hört das Reißen seiner Weste.
»Halt ihn fest! Halt ihn fest! Er geht über Bord!«
Der kleine Manuel wirft sich mit seinem ganzen Gewicht auf die in der Luft rudernden Beine Giacomos. Eine nicht enden wollende Sekunde später fällt Giacomo auf Manuel. Sein Holzbein bricht entzwei. Ein Teil rollt über das Deck und fällt ins Wasser.
»Gottverdammte Schweinehunde«, keucht Giacomo. Er zieht Manuel hoch. Julio hebt den Rest seines Beines auf.
»Hab ich dich nicht erdrückt?«, fragt Giacomo Manuel. »Danke. Du hast was bei mir gut.«
Der Hai, der Giacomo schier über Bord gezogen hat, blutet am Kopf. Der Haken hat ihn verwundet. Den anderen Haien hüpft das Herz im Leibe, und sie stürzen sich auf ihn, dass die See rot schäumt. Sie reißen ihren Artgenossen in Stücke – ein schauder-

haftes Schauspiel. Die Seeleute sehen schweigend zu. Ein kleiner Hai wird aus dem Knäuel der kämpfenden Haie gedrängt. In der allgemeinen Verwirrung nutzt ein pickeliger Matrose die Gunst der Stunde, ergreift den Haken und rammt die Spitze in den Nacken des Tieres, das anschließend mit Hauruck aus dem Wasser gezogen wird.
»Es gibt also doch noch Hai heute.« Giacomo lacht aus voller Kehle. »Manuel, bringst du dem Zimmermann mein Bein? Sag ihm, er möge mir so schnell als möglich ein neues machen. Und dann komm helfen.«
Die Matrosen zücken ihre Messer und zerlegen den Hai. Das Fleisch ist zäh. Sie hacken und schneiden. Ein penetranter Blutgeruch breitet sich auf dem Schiff aus und Julio merkt, wie ihm das Essen in die Röhre steigt, aber Manuel stört es nicht. Er läuft barfuß durch das Blut und trägt Eimer, um das Deck wieder sauber zu spülen.
»Du bist mir vielleicht ein Held! Dir wird doch nicht schlecht von ein bisschen Haiblut? Sie hätten von Giacomo auch nichts übrig gelassen.«
Das Fleisch wird gepökelt und verschwindet im Laderaum.

Der Hai hat das ganze Schiff in Atem gehalten. Niemand hat gemerkt, dass die Sonne hinter einer dichten, grauen Wolkendecke verschwunden ist.
»Weißt du, wie spät es ist, Julio?«
»Zwei Glasen, Don Nino.«
»Zwei Glasen? Und schon dunkel?« Don Nino schnalzt mit der Zunge und sieht unruhig zu den Wolken auf.
»Wo sind wir jetzt, Don Nino?«
»Fast beim Äquator, Julio. Noch ein Stück und wir haben ihn passiert!«

Julio kann es nicht lassen. Manuel hat ihm erzählt, das Meerwasser werde seine Farbe verändern, sobald sie den Äquator überqueren. Eigentlich weiß er, dass das nicht stimmt, trotzdem kann er sich nicht zurückhalten.
»Werden wir das merken, Don Nino?«
»Was werden wir merken?«
»Den Äquator.«
»Wie zum Beispiel?«
»Vielleicht ändert sich die Farbe des Meeres. Oder vielleicht kommen die Wellen aus einer anderen Richtung.«
Don Nino zieht ihm das Ohr lang. »Denkst du wirklich, dass das Meer auf einmal violett wird, oder orange? Ich bitte dich, Julio, stell dich nicht so an.«
»Aber Manuel hat gesagt, dass Giacomo gesagt hat, dass …«
Ein Blitz erhellt den Himmel und ein gewaltiger Donner rollt über das Wasser. Julio schweigt erschrocken, direkt darauf setzt Regen ein. Auf Magellans Schiff werden vier Feuer entzündet und schnell wieder gelöscht. Sie müssen die Segel reffen. Die Männer klettern wieselflink in die Wanten und einen Augenblick später dümpeln die fünf Schiffe mit nackten Masten auf dem Meer.

Der Regen hält lange an, von Wind kann keine Rede sein. Sie legen ein kümmerliches Etmal zurück – so nennt man die Strecke, die man zwischen Mittag und Mittag zurücklegt, wie Manuel Julio erklärt. Beim Prasseln des Regens gehen sie schlafen und wachen beim Prasseln des Regens wieder auf. Nach etwa drei Tagen sind alle bis auf die Knochen durchnässt. Das ganze Schiff ist klatschnass und glitschig. Julio streift umher. Er kann nicht schlafen, weil das Ungeziefer sein Bett vollends in Beschlag genommen hat. Es fühlt sich an, als würde er lebendig aufgefressen. In der nächtlichen Dunkelheit sucht er die Signalfeuer der anderen

Schiffe, aber im unaufhaltsam strömenden Regen gehen sie immer wieder aus. Es ist wichtig, dass die Schiffe sich nicht verlieren. Er zählt vier Feuer. Eins vor ihnen, zwei hinter ihnen und eines schräg neben ihnen. Gut, alle Schiffe sind da. Ein Glas später zählt er erneut: Es sind zwei. Zwei! Die Angst ergreift ihn. Einen Augenblick später sind wieder alle da.
Der Regen macht die Männer leicht reizbar. Don Nino und Julio hören bis in ihre Kajüte, wie sie sich in den Haaren liegen. Giacomo wirft sich wütend zwischen seine Mannen. Die schlimmsten Messerstecher lässt er an den Mast binden, damit sich ihre erhitzten Gemüter über Nacht im Regen abkühlen. Wenn Julio hört, wie die Männer aneinandergeraten, denkt er an Manuel, der bei ihnen liegt, und hofft, dass ihm nichts passiert.
Sobald der Frieden wieder hergestellt ist, setzt sich Giacomo zu seinen Matrosen. Er kann wunderbar Flöte spielen. Mit seinem Holzbein klopft er den Takt, und die Männer singen seine eintönigen Weisen mit. Manchmal spielt er auch traurige Lieder, von denen die Männer ganz still werden. Sie denken an ihre Frauen oder an ihre Eltern. Wenn die Stimmung zu bedrückend wird, spielt Giacomo Liedchen, die Julio bereits zu vorgerückter Stunde in den Speisesälen auf der Fahrt nach Sevilla gehört hat. Nachdem sie genug gesungen haben, erzählt Giacomo Geschichten. Es sind abstruse Geschichten über Menschen, die auf ihrer Brust ein zweites Gesicht tragen; über einen Jungen, der sich selbst in die Luft gejagt habe, weil er zu lange die Luft angehalten habe. Er sei einfach zerplatzt. Weiter weiß Giacomo von einer Frau zu berichten, die vom Teufel besessen gewesen sei und statt Luft Feuer ausatmete. Sie habe alles um sich herum in Brand gesteckt, ohne dass sie etwas dafür gekonnt habe. Giacomo erzählt das mit überzeugender Kennermiene, als habe er alles mit eigenen Augen gesehen.

Zweifelt jemand den Wahrheitsgehalt seines Berichts an, reißt er die Augen auf, als gerate er außer sich, doch dann besinnt er sich plötzlich und grinst nur.

So verstreichen einige Wochen – schreckliche Wochen. Die blaue Kreide neben Don Ninos Karte baumelt ungebraucht hin und her. Die Männer wiegeln sich gegenseitig auf. Sie befinden, ein Fluch laste auf den Schiffen, ja Gott selbst halte die Schiffe auf. Er wolle nicht, dass sie weiter führen, da Magellan der Teufel sei: ein Teufel mit Pferdefüßen.

Als der Wind endlich wieder auffrischt, wird gefeiert. Quesada lässt Wein einschenken und man genehmigt sich einen ordentlichen Schluck. Dann macht man sich ans Werk, um das Schiff wieder segelbereit zu machen. Die Männer überholen Taue und Segel. Alle Zwietracht ist vergessen. Sie klopfen sich wieder gegenseitig auf die Schulter und reißen Witze. Das Deck wird mit nassen Kleidern gepflastert und das ganze Schiff dampft. Der Wind lässt die Segel wieder knattern und jeder findet, es gebe kein schöneres Geräusch.

Don Nino und Julio sehen über das Wasser und genießen den Wind in ihrem Gesicht. Im Kielwasser der *Concepción* schwimmen große Fische dicht nebeneinander. Sie vollführen Sprünge von bis zu zwei Metern Höhe, bleiben dicht beieinander und manchmal sehen sie aus wie kleine Inseln. Don Nino hat inzwischen einen kleinen Bart, der ihm nicht steht, was Julio ihm wohlweislich verschweigt. Jetzt braucht er Don Nino zumindest nicht mehr zu rasieren und freut sich sehr darüber. Seine eigenen Haare werden übrigens auch nicht kürzer. Don Nino sagt dazu nichts.

Giacomo stolziert mit einer Miene an ihnen vorbei, als habe er höchstpersönlich dafür gesorgt, dass die Flaute vorbei sei.

»Hey, Leute!«, hört man ihn die Matrosen rufen, »wir wollen noch ankommen!«
Die Schiffsrümpfe pflügen sich wieder durch die Wellen. Sie kommen gut voran und segeln der Neuen Welt entgegen.

Einen Monat später entdeckt Don Nino einen Mückenstich. Er eilt zur Reling und sucht den Horizont ab. Als Diego vorbeikommt, zeigt Don Nino ihm stolz seinen Arm.
»Schau mal Diego, ein Mückenstich! Ich glaube das Land ist nicht mehr weit!«
Diegos Züge erhellen sich. »Das wurde aber auch Zeit!«, ruft er.
»Na, dann werde ich mich mal landfein machen.«
Bald darauf kommt Diego mit Juan an Deck. Diego sieht sehr vornehm aus in seiner blütenweißen Uniform. Sogar Juan hat sich zu diesem Anlass in Schale geworfen: Er trägt seine Offiziersuniform und seine Lockenpracht hat er zu einem Zopf gebändigt.
Im Wasser treiben Äste mit grünen Blättern. Vögel tauchen auf und streifen dicht an den Segeln entlang.
Sobald der Ausguck Land gesichtet hat, lässt Magellan eine Kanonenkugel abschießen. Der Schuss donnert übers Wasser.
»War es nicht hier, wo kürzlich ein Kapitän mit seiner ganzen Mannschaft verspeist wurde, Diego?«, fragt Giacomo mit lauter Stimme.
Betretenes Schweigen allerseits.
»Red keinen Unsinn. Nachher glauben sie dir noch«, erwidert Diego mit mürrischer Miene. Giacomos Witz gefällt ihm überhaupt nicht.
»Stimmt das?«, fragt Manuel Julio flüsternd. »Gibt es hier Kannibalen, was meinst du?«
»Schnickschnack«, antwortet Julio. »Er redet nur so daher.«

Vielleicht stimmt es, vielleicht stimmt es nicht. Julio weiß es nicht und er ist sich nicht sicher, ob er es wirklich wissen will – jedenfalls wird er Don Nino nicht danach fragen.

Sie fahren an schneeweißen Stränden entlang. Überall sehen sie ausgedehnte Buchten. Magellan sucht sich aufs Geratewohl einen Ankerplatz aus und bald darauf gehen sie fünfzig Meter vor der Küste vor Anker. Magellan besetzt ein paar Schaluppen mit schwer bewaffneten Männern. Don Nino besteht darauf, mit seinem Sklaven mitzukommen. Magellan kann es ihm nicht abschlagen und lässt sie in der letzten Schaluppe mitfahren. Die Männer halten ihre Arkebusen im Anschlag, während sie zögerlich an Land gehen. Don Nino und Julio bleiben erstmal noch im Boot. Da raschelt es in den Büschen. Ist das der Wind? Ein Matrose verliert die Nerven und löst einen Schuss. Nichts geschieht. Der Strand bleibt verlassen. Sie gewinnen Mut und reden immer lauter. Jetzt gehen auch Don Nino und Julio an Land. Es riecht wunderbar. Julio setzt sich hin und wühlt im Glücksrausch mit seinen bloßen Füßen im Sand. Er kann es noch nicht ganz fassen: Sie sind in der Neuen Welt! Er saugt die Luft tief ein und riecht die Erde. Was für ein herrliches Gefühl, nach all den Monaten zur See hier zu sitzen!

Von allen Seiten sind die Schüsse der Arkebusen zu hören. Es wird gejagt und heute Abend wird es frisches Fleisch geben. Don Nino setzt sich neben Julio. Er hat ein paar Früchte gefunden. Julio läuft das Wasser im Munde zusammen. Jetzt, da er seine Nase an die frischen Früchte drücken kann, merkt er erst richtig, wie ihm die Bohnen und das Pökelfleisch über sind. Julio leckt an einer Frucht. Er nimmt ein kleines Stückchen in den Mund, lässt es auf der Zunge zergehen und es läuft ihm kalt den Rücken herunter.

Die Berichte des Domenico

Julio sitzt vor der geöffneten Truhe Domenicos in der Kajüte auf dem Boden und sieht sich neugierig dessen Pergamente an: Domenico hat bereits einiges niedergeschrieben, obwohl sie erst vor einigen Tagen hier angekommen sind. Die ganze Reise über hat Domenico nichts anderes getan, als sich über die alltäglichen Umstände zu beschweren, sarkastische Bemerkungen fallen zu lassen und herumzumäkeln. Nun aber, da sie Eingeborenen begegnet sind, ist er wie ausgetauscht. Hier ist er in seinem Element und fast nie an Bord anzutreffen. Alleine klappert er die ganze Küste ab, wonach er jeden Abend seine Truhe zum Schreibtisch umfunktioniert, eine Kerze anzündet und stundenlang ohne Unterlass seine Eindrücke zu Papier bringt. Er tut kaum noch ein Auge zu, isst nichts und hat große Ringe unter den Augen.

Domenico legt Vokabellisten an und beschreibt ausführlich, was er hört und sieht. Die ganze Nacht lang ist das Kratzen seiner Gänsefeder oder Pergamentgeraschel zu hören. Hin und wieder schmatzt er vor Hingabe mit den Lippen. Julio und Don Nino liegen da und hören zu. Sobald Don Nino Anstalten macht, sich zu beschweren, herrscht Domenico ihn an und erinnert ihn an die Nächte, in denen der betrunken heimkehrende Don Nino mit seinem Gepoltere jedermann aufzuwecken pflegte.

Julios Neugierigkeit hat die Angst vor einer möglichen Strafe verdrängt. Er liest Domenicos Berichte.

Sie kamen uns mit Blumen und Früchten entgegen und legten alles zu unseren Füßen nieder. Die Männer waren unbewaffnet und die Frauen unbekleidet.

Julio grinst bei dem Gedanken an den unvergesslichen Anblick: junge Mädchen, alte Frauen mit großen und kleinen, flachen und drallen Brüsten – ja sogar ihr Geschlecht war unbedeckt. In seinem ganzen Leben hatte Julio noch keine nackte Frau gesehen und jetzt umringten sie ihn und betasteten sein Haar und seine Kleider. Er ließ es bereitwillig über sich ergehen, während ihm sein Herz bis zum Halse schlug. Sie umringten auch Juan und zupften ihn sogar an seinem Bart. Julio sieht die Frauen wieder vor sich, wie sie vor dem wütenden Tonfall in Juans Stimme zurückwichen. Domenico warf Juan einen warnenden Blick zu, da die Eingeborenen aufgrund der Unabsehbarkeit ihrer Reaktion nicht verängstigt werden sollten. Einige trugen einen Lendenschurz aus Federn in allen Farben und redeten in einer melodiösen Sprache mit vielen Kehllauten. Domenico versuchte, die Laute nachzuahmen, worauf die Eingeborenen nach einer Weile vor ihm wie vor einem Gott niederknieten. Domenico blickte mit vor Stolz geschwellter Brust um sich.

Julio hebt den Kopf. Hat da nicht eben die Treppe geknarzt? Er ist drauf und dran, alle Pergamente in die Truhe zu werfen, doch dann hört er nichts mehr – oder doch? An Deck geht jemand. Aber Julio erkennt das Klacken von Giacomos Holzbein und kann demzufolge unbesorgt noch ein bisschen lesen.

Die Männer sind bartlos. Sie ziehen sich ihren Bart Haar für Haar aus. Sie tragen einen Lendenschurz aus Papageienfedern. Ihr Körper ist über und über bemalt.

Julio denkt an die Ornamente, die wie Kinderzeichnungen aussehen: Brust, Beine und Arme sind mit bizarren Linien und Kreisen überzogen.

Magellan treibt mit ihnen Handel (obgleich Handel eigentlich übertrieben ist): Für einen kleinen Spiegel verlangt er acht Papageie. Das sind wunderschöne und ziemlich zahme Vögel. Sie setzen sich auf die Schulter der Männer und picken ihnen das Brot aus der Hand. Die Schnäbel sind allerdings messerscharf und unberechenbar. So hat ein Papagei gestern einem Matrosen von der Victoria *ein Ohr abgebissen. Er blutete stark.*

So viel Blut! Julio hat allein bei dem Gedanken daran einen Kloß im Hals. Giacomo saß neben dem armen Kerl und presste ein blutdurchtränktes Tuch gegen dessen Kopf. Er versuchte das Blut zu stillen und rief fluchend nach dem Schiffsarzt. Domenico sah in sicherem Abstand zu, half aber nicht.
Stattdessen beschreibt er nachher den Unfall. Das ist Domenico. In seinem Bericht geht er auch nicht näher darauf ein.

Sie haben kein Werkzeug. Sie schlagen Steine zum Schärfen gegeneinander. Ein Messer ist für sie etwas Unglaubliches. Ich habe ein Messer für eine Sklavin getauscht, und der Mann dachte noch, er betrüge mich. Sie ist gut gebaut. Sie schläft an Land. Gestern habe ich mit Quesada darüber gesprochen, ob sie an Bord kommen dürfe, wofür er nicht wirklich zu erwärmen ist. Sie kaut auf Blättern und spuckt sie aus wie ein Mann. Ansonsten sieht sie nicht schlecht aus. Ich konnte mich bereits ein bisschen mit ihr unterhalten. Gestern habe ich aus ihren Lauten und Gesten verstanden, dass sie glaube, wir seien mit dem Regen aus dem Himmel gefallen, da es zufällig tröpfelte, als wir ankamen. Sie ist so herrlich naiv. Gerade eben war ein Mädchen an Bord, das Quesada frische Früchte gebracht hatte. Es bummelte übers Deck. Es sah mich nicht. Ich stand halb verdeckt hinter dem Mast. Es starrte fasziniert zu Boden und sah sich dann um. Ich konnte mir keinen Reim darauf bilden. Dann sah ich auf dem Deck, direkt vor seinen Füßen, einen fingerlangen Nagel liegen. Es sah sich ein letztes Mal um. Seine Hand schnellte hervor. Es packte den Nagel, hielt ihn fest in seiner Hand und sprang ins Wasser. Es schwamm so schnell es konnte davon und benahm sich, als hätte sie den größten Schatz geraubt.

Julio lacht laut auf und verstummt erschrocken. Er erhebt sich und lauscht an der Tür. Niemand hat ihn gehört. Er blättert weiter. Dies muss Domenico heute Nacht geschrieben haben, da es die letzten Seiten sind. Julio kann das Gekritzel nur mit Mühe entziffern, denn je vorgerückter die Stunde, desto unleserlicher wird Domenicos Schrift.

Vor langer Zeit wurde hier bei einem Stammeskrieg ein Junge getötet – eigentlich noch ein Kind. Sein Mörder wurde einige Tage später gefangen genommen und der Mutter des Getöteten gebracht. Sie fiel über ihn her und biss ihn in seine Schulter. Am nächsten Tag konnte er entkommen. Er zeigte seinen Stammesgenossen seine Bisswunde. Von diesem Tag an essen diese Eingeborenen sich gegenseitig auf! Die Körper ihrer Feinde hängen sie über offenem Feuer zum Trocknen auf und schneiden jeden Tag ein bisschen ab, um ihre Feindschaft zu besiegeln.

Langsam steht Julio auf. Er schüttelt die Pergamente zurecht, legt sie in die Kiste und verschließt sie sorgsam. Dann geht er nach oben.
»Du siehst so bleich aus. Hast du ein Gespenst gesehen?« Giacomo hält ihn fest und schaut ihn untersuchend an.
»Nein, nein. Alles in Ordnung.«
Julio reißt sich los.
›So unschuldig sie auch aussehen, sie essen doch Menschen! Deshalb versteckt Domenico seine Pergamente so gewissenhaft.‹ Als Manuel später an Bord kommt, ist Julio immer noch ganz aufgewühlt. Manuel zeigt ihm stolz und nichts ahnend die Fische, die er gefangen hat: Prachtexemplare. Manuel liegt das einfach im Blut. Er fängt die Fische mit seinen bloßen Händen. Manuel setzt sich mit dem Rücken an den Mast und nimmt sein Messer. Mit schnellen Bewegungen schneidet er ihre Köpfe ab und wirft sie unbekümmert auf einen Haufen. Manche schlagen noch ein bisschen mit der Schwanzflosse, als wollten sie ohne Kopf wieder ins Meer zurück. Julio schaudert. Er ist nicht so kaltblütig wie Manuel, dem man anmerkt, dass er bereits eine Zeit lang auf der Straße gelebt hat. Er schreckt vor nichts zurück. Julio ist da viel zögerlicher. Er sorgt sich oft um Manuel, denn er handelt häufig ohne nachzudenken und schaut dann, was dabei herauskommt. Mit den Fischen macht er sich in der Kombüse beliebt. Der Koch meint, das werde Manuel noch zugute kommen.
Als alle Fische geköpft sind, fährt Manuel sich mit der Hand über die Nase und lässt an ihr etwas Fischblut zurück.

»Du siehst wie ein gescheiterter Seeräuber aus«, lacht Julio. Mit seinem Hemdzipfel wischt er Manuels lachendes Gesicht ab.
»Ich find es fantastisch, hier vor Anker zu liegen. Diese Bucht ist übrigens noch paradiesischer als die andere. Du bist ja käsebleich um die Nase. Hast du was Schlechtes gegessen?«
Julio bückt sich. Diego steht auf der Brücke und schaut zu ihnen runter.
Er will sagen: ›Ich habe in Domenicos Pergamenten gelesen. Die Menschen essen sich hier gegenseitig auf. Giacomo hatte doch recht‹, aber Manuel sieht ihn so strahlend an, dass er sich besinnt und ihm ins Ohr posaunt: »Ich habe mich vor deiner Fratze erschrocken.« Manuel schubst ihn um und setzt sich rittlings auf ihn. Er nimmt einen Fischkopf und dreht ihn auf Julios Nase.
»Hässlicher als du geht eigentlich gar nicht.«
Lachend und sich balgend rollen sie zwischen den toten Fischen über das Deck. Manuel ist eigentlich viel zu stark für Julio. Julio weiß, dass sein Freund in ab und zu gewinnen lässt.
»Jungs, ihr macht das Deck dreckig«, ruft Diego. »Geht mal an Land schauen, ob ihr beim Holzfällen helfen könnt.«
Die Jungen erheben sich und zupfen ihre Kleider wieder zurecht, die jetzt natürlich furchtbar nach Fisch stinken.
»Ich habe einen Fluss gefunden – mit Wasserfall und allem Drum und Dran. Sollen wir da schwimmen gehen? Dann können wir auch gleich unsere Kleider waschen. Julio zögert. Er hat keine Ahnung, wo Don Nino ist … sollte er es wagen?
»Wenn wir Don Nino begegnen …«
»Schwimmen im Paradies ist doch wohl eine Tracht Prügel wert?«
Eine Tracht Prügel wäre das allerdings wert, wohl wahr, Julio will bloß nicht aufgefressen werden.
»Aber ich will niemanden sehen – auch keine Eingeborenen.«

»Versprochen«, sagt Manuel und legt seine Hand aufs Herz. »Ich bring dem Koch die Fische und dann machen wir uns dünne.« Manuel schiebt Julio vor sich her. Diego sieht kopfschüttelnd hinterher.
»Rabauken«, murmelt er, doch seine Stimme klingt ihnen wohlgesonnen.

Don Nino stellt seinen Becher auf den Boden und sagt: »Heute wird ins Dorf gegangen, Julio. Zieh dir etwas Warmes an, Domenico meint, es sei kühl unter den Bäumen.«
Julio schüttelt seinen Kopf.
»Nein, lasst mich hier, Don Nino, bitte. Soll ich die Kajüte noch mal sauber machen?«
»Aber was ist denn los mit dir? Was machst du für ein Gesicht? Du hast dich doch so gefreut, als wir hier angekommen sind. Da konntest du nicht früh genug auf Erkundungstour gehen.«
Domenico hört mit zusammengekniffenen Augen zu. Er blickt zu Julio, dann zu Don Nino und wieder zu Julio. Er reibt sich seine dicken Knie und wartet aufmerksam Julios Antwort ab. Julio nimmt gelassen seine Weste, denn Domenico ist nicht auf den Kopf gefallen: Wenn Julio sich weiterhin widersetzt, ist Domenico sofort klar, wo der Hase im Pfeffer liegt. Julio bereut schon lange, dass er so neugierig war. Den Ausflug mit Manuel hat er auch schon dadurch verdorben, dass er sich die ganze Zeit in Habtachtstellung umsah und seinen Freund ganz nervös machte.
Don Nino wird ungeduldig. Er duldet weder Widerspruch noch, dass man ihn warten lässt. Der Junge tastet nach seinem Messer, steckt es griffbereit in seinen Gürtel und setzt sich zu Don Nino in die Schaluppe. Der Matrose, der sie an Land rudert, pfeift ein Liedchen. Don Nino sieht ihn stirnrunzelnd an. Der Mann verstummt gekränkt und rudert weiter.

»Was ist denn los, Julio? Hat Domenico dich vielleicht eingeschüchtert? Warum siehst du mich so an?«
»Ich weiß es auch nicht, Don Nino.«
»Warum willst du auf einmal nicht mehr an Land?«
»Hmm, einfach so, Don Nino.« Julio macht eine möglichst belanglose Miene. »Ich fühle mich wohl auf dem Schiff.«
Es ist Anfang Januar, aber selbst im Schatten der Bäume ist es drückend heiß. Julio wischt sich die Schweißperlen von der Stirn. Es ist doch bemerkenswert, dass hier so eine Hitze herrscht, während in Barcelona Winter ist! Große Blätter schlingen sich über ihren Köpfen ineinander. Es herrscht vollkommene Stille, selbst die Vögel haben ob der Hitze das Zwitschern eingestellt. Unter ihren Füßen knackt trockenes Holz. Manche Bäume sind so hoch wie Kathedralen. Mit ihren Augen folgen Don Nino und Julio den endlosen Stämmen in die Höhe, bis ihnen der Nacken schmerzt. Andere Pflanzen schlingen sich an den Baumriesen empor, um ein bisschen Sonnenlicht zu erheischen. Kleine Tiere huschen in alle Richtungen davon.

Sie erreichen eine Lichtung. Da stehen, halb im Dickicht versteckt, ein paar große Hütten. Über dem Dorf hängt ein schwerer Blütenduft von Blumen mit Kelchen so groß wie zwei Fäuste. Vor einer der Hütten sitzen ein paar nackte Frauen, die zu kichern anfangen, als sie Don Nino und Julio sehen. Julio versucht sich zu entspannen, zumal doch alles so friedfertig aussieht. Er sagt sich, dass sie nicht Gefahr liefen, aufgegessen zu werden, solange sie keine Hütte beträten.

»Komm, wir schauen mal rein.«
»Um Himmelswillen – bloß das nicht. Wir sehen die Hütten doch. Sie sind prima gebaut. Und so groß. Lass uns zurück zur *Concepción* gehen. Ich glaube, es gibt bald Essen.«
Don Nino sieht ihn argwöhnisch an.

Julio beißt sich auf die Zunge. Er nimmt sein Messer und versteckt es in der Hand. Don Nino zieht die Augenbrauen hoch. »Mein Messer, Don Nino. Man weiß ja nie.«
Don Nino schüttelt angesichts einer solchen Hasenherzigkeit den Kopf. Julio nimmt sich vor, beim leisesten Mucks die Beine unter die Arme zu nehmen. Soll Don Nino doch selbst zusehen, wie er seine Haut rettet. Julio bückt sich und tritt hinter Don Nino ein. Blitzschnell sieht er sich um: Die Hütte ist lang und schmal, es ist dunkel und kühl, und es dauert einen Augenblick, bis ihre Augen sich an die Dunkelheit gewöhnt haben. Über dem Feuer hängt zumindest keine Leiche, und abgehackte Arme oder Beine sind auch nirgends zu sehen, geschweige denn aufgespießte Köpfe. Auf dem Herd steht ein Topf, aus dem es herrlich riecht, doch Julio kann die Gerüche nicht einordnen.
An den Querbalken hängen Hängematten, in denen die Eingeborenen schlafen – auf den ersten Blick an die hundert. Don Nino zeigt darauf und meint, dies sei sicher eine gute Idee für den Mannschaftsraum, in solchen Netzen lägen die Matrosen wenigstens trocken. Bisher schlafen die Matrosen auf dem Boden und bei starkem Wellengang läuft Wasser in den Mannschaftsraum.

Ein paar Frauen bedeuten ihnen zu bleiben, um etwas zu trinken. Die Frauen sind alt, und ihre Gesichter sind runzelig, ihre Brüste hängen ihnen bis zum Bauch und ihre Haut wirft dicke Falten. Sie lachen freundlich. Don Nino nimmt die Einladung zögernd an.
Die Hausbewohner bedienen sie. Don Nino schlägt sich den Bauch voll, Julio aber ist vorsichtig. Es schmeckt ihm zwar, doch angelt er jeden Knochen zur Sichtkontrolle wieder aus dem Mund: Es könnte ja ein Menschenknochen sein. Zwar ist

ihm durchaus klar, dass er einen Menschenknochen nicht als solchen identifizieren könnte, denn für ihn sehen alle Knochen – ob Menschenknochen, ob Hühnerknochen – gleich aus. Dennoch beruhigt ihn dieses Ritual.
Die frischen Früchte sind unbedenklich und munden vorzüglich. Außerdem werden noch brotähnliche Kuchen gereicht. Getrunken wird aus kunstvoll verzierten Holzbechern.
Das Getränk ist süß und benebelt den Sinn. Don Ninos und Julios Reaktionszeiten verlängern sich, ohne dass sie sich dessen bewusst werden. Eine Frau fächert ihnen mit einem großen, steifen Blatt Kühle zu. Sie zeigt lächelnd alle Zähne. Julio starrt auf den Fächer und vor allem auf die wippenden Brüste, die ihn hypnotisieren. Der neben ihm sitzende Don Nino hat den gleichen entrückten Blick.
So verstreicht der Nachmittag eh sie es sich versehen. Und eh sie es sich versehen bricht schon fast die Nacht herein.
Zufrieden und gesättigt marschieren sie zur *Concepción* zurück. Es wird kühl, und Julio beginnt trotz der Weste zu zittern. Das liegt vielleicht an dem Getränk. Don Nino schlägt in einem Ausbruch an Fürsorglichkeit ein Stück seines Mantels um ihn. Julio holt tief Luft und schmiegt sich dankbar an seinen Herrn. Er vergisst für eine Weile, dass er ein Sklave ist, und das tut gut. Derlei Gelegenheiten gibt es nicht alle Tage.
Während der Matrose sie zu ihrem Schiff zurückrudert, lehnt sich Don Nino behaglich zurück.
»Herrlich.« Er wendet seinen Blick der untergehenden Sonne zu und schließt die Augen. »Hoffentlich bleibt Magellan hier eine Weile.«
Julio drückt seinen Rücken durch. Er hatte den Bericht Domenicos ganz vergessen, nun kommt er ihm wieder in den Sinn.
»Man wird uns nicht überall so gut empfangen«, sagt er.

»Sei nicht immer so pessimistisch, Julio«, erwidert Don Nino und zieht ihn liebevoll am Ohr. »Bis jetzt ist doch alles gut gegangen.«

Am nächsten Tag ist das Schiff wieder so gut wie verlassen. Fast alle liegen am Strand und dösen: Viel zu warm zum arbeiten. Julio schleicht nach unten. Zum Glück hat Domenico seine Kiste nicht abgeschlossen. Er schöpft also keinen Argwohn. Julio will wieder hoch gehen, aber auf halber Treppe überlegt er es sich anders – nun, da er doch schon einmal hier ist, kann er genauso gut noch einmal einen kurzen Blick hineinwerfen.
Zunächst sind da Vokabellisten. *As-chir* heißt Domenico zufolge *ihr* und *s-chial* heißt *Zunge*. Hunderte von Wörtern stehen bereits auf der Liste. Domenico muss es faustdick hinter den Ohren haben, sonst könnte er aus dem Lautsalat keine Sprache heraushören. Julio nimmt ein Stück Pergament, das ziemlich achtlos irgendwo mitten im Stapel steckt. Auf dem Zettel steht in großen Lettern:

NEUGIERIGEN SKLAVEN WIRD DIE NASE ABGEHACKT.

Zweifel

Sie fahren weiter gen Süden – wochenlang, monatelang. Immer weiter. Die Küste wird immer unzugänglicher und das Wetter schlechter. Die Matrosen können sich keinen Reim darauf bilden und sind unruhig. Warum wird nicht wieder der Heimathafen angesteuert? Sie haben doch neue Gebiete entdeckt, reicht das denn nicht? Sie lästern, wenn sie unter sich sind, und quetschen Giacomo aus, aber der tut so, als wisse er von nichts. Er erlebt, wie sich die Stimmung unter der Mannschaft verschlechtert. Es kommt zu Cliquenbildung und Streit wird ein Zeitvertreib.

Bei Zwistigkeiten, die Giacomo selbst regeln kann, lässt er den Kapitän außen vor, doch bisweilen hat er keine Wahl – bei Mord und Totschlag zum Beispiel. Heute Nacht wurde ein Matrose im Schlaf ermordet. Niemand weiß, wie es geschah. Giacomo bittet Quesada um Hilfe. Der Kapitän weiß, dass Giacomo bis zum Äußersten geht: Klopft Giacomo an der Kapitänskajüte, ist die Lage ernst. Quesada kommt mit, trommelt alle Männer zusammen und hält auf dem Achterdeck eine Rede.
Quesada ist beeindruckend, wenn er wütend ist. Er ist schon mit einem unfreundlichen Gesicht zur Welt gekommen und durch sein abenteuerliches Leben auf See wurden seine Züge nicht gerade freundlicher: Über seinem linken Auge verläuft

eine Narbe, die sein Gesicht in unschöner Weise teilt. Über die Narbe kursieren die abstrusesten Gerüchte. Er habe sich um eine Frau duelliert, wirklich weiß das aber niemand. Quesada steht breitbeinig da und wettert. Er fordert Eintracht, doch die Matrosen lassen sich nicht ohne Weiteres beeindrucken. Sie finden, ihr Leben stehe auf dem Spiel.

»Magellan ist ein Schurke. Ein Hund von Portugiese«, ruft einer von ihnen. »Beweis uns doch, dass er für Spanien arbeitet und nicht für Portugal. Wir lassen uns doch nicht zum Narren halten. Diese ganze Expedition ist eine einzige Lüge. Wir wollen nach Hause. Wir haben die Schnauze gestrichen voll. Was suchen wir eigentlich? Warum fahren wir immer weiter nach Süden? Er bringt uns ans Ende der Welt. Er will uns in den Tod jagen.« Der Matrose droht Quesada mit den Fäusten.

»Mauro!«, mahnt Giacomo.

Quesada hebt seine Hand und Giacomo schweigt.

»Magellan ist zunächst der Oberbefehlshaber«, hebt er an. »Niemand von euch hat das Recht, ungut über ihn zu sprechen. Der nächste Matrose, der es dennoch tut, wird trocken kielgeholt. Wir fahren weiter! Jeder geht seiner Arbeit nach und behält seine liederlichen Gedanken für sich.«

»Trocken kielholen«, flüstert Manuel.

»Was ist das?«, fragt Julio, ebenfalls im Flüsterton.

»Sie binden dich fest und ziehen dich an einer Rah hoch. Dann lassen sie dich fallen. Wenn sie dann das Gangspill blockieren, bleibt man kurz überm Wasser hängen. Durch den Ruck bricht man sich alle Knochen.«

»Das können sie doch nicht machen!«

Manuel kneift ihn in den Arm.

»Aufwachen, Trottel. Ein Kapitän ist Herr und Meister des Schiffes. Damit hier Friede ist, darf der alles.«

Während die Männer murrend wieder auseinandergehen, laufen Julio und Manuel zum Schanzkleid.
»Die machen mich noch wahnsinnig«, flüstert Manuel. »Nachts ist immer so viel los im Mannschaftsraum. Ich traue mich kaum noch ein Auge zuzutun bei dem ständigen Geflüster und Gelaufe um mich.«
»Hast du den Ermordeten gekannt?«
Manuel schüttelt den Kopf.
»Er lag nur ein paar Meter von mir entfernt. Ich habe echt keine Ahnung, warum er ermordet worden sein könnte. Oh Gott, Julio. Es war schrecklich. Ich habe alles gehört. Ich habe das Messer in seinen Bauch stechen hören. Ich habe gehört, wie er einen Schrei ausstieß: gepresst, als halte jemand eine Hand auf seinen Mund. Dann war Geröchel zu hören und plötzlich war er still – unnatürlich still, weißt du? Als sei jemand wach und halte seinen Atem an. Ich hörte den Mörder barfuß davonschleichen. Und weißt du, was das Grässlichste ist? Dadurch, dass ich nicht weiß, warum er getötet worden ist, habe ich ständig das Gefühl, dass ich der Nächste sein könnte.«
Juan hält Quesada auf seinem Weg nach unten auf.
»Ich will Euch nicht widersprechen, solange die Mannschaft dabei ist, aber findet Ihr nicht, dass trocken kielzuholen ein bisschen zu weit geht? Die Stimmung unter den Männern ist schon schlecht genug. Die fangen noch an zu meutern.«
»Ich weiß schon, aber es wird wirklich über die Maßen gelästert und verleumdet. Und dann der Tote heute Nacht! Gehört Mauro zu denen, die man aus dem Gefängnis geholt hat?«
»Da muss ich Giacomo fragen. Ich denke nicht.«
»Und der Ermordete?«
Juan zuckt mit den Schultern.
»Wir wissen nicht mehr, was unter der Mannschaft vor sich

geht«, sagt Quesada. »Und das ist nicht gut. Unter uns: Ich fange auch an, mich zu fragen, was wir hier eigentlich tun. Vielleicht sollte Magellan ihnen erzählen, dass wir unterwegs zu den Gewürzinseln sind. Der Gedanke an Gold und Reichtum verleiht dem größten Schurken Stärke. Aber eigentlich glaube ich es selber nicht mehr. Sind wir wirklich unterwegs zu den Gewürzinseln? Wir sind weiter denn je zuvor von den Gewürzinseln entfernt. Und wo ist bitteschön die berüchtigte Durchfahrt? Hat unser Befehlshaber vielleicht doch seine eigenen Pläne? Vielleicht hat Mauro doch recht, vielleicht will Magellan, dass unsere Mission keinen Erfolg hat. Ich weiß es auch nicht.«
Diego gesellt sich zu ihnen und schnappt die letzten Worte seines Kapitäns auf. Er erbleicht. Wenn Magellan seinen Kapitän so reden hörte, würde nicht Mauro, sondern Quesada an der höchsten Rahe aufgeknüpft.
Er zieht seine Jacke fester zu. »Ist euch auch aufgefallen, dass es kälter wird?«
»Ja«, antwortet Quesada. »Das ist auch so etwas: Der Sommer ist fast vorüber.«
Die drei Männer sehen einander an.
»Ich werde mal mit Cartagena und Mendoza, den Kapitänen der anderen Schiffe sprechen. Aber ihr haltet dicht, über das, was wir hier gesprochen haben. Und wenn Mauro noch einmal eine dicke Lippe riskiert, wird er bestraft, ist das deutlich? Ich will nicht, dass Magellan unsere edle Gesinnung anzweifelt.«
»Aye-Aye, Käpt'n!«
Diego und Juan salutieren und gehen zusammen nach unten. Juan holt eine Flasche Wein und schenkt zwei Gläser ein, während Diego vor einem kleinen runden Spiegel sein gut rasiertes Gesicht unter die Lupe nimmt.
»Ist ja auch absurd, Juan. Vielleicht gibt es die Durchfahrt wirk-

lich nicht, und wenn dieser Kontinent ein Kap hat, werden wir es nie umschiffen. Das Kap von Afrika ist bereits die Hölle, und das liegt viel weiter nördlich.«

Er dreht sich um, als Juan ihm sein Glas reicht.

»Ganz egal, Quesada darf so nicht sprechen«, sagt Juan. »Punkt aus. Weiterfahren oder nicht, wir sind Magellan Gehorsam schuldig. Es ist gefährlich für einen Kapitän, auf seine Mannschaft zu hören. Das wundert mich übrigens an Quesada. Hat er nicht vor gar nicht langer Zeit ein meuterndes Schiff zur Räson gebracht? War das die *San Miguel* oder die *Nevada*?«

»Die *Nevada*. Ja, das war ein Blutbad. Wir sollten uns noch keine Blöße geben und erst abwarten, was die anderen Kapitäne zu sagen haben.«

»Will er nur mit den *spanischen* Kapitänen sprechen?«

»Natürlich.«

Die zwei Männer trinken ihr Glas leer. Juan geht ins Ruderhaus und Diego lässt ein Bad richten. Don Nino öffnet leise die Tür. Er hat alles gehört und schüttelt besorgt den Kopf: So geht das nicht. Die Durchfahrt gibt es, nur ist es eben noch zu früh. Sie müssen mindestens noch ein paar Wochen weiterfahren. Er nimmt die von Juan zurückgelassene Weinflasche und schenkt sich selbst ein. In Gedanken versunken bleibt er eine Weile auf der schmalen Bank sitzen. Schließlich fast er einen Entschluss und erhebt sich, nimmt seinen Mantel und macht sich auf den Weg zu Magellan. Während er eine Schaluppe anfordert, wägt er seine Worte ab.

Einige Tage später kommt es schon wieder zu einer Rauferei, in die schier die Hälfte der Mannschaft hineingezogen wird. Auch Manuel steht keuchend zwischen den Raufbolden. Er presst sein Hemd gegen eine tiefe Schnittwunde über seinem linken Auge.

Giacomo versucht zunächst noch geduldig zu rekonstruieren, wie alles so kommen konnte, aber er trifft auf eine Mauer des Schweigens. Juan wird hinzugezogen, der Mauro mit einer entschlossenen Geste abführen lässt.
»Wir haben dich gewarnt, Bürschchen«, wettert er.
Mauro spuckt nach ihm. Giacomo versetzt ihm für diese Beleidigung einen solchen Schlag, dass Mauro zu Boden geht. Er wird gefesselt und in den Laderaum gebracht. Juan warnt Quesada.
Der Schiffsarzt gibt Julio Alkohol, um die Wunde zu desinfizieren. Erst tüpfelt Julio ganz vorsichtig mit ein bisschen Alkohol auf einem Zipfelchen eines Tuches. Manuel sagt, er müsse die Wunde schon gründlich reinigen und er wolle nicht an so einer Nichtigkeit sterben. Da gießt Julio die halbe Flasche über seine Wunde. Manuel heult auf vor Schmerz, er rollt zwar mit den Augen, bleibt jedoch bei Bewusstsein. Julio müht sich mit einem Verband ab, der nicht um Manuels Kopf bleiben will. Währenddessen erzählt Manuel, was geschehen ist: Mauro habe behauptet, Magellan wolle sie an der Küsten absetzen, um mit ein paar anderen Verrätern – unter denen auch Don Nino sei – nach Portugal zurückzukehren.
Julio sieht ihn forschend an.
»Das glaubst du doch wohl nicht?«
Manuel sieht zu Boden.
»Nein, sonst hätte ich ihn ja weiterreden lassen. Aber du musst zugeben, dass es verdächtig ist. Ein Adliger, der nur zum Spaß auf so eine gefährliche Expedition mitkommt. Was sollen die Männer davon halten?«
Eigentlich bereut Manuel, sich mit Mauro angelegt zu haben. Nun hat er Farbe bekannt, und genau das wollte er vermeiden. Julio wird klar, dass ihre Freundschaft Manuel in eine ungünstige

Lage bringt. Schweigend verbindet er den Kopf seines Freundes. Auch wenn das nicht viel ist, nimmt Manuel Julios Hand.
»Danke, Gefährte.«
Etwas verlegen gehen sie auseinander.
Julio sucht Don Nino und findet ihn in seiner Kajüte auf dem Boden sitzend. Don Nino starrt auf die Karte.
»Don Nino! Habt Ihr nicht die Rauferei gehört?«
»Natürlich, Julio. Ich weiß, worum es geht. Mauro ist nicht der Einzige.«
»Was denkt Ihr darüber?«
»Ich kann es nicht erklären. Besser, du weißt nichts davon. Vielleicht müssen wir von nun an reihum nachts Wache halten. Ich habe keine Lust, im Schlaf überrascht zu werden.«
»Don Nino, bitte, wovon sprecht Ihr?«
Don Nino erhebt sich und klopft seine Hose ab. Julio entgeht nicht, dass sein Herr verwahrlost aussieht, sein Bart wird länger und länger. Julio hat ihm bereits angeboten, ihm den Bart ein bisschen zu schneiden, aber Don Nino hat dankend abgelehnt. Den neuen Mantel, den Don Nino vor seiner Abfahrt gekauft hat, trägt er Tag und Nacht. Das warme rote Futter sieht inzwischen gräulich aus.
»Es gibt Schwierigkeiten hier auf dem Schiff.« Don Nino legt seine Hand auf Julios Schulter und drückt zu. Sie sehen einander an. Don Ninos Augen werden feucht. Auf einmal sieht er alt und traurig aus. Seine Hand streichelt Julios Wange.
»Du bist ein treuer Sklave, Julio«, sagt er. »Manchmal bist du mehr Kamerad als Sklave. Ich hoffe, dass du mich nicht verrätst. Verrat greift auf diesem Schiff um sich – ein vielköpfiges Ungeheuer. Du bleibst mir doch treu, oder?«
Julio nickt verdattert.

Mauro wird unter Protest der Mannschaft trocken kielgeholt. Hie und da wird »Tod dem Magellan« skandiert. Quesada schaut unverwandt geradeaus. Er sieht gleichgültig aus, aber hinter seinem Rücken ballen sich die Fäuste.

Als der Schiffsarzt mit Mauro fertig ist, tragen ihn ein paar Männer nach unten. Der Mann liegt leichenblass auf den Armen seiner Gefährten. Seine Schulter ist ausgerenkt und ein Bein steht in einem unnatürlichen Winkel ab.

Allen Widrigkeiten zum Trotz fahren sie weiterhin die Küste entlang. Hin und wieder erreichen sie größere Buchten. Dann lässt Magellan den Meeresbusen von ein oder zwei Schiffen erkunden. Welche Schiffe das sind, entscheidet das Los, denn niemand ist auf diese Erkundungsfahrten sonderlich erpicht. Die Matrosen liegen mit Arkebusen und Armbrüsten im Anschlag an Deck. Sie verlassen ihr Schiff nur im Notfall – wenn es beispielsweise gilt, das Schiff abzubringen. Wer an Land ist, springt beim geringsten Laut ins Wasser: Sie haben Angst. Menschen sehen sie allerdings nicht, das Land ist düster und still. Sobald der Schiffsrumpf mit einem unschönen Geräusch über den Flussboden kratzt, wird gewendet. Das Schiff läuft auf Grund, und der Bewuchs wird zu dicht, womit dieser Meeresbusen definitiv nicht die gesuchte Durchfahrt ist. Magellan nimmt jeden negativen Bericht mit einem unergründlichen Gesicht auf.

»Alle Mann an Deck. Weiterfahren.«
»Großes Fock hissen.«
»Großes Fock hissen«, wiederholt der Bootsmann.
»Anluven!«
»Anluven!«
»Achtung, eine Sandbank. Wassertiefe: zwanzig Fuß.«
»Bramstenge aufstellen. Wir brauchen mehr Fahrt!«
»Bramstenge aufstellen.«

Der März fängt stürmisch an. Die Temperatur befindet sich in freiem Fall. Mit jeder Meile, die sie zurücklegen, fahren sie dem antarktischen Winter direkt in den Rachen. Das Segeln wird ein beschwerliches Unterfangen: Gefährliche Unterströmungen fordern den Seeleuten höchste Segelkunst ab, damit die Schiffe nicht in ihren Sog geraten. Mühsam umschiffen sie Riffe und Sandbänke. Die Küste besteht inzwischen nicht mehr aus malerischen Sandstränden, sondern aus steilen Felswänden. Die Wellen schlagen mit brachialer Kraft zu. Wegen der Felsen können sie nirgends vor Anker gehen. Der Proviant schrumpft dahin.

Zum Glück ist der Zufall ihnen hold: Sie treffen auf zwei Inseln, die voller unbekannter aber essbarer Tiere sind.

Julio liest allen Warnungen zum Trotz immer noch in Domenicos Tagebuch.

Zwei große Füße sind an ihren Rumpf geklebt. Die Form der Füße erinnert an Menschenhände. Zwei lächerlich kurze Flossen dienen als Arme. Sie haben weder Arme noch Beine. Die Tiere stehen dicht gedrängt auf schmalen Felsengraden und laufen über ihre Artgenossen, um zum Meer zu gelangen. An Land watscheln sie so plump und ungelenk, dass die Männer sie nur aufzusammeln und weiterzureichen brauchen. Im Wasser sind sie jedoch pfeilschnell. Gemeinsam treiben sie Fischschwärme zusammen: ein dichtes, sich bewegendes Knäuel glitzernder Leiber, die im Zickzack ihren Fressfeinden zu entkommen suchen. Sie schießen plötzlich aus den Wellen und landen mit einem eleganten Kopfsprung wieder im Wasser. Sie stoßen durchdringende Schreie aus, die an den Klang geborstener Trompeten erinnern. Langsam und majestätisch fliegen große Vögel dicht über die Wellen und greifen sich Fische aus dem Wasser – ein wunderbares Schauspiel, dem die Mannschaft mit Genuss beiwohnt. Für die Tiere ist es ein unsäglicher Kampf, wieder an Land zu kommen. Sie werfen sich ungeschickt auf die Felsen. Die Wellen sind schneller und spülen sie wieder ins Meer zurück. So geht es Versuch um Versuch, bis es ihnen doch gelingt. Nach einer Stunde müssen sie wieder ins Wasser, denn ihre hungrigen Jungen warten auf Nachschub ...

Auf der Insel leben auch Walrosse. Sie haben massive Köpfe und eine dicke und ölige Haut. Die Rufe, die sie ausstoßen, klingen schwermütig und hohl und sehen gefährlich aus. Manche haben Hauer von bis zu einem halben Meter Länge. Die Männer lassen sie in Ruhe – die Laderäume sind ohnehin bereits gut gefüllt.

Das Pökeln des Fleisches macht viel Arbeit. Julio hilft mit: Er gießt Salzlake über die Fleischstücke, die Manuel in großen Holzfässern stapelt. Während der Arbeit denkt er sich kleine Lieder aus, und bringt sie Manuel bei. Manchmal singen andere Männer mit. Die Stimmung an Bord ist gut, denn mit Laderäumen voller Proviant steigt der Mut.

Aber die Freude ist nur von kurzer Dauer. Von nun an geraten sie nur noch vom Regen in die Traufe. Stürme ziehen auf – furchtbare Stürme, sodass selbst der härtestgesottene Seemann zugeben muss, derlei noch nicht erlebt zu haben. Und jedes Mal, wenn sie denken, das Schlimmste hinter sich gebracht zu haben, zieht ein neuer Sturm auf, der seinen Vorgänger in den Schatten stellt. Der Himmel bleibt wolkenverhangen.

Das Segeln wird zu einer andauernden Herausforderung, und der Himmel ist nur noch pechschwarz, als sei es ständig Nacht. Die Wellen sind haushoch: drei Meter! Vier Meter! Die Stürme zerren unbarmherzig an den Schiffen. Sie jagen die Wellen übers Deck, die alles mitreißen, was nicht niet- und nagelfest ist. Der Wind schneidet wie Eisen im Gesicht. Manchmal können sie sich kaum noch aufrecht halten. Der Lärm von Wind und Wellen ist ohrenbetäubend, und im Mannschaftsraum kann man sich nur noch schreiend verständigen.

Es wird bitterkalt, Eisschollen tauchen auf. Zunächst treiben sie unschuldig in großer Ferne vorbei, doch mit der Zeit nimmt ihre Größe zu, bis sie den Schiffen den Weg versperren. Sie schrammen in beängstigender Weise am Bug entlang. Ihre messerscharfen Kanten unter Wasser machen jeden gesegelten Meter zum Glücksspiel – jede Eisscholle kann das Schiff knacken wie eine Nuss.

Sie tragen alle Kleider, die sie haben, übereinander, doch selbst das reicht nicht mehr. Der Rudergänger der *Concepción*, Alejandro, friert mit seinen Händen am Ruder fest. Er brüllt Zeter und Mordio, als der Schiffsarzt ihn mit warmem Wasser zu befreien versucht. Die Taue frieren ein und es wird unmöglich, in die Wanten zu steigen. Als in einer Nacht drei Matrosen hinunterfallen und in der tosenden See landen, ist für Quesada das Maß voll. Er signalisiert den anderen Schiffen.

Die spanischen Kapitäne fordern ein Gespräch mit Magellan, der sie in seiner Kajüte empfängt. Er sitzt an einem Schreibtisch mit dem Logbuch vor sich, sieht die Delegation an und wartet ab, wer unter ihnen das Wort ergreifen wird. Eine bleierne Stille hängt im Raum. Mendoza, der Kapitän der *Victoria*, tritt letztendlich einen Schritt vor und stöhnt.

»Wir Kapitäne fordern, dass Ihr uns in den Norden zurückbringt. Wir müssen wärmere Gefilde aufsuchen, sonst sitzen wir bald im Eis fest und sterben alle zusammen.«

»Wir *fordern*?«, unterbricht Magellan ihn. Seine linke Augenbraue zuckt verärgert in die Höhe.
»Jawohl, Magellan, wir fordern. Ihr lasst uns keine andere Wahl. Wenn der Winter vorüber ist, können wir zurückkommen. Dann suchen wir weiter nach der Durchfahrt. Seht Euch doch um. Nur ein Verrückter führe noch weiter. Die Männer sind erschöpft, niedergeschlagen und verzweifelt. Wir können nicht mehr für sie bürgen. Und warum sollten wir ihnen widersprechen, wo sie doch eigentlich recht haben? Ihr riskiert zuviel. Dass wir noch kein Schiff verloren haben, grenzt an ein Wunder.«
Mendoza gibt sich sichtlich Mühe, höflich zu bleiben, beißt sich jedoch nach jedem Satz auf seinen Schnurrbart, als schlucke er allerlei Verwünschungen herunter. Wenn sein Mund das Wort *Durchfahrt* ausspricht, blitzen seine Augen zornig. Ihm ist deutlich anzusehen, dass er nicht an die Existenz der Durchfahrt glaubt.
»Kann dem jeder beipflichten?«
Magellans Blick wandert über die Gesellschaft.
»Ich spreche im Namen aller. Ich warne Euch. So geht das nicht mehr lange gut«, bekräftigt Mendoza.
Magellan erhebt sich.
»Umdrehen ist Zeitverlust«, antwortet er. »Außerdem ist das keine Lösung. Irgendwelche Schwierigkeiten werden sich immer ergeben, und wenn wir nur die kleinste Strecke zurück gen Norden zum Überwintern fahren, wollen doch alle gleich zurück nach Spanien. Dann wäre alles verloren. Für eine weitere Expedition bekomme ich dann nie wieder Geld.« Er sieht Mendoza, Cartagena und Quesada nacheinander in die Augen.
»Es ist verdammt noch mal für euer Land, dass ich diese Expedition unternehme. Habt ihr vergessen, was das Ziel dieser Expe-

dition ist? Habt ihr vergessen, dass diese Mission, wenn wir sie erfüllen, Spanien einen unermesslichen Vorsprung gegenüber Portugal verschaffen wird – und zwar in jeder Hinsicht? Allein auf wissenschaftlicher Ebene sammeln wir jeden Augenblick wertvollste Informationen.« Er nickt Quesada zu. »Frag doch mal Domenico. Und wenn wir die Gewürzinseln auf diesem Wege erreichen, machen wir Spanien steinreich. Dachtet ihr, das gehe von alleine? Warum versuche ich eigentlich, euch zu überzeugen? Ihr müsst mir gehorchen – so einfach ist das. Und für die Stimmung unter der Mannschaft seid allein ihr verantwortlich! Ich weiß aus vertraulichen Quellen, dass ihr alle gegen mich aufhetzt. Vergesst nicht, dass ich euch im Auge behalten werde.«

»Das ist eine Lüge«, sagt Quesada. »Wer behauptet denn so etwas?«

»Das geht euch nichts an. Ich habe meine Quellen. Die Unterredung ist beendet. Wir fahren weiter.«

»Ihr verlangt das Unmögliche, Magellan«, murmelt Cartagena.

»Geh, pudere deine Nase, Cartagena«, erwidert Magellan. »wenn du deinen Männern so viel Zeit widmen würdest, wie du sie deinem Aussehen opferst, gäbe es vielleicht weniger Probleme. Die Herren sind entlassen.«

Meuterei

Die Auseinandersetzung hat Magellan zu denken gegeben. Ihm wird klar, wie blind er gewesen ist. Er braucht sich nur umzusehen, um festzustellen, wie mühsam sie vorankommen und wie die Männer sich jede Meile erkämpfen. Er fängt an, nach einer Bucht Ausschau zu halten, in der sie überwintern können und sucht eine Stelle, an der sie sowohl anlegen, als auch sich ein paar Monate ernähren können. Er hofft, dass das Finden eines geeigneten Ankerplatzes alle seine Probleme löse.

Nach einer Woche erreichen sie wieder eine große Bucht. Das Wasser ist untief genug, um vor Anker gehen zu können. Es gibt einen kleinen Felsstrand, an dem sie Muscheln finden. Das lässt doch hoffen. Magellan tauft den Ort San Julián, lässt ein großes Kreuz errichten und befiehlt, eine Messe zum Dank für das Finden dieses Ankerplatzes abzuhalten. Die Messe wird wenig pietätvoll heruntergeleiert. Julio sitzt mit Don Nino in der zweiten Reihe. Hinter seinem Rücken stöhnt die Mannschaft und rutscht mit ihren Stühlen, die man eigens aus den Offizierskabinen herbeigeschleppt hat, hin und her. Julio kann ihre Anspannung fühlen.

Vor ihm sitzt Magellan, der ebenfalls sichtlich nervös ist. Er fährt sich mit der Hand durch das Haar, trommelt mit seinen Fingern auf seinen Knien, zupft einen Fussel von seiner Ge-

neralkapitänsuniform und wirft ihn zerstreut auf den Boden. Einen Augenblick lang dreht er sich um und lässt seinen Blick über die Reihen der Männer schweifen.
Sobald der Priester fertig ist, tritt Magellan hinter den eilig erbauten Altar.
»Ihr habt es bis hier gebracht, und ich bin stolz auf auch. Die Reise bis hierher war beschwerlich und viele unter euch haben einen Freund verloren. Ich weiß, dass ihr umkehren wollt.«
Magellans Stimme wird schärfer. Er blickt schräg zu seinen Kapitänen. »Ich weiß, dass Verrat an mir geplant wird, doch ihr habt alle zusammen, vom Schiffsjungen bis zum Kapitän, einen Auftrag vom König höchstpersönlich erteilt bekommen. Es ist eure verdammte Pflicht, mir zu gehorchen.«
Er zieht sein kurzes Schwert aus der Scheide und erhebt es kriegerisch über sein Haupt. Kalt und unnahbar sieht er aus, in seinem Bewusstsein, alle anderen gegen sich zu haben.
»Andernfalls macht ihr euch des Hochverrats und der Gotteslästerung schuldig. Dann habt ihr nichts als den Tod verdient. Dafür garantiere ich gern persönlich. Täuscht euch nicht in mir. Ich bin klein von Wuchs und ich hinke, aber ich bin zäher, als ihr denkt.«
Gemurmel wird überall laut, doch niemand rührt sich.
Er steckt sein Schwert wieder weg.
»Ihr, die ihr mir treu bleibt: Wisset, auch dieser Winter hat ein Ende. Die Sommer hier sind fruchtbar und hell.«
Nach einer Pause fährt er spottend fort: »Die Portugiesen überqueren fast täglich den südlichen Wendekreis. Habt ihr eigentlich etwas darüber hinaus geleistet? Was wäre das für eine Niederlage, jetzt umzukehren! Eine unerträgliche Niederlage! Reich könnt ihr werden. Es gibt genug Gold und Reichtum für euch alle. Aber nein, ihr zieht lieber den Kopf ein und sterbt arm.«

Doch Magellans Versprechen kommen zu spät. Hätten die Männer Eier gehabt, hätte er sie an den Kopf geworfen bekommen. Hie und da werden bereits Steine aufgehoben.
»Wir haben Hunger und die Schnauze gestrichen voll!«
»Ich erhöhe die Rationen. Mehr kann ich nicht tun.«
Dieses Zugeständnis ist sichtbar gegen seinen Willen, aber genau das Stichwort, auf das die Männer gewartet haben – und sie geben ihm nicht einmal mehr Zeit, sich zu bedanken. Sie lassen Essen auffahren und verschlingen an diesem einen Abend mehr, als sie sonst in einer ganzen Woche gegessen haben. Dann zieht sich jeder auf sein Schiff zurück – mit Magenkrämpfen.

Julio hält Wache. Er sitzt zwischen Domenico und Don Nino mit seinem Messer auf dem Boden. Die Männer schnarchen um die Wette. Julio versucht sich wach zu halten. Er denkt an Mina, an das Waisenhaus, an Manuel. Er hört die Männer im Mannschaftsraum auf und ab gehen und sprechen. Sie sind aber zu weit weg, als dass er sie verstehen könnte.
Julio schläft das Bein ein. Er bringt es in eine andere Position und stößt dabei an Don Ninos Knie. Don Nino hört auf zu schnarchen. Wird er wohl wach und die Wache übernehmen? Nein, doch nicht. Don Nino schläft weiter und die Nacht wird lang und länger. Würde Don Nino wohl wütend, wenn er ihn wecken würde? Wie dumm von Julio, die erste Wache zu übernehmen. Don Nino hätte keine Skrupel, ihn zu wecken.
Julios Kinn sinkt auf seine Brust. Das Messer gleitet ihm aus der Hand. Er stimmt leise in den Chor der beiden anderen Schnarcher ein. Undeutlich dringt der klagende Ton einer verstimmten Geige zu ihm durch. Jemand ruft dazwischen. Die Geige verstummt abrupt. Julio hört etwas fallen. Noch immer ist er nicht richtig wach.

Dann vernimmt er Geflüster, direkt über seinem Kopf. Er zuckt. Langsam wird ihm klar, dass er schläft, während er eigentlich Wache halten müsste. Kalte Luft streicht über seine Beine. Das bedeutet, dass die Tür offen steht! Er fühlt, wie sich jemand über ihn beugt.
Er sitzt in der Falle, eingeklemmt zwischen zwei Pritschenbrettern. Julio bewegt langsam seine Finger. Mit zitternden Händen tastet er nach seinem Messer und kann es nirgends finden. Das Messer ist weg! Langsam öffnet er die Augen und sieht im Halbdunkeln ein Paar dreckiger, abgewetzter Schuhe. Aus dem linken Schuh lugt durch ein Loch ein großer, blauer Zeh. Ausgefranste Hosenbeine. Der Schuh mit dem Zeh bewegt sich und im nächsten Moment bekommt er die Knie des dazugehörenden Mannes mit voller Wucht gegen sein Kinn. Seine Zähne knirschen, Tränen schießen ihm in die Augen. Er wird an seinen Füßen zwischen den Beinen des Mannes hindurchgezogen. Zwei Matrosen fangen ihn auf. Seine Nase blutet. Jemand wirft unbekümmert ein Tau um ihn und zieht es fest.
»So, Vögelchen. Jetzt kannst du nicht mehr fliegen. Und ihr reichen Herren, zieht eure Kleider aus.«
Mauro steht breitbeinig vor Don Nino.
»Gib mal her, deinen schicken Umhang. Der hält mich auf unserer Heimfahrt warm.«
Don Nino nimmt seinen Umhang und gibt ihn Mauro.
»Und deine Weste – ach was, die Hosen kannst du auch gleich ausziehen. Wir wissen, dass du uns bei Magellan verpfiffen hast. Du bist sein Spion. Weißt du eigentlich, wie übel Spione auf einem Schiff enden?«
Julio blinzelt erstaunt zu Don Nino. Der schlägt seine Augen nieder.
»Und du, Würmchen? Hältst du zu deinem Herrn?«

Julio wird bleich. Eine Gruppe verwahrloster Männer blickt abwartend zu ihm hinab. Manuel ist nicht unter ihnen. Was gäbe Julio nicht alles für ein Zwinkern seines Freundes? Haben sie ihn vielleicht auch gefesselt?

»He, ich hab dich was gefragt. Suchst wohl deinen Freund, was? Vergiss ihn, der kann dir nicht helfen, kapiert? Und jetzt raus mit der Sprache: Wie der Herr, so der Sklave?«

Julio zuckt mit den Schultern und sieht zu Boden. Er denkt an Don Ninos Worte: *Bleib mir treu.* Don Nino hat ihn gekauft. Eigentlich war er immer gut zu ihm, er hat ihm alles beigebracht. Er schaut dem Matrosen unverwandt in die Augen und spricht mit fester Stimme: »Wie der Herr, so der Sklave.«

»Trottel!« Mauro packt ihn am Arm und zerrt ihn in die Kajüte. Der gefesselte Julio fällt zwischen Domenico und Don Nino auf den Boden. Auch Domenico ist inzwischen bis auf sein Hemd ausgezogen, »das arrogante Schwein«.

»Da ist Juan, der kann auch gleich noch dazu. Das ganze vornehme Gesindel auf einen Haufen, die Ratten werden sich freuen. Wenn wir wieder unterwegs sind, schaun wir mal, was wir mit ihnen machen.« Mauro kontrolliert Juans Fesseln und stößt auch ihn in die Kajüte. Etwas wird vor die Tür geschoben.

»Quesada?«, fragt Don Nino Juan.
»Hat selbst die Waffen ausgeteilt.«
»Diego?«
»Er sagt, er wolle alles tun, um uns zu helfen. Er sagt, er stehe hinter Quesada, um uns zu schützen.«
Don Nino seufzt. »Ich verstehe, der Herr will sich die Hände nicht dreckig machen. Und Giacomo?«
»Der weiß nicht so recht. Er gibt seinen Leuten recht, findet aber die Art und Weise nicht in Ordnung. Quesada wollte was

zu Trinken austeilen lassen und darüber kam dann sofort Streit auf. Matrosen unter Waffen lassen sich durch nichts aufhalten. Das hätte sich Quesada denken können.«
»Es dämmert.« Domenico zeigt auf das Bullauge.

Jeder andere Befehlshaber verlöre den Mut, wenn drei Fünftel seiner Mannschaft meuterten. Nur die *Santiago* und die *Trinidad*, die unter portugiesischen Kapitänen fahren, bleiben Magellan treu. Die *Victoria*, die *Concepción* und die *San Antonio* machen sich startklar.

Die Gefangenen der *Concepción* konnten Julio unter großer Mühe und nicht ohne üble Verwünschungen auf seine Pritsche hieven. Dort liegt er flach auf seinem Bauch vor dem Bullauge und berichtet den anderen, was er sieht. Seine gefesselten Arme schmerzen.

»Die *San Antonio* sehe ich nicht. Aber an der *Victoria* verstärken sie gerade den Mast. Am Anker machen sie auch was. Ich erkenne es nicht genau, vielleicht klemmt die Ankerwinde.« Julio verengt seine Augen zu Schlitzen. »Ich glaube«, er macht eine kurze Pause, »ja, da kommt eine Schaluppe an. Da sitzen zwei drin – nein, drei.«

»Wer?«

»Ich kenne die nicht. Ich glaube, dass Magellans Bruder dabei ist. Ja, das ist Magellans Bruder. Er geht an Bord. Er holt was Weißes aus seiner Tasche ... das ist ein Brief. Mendoza liest ihn. Oh Gott, oh mein Gott!«

Julio schießt die Augen.

»Was ist denn? Erzähl weiter!«

»Mendoza wurde ... erstochen. Er ist auf den Boden gefallen. Das Messer steckt in seinem Hals. Und jetzt kommen noch

mehr Schaluppen. Das sind die Boote von der *Santiago*. Die habe ich vorhin nicht gesehen. Die Männer klettern an Bord.«
Julio schweigt.
»Julio, zum letzten Mal! Erzähl, verdammt noch mal.«
»Es wird gekämpft. Die werden einfach abgeschlachtet. Die verteidigen sich fast gar nicht. Grauenvoll.«
»Vielleicht haben sie heute Nacht ein Fass zuviel aufgemacht.«
»Jetzt kommt auch Magellan.« Julio schüttelt ungläubig seinen Kopf. »Die *Victoria* ist zurückerobert. Das ging aber leicht. Ich glaub, er hat kaum jemanden von seinen Männern verloren.«
»Bleibt zu hoffen, dass er auch unser Schiff hier zurückzuerobern versucht. Und dass das auch so einfach geht«, sagt Juan.
Magellan lässt Mendozas Leichnam an den Füßen an der Rah aufhängen.

Nun hat er wieder drei Schiffe und kontrolliert damit den Ausgang der Bucht. Die *San Antonio* und die *Concepción* sind eingeschlossen. Es wird langsam Abend. Julio liegt so still er kann, denn bei jeder Bewegung schneidet ihm das Tau in die Handgelenke. Unter sich hört er die anderen stöhnen. Don Nino und Domenico klappern mit den Zähnen, ihre Lippen sind blau. Juan hat versucht, sie mit einer Decke zuzudecken. Die langen dünnen Beine Don Ninos bedeckt er mit einem Stück seiner Weste.
Hin und wieder öffnet Don Nino die Augen. Er hört die Wellen gegen die Schiffswand schlagen, sieht aber nichts. Um ihn herum ist die Nacht mond- und sternenlos. Es ist so dunkel, dass man meint, die Luft wie eine zähe Masse berühren zu können, und die Finsternis ist erdrückend. Julio gibt sein Bestes, um nicht in Panik zu geraten. Er versucht, an etwas Helles zu denken: Er stellt sich eine Blume vor und versucht, jedes Blütenblatt

vor sich zu sehen; er denkt an die Frucht, die er kurz nach der Ankunft in der Neuen Welt aß; er denkt an Manuels Finger, an diese feinen und doch starken Hände. Wie geschickt köpfte sein Freund an jenem Tag die Fische, als Julio in Domenicos Tagebuch von den Kannibalen gelesen hatte. Julio fühlt, dass ihm wieder schlecht wird. Er rutscht ein bisschen herum und sucht nach etwas anderem, an das er denken könnte: Manuel hat ein sehr gutes Messer. Ein Messer, in dessen Griff sein Name eingraviert ist: *Emanuel Alexandra Maria Estoban*. Ein adeliger Name – ein sehr gutes Messer. Messer. Julio fährt hoch und schlägt sich den Kopf an.
»Autsch!«
»Julio! Was machst du denn?«
»Irgendwo hier muss noch mein Messer auf dem Boden liegen. Ich habs fallen gelassen, bevor ich eingeschlafen bin. Mauro hat es nicht gesehen. Es ist bestimmt irgendwo runtergerutscht, als der mich getreten hat.«
»Bist du dir sicher?«, fragt Juan.
»Natürlich bin ich mir sicher. Schaut einmal nach, bitte.«
Juan lässt sich auf den Boden gleiten und tastet mit seinen gefesselten Händen den Boden ab.
»Ja! Hier liegt was. Moment. Verflucht, es rutscht mir weg. Domenico, würdest du mal deine Beine hochheben? Ich habs!«
Über ihnen erklingt Gepoltere. Es wird gesungen, Flaschen fallen herunter und rollen über das Deck.
»Solange sie trinken, denken sie nicht an uns«, sagt Juan.
»Schnell, Nino. Sonst ist es zu spät.«
Don Nino streckt Juan seine Hände entgegen. Der fängt an, die Taue zu zerschneiden.
»Au, das war meine Hand. Vorsichtig, Juan.«
»Dann hör endlich auf, so zu zappeln.«

»Uff«, seufzt Don Nino und knetet seine schmerzenden Handgelenke. Dann befreit er Juan und bald sind alle entfesselt.
»So, jetzt können wir uns zumindest verteidigen.«
»Und aufwärmen«, sagt Don Nino. Er wühlt in seiner Kiste und zaubert allerlei Jacken und Decken hervor.
»Diese Schurken«, zischt Domenico stöhnend. »Ich hoffe, dass Magellan sie alle kielholt, eines schrecklichen Todes sollen sie sterben. Ich habe noch nie in meinem Leben so gefroren.«
Er nimmt seine Füße in die Hände und versucht sie warmzureiben.
»Ich hasse dieses Schiff«, fügt er noch hinzu. »Ich hasse alles hier. Wäre ich nur zu Hause geblieben. Und noch etwas, Don Nino! Ich begreife nicht, wie Ihr es mit so einem Sklaven aushaltet. Dieser Kretin hat wieder einmal bewiesen, dass er nichts wert ist. Nach einem Tag und einer Nacht fällt ihm das Messer ein.«
Auf der *Trinidad* bereitet sich ein Taucher vor. Zwar ist es so dunkel, dass er das Wasser unter sich nicht einmal sieht, doch weiß er genau, wo sich der Anker der meuternden *San Antonio* befindet. Er nimmt ein Beil und seilt sich ins Wasser ab. Mit einem kräftigen Stoß mit Armen und Beinen kann er ungefähr einen Meter zurücklegen. Bis zur *San Antonio* sind es zwanzig Meter – zwanzig Stöße im eiskalten Wasser. Er zählt die geschwommenen Meter. Etwas streift sein Bein. Der Mann erstarrt – ist da was im Wasser? Er rudert kurz auf der Stelle, während ihm das Herz bis zum Halse schlägt. Er sagt sich, das seien wohl Wasserpflanzen und die Dunkelheit sei durchaus von Vorteil, denn so werde ihn auf der *San Antonio* niemand sehen. Nun gilt es vor allem, ruhig Blut zu bewahren. Noch fünf Meter, noch vier. Jetzt ist er kurz vor dem Schiff und kann die Meuterer lachen, poltern und singen hören. Er berührt den Rumpf, bevor er ihn sieht. Jetzt kommt es darauf an! Er schwimmt ein biss-

chen nach rechts, bis er die Wölbung des Bugs spürt. Er taucht. Das Wasser bewegt sich kaum. Der Taucher hackt den Anker ab. Niemand bekommt den dumpfen Schlag mit, da das Wasser den Schall schluckt. Das Schiff fängt an zu treiben und wird behutsam von der Strömung weggetragen. Magellan hat alles genau vorausberechnet. Das Schiff wird auf die *Trinidad*, auf der man sie bereits gefechtsbereit erwartet, zutreiben.
Mit einem sanften Ruck stoßen die beiden Schiffe gegeneinander. Die Enterhaken werden ausgeworfen und die Männer von der *Trinidad* springen an Bord der *San Antonio*. Die Läufe der Arkebusen, mit denen sie auf die verdutzten Meuterer feuern, berühren fast deren Brustkörbe. Die Überraschung ist groß.

Die Tür fliegt auf. Juan steht kampfbereit mit dem Messer in seiner Hand hinter der Tür. Es ist Diego.
»Es ist vorbei«, sagt Diego. Er weicht ihrem Blick aus. Hinter ihm erscheint Manuel. Julio schiebt Diego beiseite und fliegt Manuel in die Arme.
»Ich bin so froh, dich zu sehen. Ist alles in Ordnung?«
Manuel sieht Julios Handgelenke und schnalzt mit der Zunge.
»Es hätte schlimmer kommen können. Jedenfalls kann ich dich jetzt verarzten. Ich saß über dir, konnte aber nichts machen – wirklich nicht.«
»Das ist mir schon klar.« Julio kneift ihm zärtlich in die Arme.
»Was passiert jetzt?«, fragt Juan Diego.
»Quesada ergibt sich. Magellan hat heute Nacht die *San Antonio* zurückerobert. Allein gegen vier Schiffe haben wir keine Chance. Wir werden also nicht umkehren. Ich fahre übrigens nirgendwo mehr hin.« Diegos Stimme bebt. »Heute Abend werde auch ich an der Rah baumeln – so wie Mendoza. Ihr müsst mir glauben, Juan, ich hatte nie was gegen Euch.«

Juan läuft ohne zu antworten an ihm vorbei. Die anderen folgen ihm und Diego bleibt allein zurück. Er setzt sich auf Don Ninos Pritsche und vergräbt seinen Kopf in den Händen. Seine Schultern beginnen zu zucken.

Die Meuterer sind am Ufer zusammengetrieben worden und werden von den Matrosen der *Santiago* bewacht. Quesada steht abseits und starrt auf das Wasser. Er sieht nicht mehr wie ein Kapitän aus: Seine Kleider sind zerrissen, er hat keine Waffen mehr und sein Gesicht ist blau und verquollen. Man hat ihn geschlagen. Auf dem Strand liegt ein Haufen Leichen und es kommen immer noch welche dazu. Magellan macht Klarschiff. Die toten Körper werden mit Schaluppen von den eroberten Schiffen an Land gebracht. Meuterer, die im Wasser schwimmend erschossen worden sind, werden angespült. An ihren Beinen werden sie an Land gezogen und zu den anderen gelegt. Doch Magellans Rachsucht ist noch nicht gestillt: Er wird ein Exempel statuieren. Ohne eine Miene zu verziehen, schreitet er die Reihe der Gefangenen ab. Er zeigt auf jeden und fällt ohne zu überlegen das Urteil – schnell und unbarmherzig.
Matrosen werden kielgeholt. Das ist an sich schon eine grausame Strafe, da die Unterseite der Schiffe voller scharfer Kanten ist, die ihnen die Haut aufreißen. Doch Magellan verlangt, dass sie nicht dwars, sonders sondern längs unter dem Schiff von über zwanzig Metern Länge durchgezogen werden! Jeder muss zusehen. Es wird geheult und geschrien. Wer sich widersetzt, wird niedergeschlagen. Was die Henker hochziehen, sieht nicht mehr nach Mensch aus. Einer von ihnen ist Mauro.
Julio steht neben Don Nino. Er traut sich nicht, sich die Ohren mit den Händen zuzuhalten, da das zu sehr auffallen würde und Magellan könnte die falschen Schlüsse ziehen. Doch er schließt

so oft wie möglich seine Augen. Don Nino steht leichenblass neben ihm. Ohne es zu merken, lehnen sie gegeneinander. Würde einer einen Schritt beiseite treten, fiele der andere um.
Nach der einfachen Mannschaft sind die Kapitäne an der Reihe. Mendoza ist bereits tot, Quesada muss enthauptet werden. Magellan bietet Quesadas Sklaven das Schwert an. Der lehnt schockiert ab. Magellan stellt ihn vor die Wahl: Entweder hackt er seinem Herrn den Kopf ab, oder er wird selbst enthauptet. Der Sklave erhebt das Schwert. Er stellt sich vor den knienden Quesada und murmelt Gebete. Magellan wird ungeduldig. Der Sklave erhebt das Schwert – hoch in die Luft. Kurz scheint er noch zu zweifeln, doch dann hackt er mit einer einzigen ruckartigen Bewegung das Haupt seines Herrn ab. Es rollt bis vor Magellans Füße. Er zuckt nicht einmal mit der Wimper.
Juan de Cartagena, der dritte spanische Kapitän und Befehlshaber der *San Antonio,* wird zusammen mit einem Priester verbannt. Magellan darf ihn nicht zum Tode verurteilen, da Cartagena Magellans direkter Stellvertreter ist, und so kann allein der König über ihn richten. Doch Magellan will ihn nicht mehr auf einem seiner Schiffe haben. Trotz der Kälte läuft Cartagena der Schweiß über sein kreidebleiches Gesicht. Er trägt keine Perücke, stattdessen stehen ihm die Haare in Strähnen nach allen Seiten ab. Seine Lippen sind nur noch ein schmaler Strich: blutleer wie totes Fleisch in einer alten Wunde. Ein Priester läuft raunend neben ihm. Sie gehen an Bord der *Trinidad,* die sie an einen abgeschiedenen Ort bringen soll.
Diego und Giacomo kommen ungestraft davon, da die *Concepción* freiwillig die Waffen niedergelegt hat und Juan ein gutes Wort für die beiden eingelegt hat. Außerdem kann Magellan nicht alle seine guten Seeleute hinrichten – schließlich haben sie noch eine lange Reise vor sich.

Die beiden reagieren sehr unterschiedlich. Diego ist dankbar und vertritt sich vorsichtig die Füße – auf den Zehenspitzen, als wolle er vermeiden, jemandem etwas zuleide zu tun. Von nun an befiehlt er nicht, sondern er bittet und spricht mit leiser flehender Stimme.
Giacomo scheint es vor allem gerecht zu finden, dass er verschont bleibt. Jedem, der es wissen will, sagt er, es mache ihm eigentlich nichts aus, ob er heute unter dem Schwert sterbe oder in einem Monat vor Hunger – letztendlich laufe es auf das Gleiche hinaus: Das eine dauere halt etwas länger als das andere. Jedenfalls habe er überhaupt keine Lust, in San Julián zu überwintern.

Quesadas und Mendozas Köpfe werden auf lange Äste gespießt und am Strand ausgestellt, wo die Kälte sie noch lange konservieren wird.
Sie versinnbildlichen eine deutliche Warnung Magellans: Wer gegen ihn ist, muss sterben.

Julio ist fassungslos: Es will ihm nicht in den Kopf, warum der erste Kampf ihrer langen Fahrt von innen kommen musste. Er versucht, mit Don Nino darüber zu sprechen, aber der hüllt sich in Schweigen. Er ist entsetzt und schockiert von dem, was er in Gedanken die »Bestialität Magellans« nennt. Magellan hat ihm erklärt, es gehe nicht anders und er könne nicht mit Kapitänen fahren, die gegen ihn arbeiteten, oder mit einer Mannschaft, die ihn nicht fürchte. Doch Don Nino kann all dem keinen Glauben schenken – außerdem quälen ihn Schuldgefühle: Er kann sich der Frage, inwieweit er für Quesadas und den Tod der anderen mit verantwortlich ist, nicht erwehren. Don Nino schweigt und grübelt. Er geht Juans Geschwätz und Julios Fragen aus dem Weg.

San Julián

Sie sind in der Bucht eingeschlossen. Manchmal blockiert Eis den Eingang, was das Gefühl der Abgeschiedenheit noch verstärkt. Es ist nur fünf Stunden am Tag hell, und wenn die Sonne es durch die Wolken schafft, spendet sie keinerlei Wärme. Meistens ist alles in dichten Nebel gehüllt. Zum Morgen hin bildet der Nebel kleine Eiskügelchen, wodurch das Deck und die Taue spiegelglatt werden. Immerhin ist die Flotte recht geschützt, denn außerhalb der Bucht wüten die Elemente. Der Wind pfeift über die Schiffe, und auf den in die Bucht rollenden Wellen tanzen Schaumkronen.

»Ich habe Hunger«, erklärt Julio.

»Dann geh halt jagen«, antwortet Manuel.

»Sehr witzig.«

Wir schreiben einen Wintertag im Mai 1520. Die Niederschlagung der Meuterei liegt bereits zwei Monate zurück. Nicht nur Julio hat Hunger. Das Jagen ist beschwerlich und endet meistens erfolglos, nur manchmal fangen sie ein zähes Kaninchen oder einen Fuchs und täglich werden die Rationen kleiner. Außerdem leben in San Julián auch ihnen unbekannte Tiere, die sich mit einen dicken, weißen Pelz vor der Kälte schützten. Doch sie sind scheu und kaum zu fangen, da sie bei der Flucht unberechenbare Haken schlagen. An ihnen wurde viel Pulver

verschossen. Jeder, sogar Julio, versucht sein Bestes. Da er die Schusswaffen nicht ausstehen kann, hat Manuel ihm eine Schleuder angefertigt. Arkebusen richten zu viel Schaden an, und Julio kann immer noch kein Blut sehen. Dann wird ihm immer übel. Manuels Schleuder liegt ihm perfekt in der Hand. Julio übt mit ihr zunächst auf stehende Ziele zu schießen, wie zum Beispiel auf Bäume – am liebsten auf besonders breite. Zunächst kann von Treffern keine Rede sein, aber Übung macht den Meister.
Die Jungen sitzen an Deck der *Concepción* und spielen mit einer Handvoll Steinen. Julio wirft einen Stein auf Manuel.
»Du nervst. Ich darf doch wohl sagen, dass ich Hunger habe.«
Julio nimmt Manuel zwei Steine weg.
»Schon gut. Schau mal da drüben. Steht da nicht jemand?«
Manuel zeigt auf den Strand.
»Kann nicht sein, hier wohnt doch niemand. Du willst mich nur ablenken, weil ich gerade dabei bin, zu gewinnen. Du bist ein schlechter Verlierer. Sollen wir noch eine Partie spielen?«
»Stimmt. Aber schau mal. Er fängt an zu tanzen.«
Julio erhebt sich. Jetzt sieht er es auch: Auf dem Strand springt ein großer Mann von einem Bein auf das andere. Als er merkt, dass die Jungen zu ihm schauen, fängt er an, sich wie ein Irrer um seine eigene Achse zu drehen.
»Domenicoooo! Ein Eingeborener!«, brüllt Julio und stößt Manuel an.
»Gleich wirst du sehen, wie schnell der an Deck ist.«
Domenicos Kopf taucht auf. Er sieht verschlafen und wütend aus.
»Ich hoffe, dass das kein schlechter Scherz ist.«
»Guck halt«, sagen sie und zeigen in die gleiche Richtung.
Der Mann am Strand springt wild auf und ab.

»Alle Wetter.« Mit einem Satz ist Domenico bei ihnen. »Benachrichtige Magellan.«

Magellan lässt den Fremden an Bord bringen. Er kümmert sich um Speis und Trank und lässt ein paar Geschenke aus dem Laderaum bringen: einen Spiegel, ein Falkenglöckchen, einen Rosenkranz. Der Eingeborene nimmt alles an, und die Seeleute können die Augen nicht von ihm abwenden. Er ist riesig und wirkt doppelt so groß wie der größte Matrose der ganzen Flotte. Sein Gesicht ist ganz rot bemalt, um die Augen sind zwei große, weiße Ringe gezeichnet. Eine Furcht einflößende Erscheinung. Sein Körper steckt in gut abschließenden Tierfellen, dem weißen Fell der scheuen Tiere, derer sie nicht habhaft werden können. Manuel begutachtet die Bewaffnung des Mannes. Er kann es nicht ertragen, dass nicht einmal er Glück beim Jagen hat – er, der so stolz darauf war, so gut für Essen gesorgt zu haben, was ihm unter der Mannschaft einen guten Ruf einbrachte. Der Mann trägt einen kurzen Bogen aus Darm mit sich. An seinen Pfeilen sind weiße und schwarze Steine befestigt. Sie sind scharfkantig wie Eisen.

Der Riese interessiert sich nur für seine Geschenke. Das Falkenglöckchen begeistert ihn, dieses kleine, kugelförmige Glöckchen mit seinem reinen Klingeln. Er hält es an sein Ohr und lauscht entzückt. Der Spiegel dagegen erschreckt ihn zu Tode. Er schleudert ihn von sich und weicht zurück – nicht ohne dabei ein paar Matrosen umzuwerfen. Einer dieser Matrosen zückt sein Messer. Domenico ruft noch, aber es ist zu spät. Der Eingeborene fasst neugierig ins Messer und schneidet sich die Hand. Blutend und jammernd sinkt er auf die Knie.

»Du Hornochse«, flucht Domenico. Er packt den Matrosen am Kragen: »Er hat sich nur erschrocken. Er hat dich doch nicht an-

gegriffen! Wie soll ich verdammt noch mal mit solchen Vollidioten um mich herum arbeiten? Los, geh einen Verband holen.«
Auf dem Strand tauchen weitere Eingeborene auf. Domenico verbindet die Hand des Mannes und lässt ihn mit seinen Schätzen zu seinen Landsmännern zurückkehren. Sie sehen, wie der Mann erst seinen Verband zeigt. Alle betasten sie ihn, beschnuppern ihn, wickeln ihn ab und reichen ihn durch. Dann widmen sie sich dem Tand.

Domenico schlägt vor, sie zu ihrem Lager zu begleiten. Magellan ist einverstanden. Er sucht sieben Freiwillige; es finden sich jedoch nur drei.
»Auf Jungs, ein bisschen mehr Begeisterung. Niemand? Na gut, ihr habt es so gewollt. Jeder Freiwillige sucht sich noch jemanden aus. Wer sich weigert, ist des Todes.«
»Ich will Julio«, sagt Domenico, »falls sein Herr einverstanden ist, natürlich.«
Julio meint, er höre nicht recht. Er will überhaupt nicht mitgehen. »Nein«, signalisieren seine Augen Don Nino, »nicht zulassen. Bitte!«
Don Nino zuckt mit seinen Schultern und geht zu Domenico. Er flüstert: »Wenn dem Jungen etwas passiert, werdet Ihr es büßen.«
Julio hört nicht, was Don Nino sagt. Er sieht nur, dass Don Nino Domenico etwas zuflüstert und dass Domenico nickt. Don Nino dreht sich um, geht nach unten und sieht sich nicht einmal mehr um. Julio zittert vor Entrüstung. Domenico gibt ihm einen Knuff in Richtung der wartenden Schaluppe und raunt ihm zu: »So kannst du dir die übliche Lektüre meiner Notizen sparen.«
Julio verflucht seine Neugierde, gleichzeitig sieht er es als ge-

rechte Strafe an – zumal mit auf Expedition gehen zu müssen immer noch besser ist, als seine Nase zu verlieren. Das muss er zugeben. Er hätte sich von dem Tag an, da er wusste, dass Domenico in ihm Auge behielt, von den Aufschrieben fernhalten sollen, dann müsste er jetzt nicht hier im Gänsemarsch hinter Domenico her laufen. Magellan hat ihn mit einer Arkebuse ausgestattet, an der er sich ungelenk festhält. Julio wollte die Schusswaffe ablehnen und zeigte seine Schleuder, doch Magellan lachte ihn aus.

»Niemand geht unbewaffnet mit den Wilden mit. Und das da nenne ich keine Waffe. Wenn du nicht mit einer Arkebuse umgehen kannst, wird es höchste Zeit, dass du es lernst.«

Domenico genießt es, dass der Sklave ausnahmsweise ihm ausgeliefert ist und lässt Julio Zweige ins Gesicht schnellen. Julio streckt dem Glatzkopf vor ihm die Zunge raus, aber auch das will ihn nicht so recht erheitern: Die Gegend ist trostlos, und mit jedem Schritt fühlt er sich verlorener – noch nie war er so weit von den Schiffen entfernt. Er stolpert wieder und wieder und hadert mit seiner Waffe. Währenddessen kommen ihm die verrücktesten Ideen in den Sinn: Vielleicht sind die Riesen ja Zauberer und verschwinden gleich, lösen sich einfach in Luft auf. Dann sind sie dazu verdammt, hier bis zum Verhungern und Verdursten umherzuirren. Sie würden natürlich niemals zurückfinden. Wetten, dass niemand daran gedacht hat, einen Kompass mitzunehmen? Wetten, dass Domenico nicht einmal einen Kompass lesen kann?

Er hasst Domenico.

Wieder saust ihm ein Ast ins Gesicht.

Wahrscheinlich warten ihre Frauen bereits mit dem Kochtopf. Sie machen ein großes Feuer und drehen sie liebevoll am Spieß, damit sie nicht anbrennen: sieben ordentliche Beefsteaks.

Was für ein schreckliches Ende! Don Nino ist ein Verräter. Seinen Sklaven einfach so gehen zu lassen! Soviel ist er ihm also wert. Julio schnaubt vor Wut und Elend.

Es gilt, Erkennungspunkte zu finden, anhand derer er nach gelungener Flucht den Weg zurückfinden kann. Aber alles hier sieht so gleich aus. Dort steht ein bemerkenswerter Baum in Form eines Stuhls. Julio prägt ihn sich ein, doch als er sich nach ein paar Schritten umdreht, ist der Baum auch schon wieder in der Landschaft verschwunden. Julio rennt gegen Domenico, der ihn wütend zurückstößt. »Pass doch auf, wo du hinrennst!«

Endlich kommen sie an eine Lichtung, auf der ein paar mit Tierhäuten bedeckte Hütten im Halbkreis stehen. Es sieht aus, als lebten die Bewohner von den großen, weißen Tieren: Ihr Pelz hält sie warm, die Därme nehmen sie für ihre Bögen, das Fleisch essen sie. Ein paar erwachsene Tiere stehen hinter einem Zaun. Die Eingeborenen schlachten eines für ihre Gäste. Als »Amuse-Gueule« gibt es steinharten Kuchen, an denen sich Domenico einen Zahn ausbeißt, was Julio immerhin ein bisschen entschädigt.

Er weiß, dass Domenico ihn wegen seiner Abstammung nicht leiden kann. Domenico will alles über fremde Völker erfahren und ist sich dabei für nichts zu schade, doch in seiner eigenen Welt soll gefälligst alles ist geordneten Bahnen verlaufen: Sklave bleibt Sklave.

Julio beschließt eine neue Strategie: Statt in Selbstmitleid zu versinken, will er lieber danach trachten, Domenico das Leben so schwer wie möglich zu machen. So wird er noch bereuen, Julio mitgenommen zu haben. Also fängt er an, Domenico Löcher in den Bauch zu fragen.

»Was sagt der Mann? Was will er mit dem Stein?«

»Er will damit in meine Wange schneiden.«
»Warum?«
»Er sagt, dass ich Schmerzen habe, weil mein Blut weg wolle.«
»Sagt er das so? Weil Euer Blut weg will?«
»Das sagt er so, ja. Blut kann in ihrer Vorstellung denken. Es ist etwas Selbstständiges. Und jetzt sei still, ich bekomme Kopfschmerzen von der Quengelei.«
»Wofür ist das Holz?«
»Keine Ahnung. Sie machen Feuer, bestimmt.« Während Eingeborene Holz herbeischaffen, reibt einer von ihnen mit der Spitze eines Stockes über ein Holzstück, bis es anfängt, zu schwelen.
»Tanzen sie jetzt?«
»Bestimmt.«
»Sie bringen was zu Trinken. Was könnte das sein? Denkt Ihr, dass die hier Wein haben?«
»Julio, noch ein einziges Wort und ich stopf dir dein Maul mit Blättern.«
Julio schweigt, zählt bis zehn und sagt dann: »Ihr habt recht. Die machen Feuer. Da setzt jemand eine Maske auf.« Er zeigt auf ihn. »Was haben die Zeichnungen in seinem Gesicht zu sagen?«
Domenico seufzt tief.
Die Eingeborenen bringen ein süßes Getränk. Manche Matrosen lehnen dankend ab; Julio aber nimmt einen Becher an. Nach ein paar Schlucken fühlt er seinen Gaumen nicht mehr. Seine Zunge ist gefühllos und liegt dick und hart in seinem Mund wie ein Stück zähes Fleisch, das er nicht hinuntergeschluckt bekommt. Die Riesen nehmen ihre Trommeln und fangen laut zu trommeln an. Es dröhnt in Julios Ohren. Die Frauen tanzen. Ihre Körper zucken. Ein Mann steckt einen Pfeil tief in seinen Schlund und zieht ihn kurz darauf wieder triumphierend her-

vor. Julio wird schwindelig. Alles scheint sich in rasendem Tempo um ihn zu drehen – schneller und schneller. Die Bässe der Trommeln verschwimmen zu einem lang anhaltenden Ton. Die wirbelnden Frauen verschwimmen, bis sie unbeweglich in der Luft zu schweben scheinen. Julio beißt sich auf die Zunge. Blut läuft ihm über sein Kinn. Es wird dunkel und still um ihn. Als er erwacht, klebt geronnenes Blut an seinen Lippen und seine Zunge schmerzt. Er liegt in einer Hütte und um ihn herum schlafen Domenico und die anderen. Die Eingeborenen liegen unter ihren dicken Fellen. Julio schielt neidisch auf die Felle. An der Tür sieht er die Schatten von vier Wachen: zwei Eingeborene und zwei Matrosen. Sie bewachen sich gegenseitig. In der Hütte riecht es seltsam: nach Tieren und allem Möglichen, das Julio nicht einordnen kann. Er kann hier nicht atmen und tritt vor die Hütte, vor der noch ein Feuer schwelt. Julio setzt sich mit seinem Rücken ans Feuer. So kann er die Hütten im Auge behalten und bekommt einen angenehm warmen Rücken.

Magellan gelingt es, die Riesen für ihn jagen zu lassen. Täglich müssen sie ihm zwei Tiere bringen. Das schaffen sie mit Leichtigkeit. Ein paar Wochen geht das gut, die Eingeborenen sind gefügig und alle an Bord sind froh über das Fleisch. Doch dann beschließt Magellan, dass er ein paar Eingeborene mit nach Spanien nehmen will, um sie dem König zeigen zu können. Er lädt zwei auf die *Trinidad* ein und überlädt sie mit Geschenken. Sie haben bereits alle Hände voll, als ein Matrose ihnen auch noch die Schellen zum Anketten der Schurken im Laderaum bringt, was die Eingeborenen allerdings nicht verstehen. Sie schauen sie sich bewundernd an und finden es schade, dass sie sie nicht mehr tragen können. Der Matrose deutet an, sie könnten die Schellen ja um die Fußgelenke schnallen, denn dann könnten sie sie doch mitnehmen. Sie sind über den Vorschlag des Matrosen erfreut. Der Matrose lässt die Schellen zuklicken und nagelt sie schnell am Deck fest. Die Eingeboren verneigen sich dankbar und wollen wieder gehen. Dann merken sie, dass sie angekettet sind und lassen alles fallen, um an den Schellen zu zerren, bis ihre Hände ganz wund sind. Ihre Klagerufe hallen über die Bucht.

Ein paar Stammesgenossen haben vom Strand aus alles gesehen und wollen weglaufen. Einer von ihnen wird von einem Matrosen erschossen, aber der andere kann das Lager erreichen und Alarm schlagen. Ohne zu zögern lassen sie alles zurück und verschwinden. Magellan befiehlt, die ganze Gegend nach ihnen zu durchforsten, aber kein einziger der Eingeborenen wird gefunden.

Das war keine gute Idee von Magellan. Denn nun sind sie für die Jagd wieder auf sich gestellt, und der Winter ist noch lange nicht vorbei. Zunächst ist man zuversichtlich – schließlich hat man ja gesehen, wie die Eingeborenen es anstellten: Sie banden ein Junges an einer offenen, übersichtlichen Stelle fest. Das klägliche Geblöke lockte dann ein Erwachsenes an. Sie versuchen es nach der gleichen Vorgehensweise, doch man könnte meinen, ein Fluch liege auf ihnen. Sie brauchen Tage, ehe sie ein Jungtier fangen können, doch es entkommt ihnen gleich wieder. Das nächste Junge, dessen sie habhaft werden können, will nicht blöken: Es steht einfach unbekümmert da, sieht sich die Gegend an und reckt seinen Hals, um an den kahlen Ästen zu nagen. Als letztendlich doch ein Erwachsenes auftaucht, wittert es die Männer sofort und sucht, ehe sie es überhaupt ins Visier nehmen können, wieder das Weite.

Mit den Gefangenen läuft es auch nicht nach Plan: Der Zimmermann der *Trinidad* hat ihnen zum dürftigen Schutz vor dem Wetter Käfige gezimmert. Domenico bringt ihnen täglich zu Essen und zu Trinken. Er stellt alles neben den Käfig und setzt sich etwas entfernt auf den Boden. Er tut so, als esse er, doch die Riesen würdigen weder ihn noch die Mahlzeit eines Blickes, sondern starren betrübt in die Ferne und verkümmern. Wenn die Matrosen die Langeweile plagt, ärgern sie die Riesen zum Zeitvertreib mit Stöcken.

Nach acht Tagen bewegt sich einer von ihnen nicht mehr. Er ist tot. Sie schleifen ihn aus dem Käfig und werfen ihn ins Wasser. Julio sieht dabei zu. Der Mann treibt mit seinem Gesicht nach unten langsam zur Bucht hinaus. Julio schaudert. Er muss daran denken, was Don Nino über Kolumbus erzählte, der auch Indianer gefangen nahm. Sie überlebten zwar die Überfahrt, doch dann ließ Kolumbus sie splitternackt vor dem König defilieren, worauf sie alle an Lungenentzündung starben.

Er geht zu Domenico, der über seine Manuskripte gebeugt ist. Die Kerzen sind rationiert und es ist nur kurz hell. Domenico wird nicht gerne gestört, wenn er für eine kurze Zeit arbeiten kann. Wenngleich die Tür offen steht, klopft Julio. Domenico hebt den Kopf.

»Du siehst doch, dass ich arbeite. Quengel deinen Herrn voll.«
»Es tut mit leid, Domenico, aber sie haben gerade einen von den Riesen ins Wasser geworfen. Er war tot.«
»Das ließ sich nicht vermeiden. Sie essen nicht. Wir können ihnen das Essen nicht in den Hals stampfen – oder etwa doch? Hast du etwa einen Vorschlag?«
»Ich habe mich nur gefragt, ob wir nicht irgendwas für den anderen tun können.«
»Was denn zum Beispiel? Willst du ihn in der Kajüte schlafen lassen? Vielleicht kann er neben dir auf der Pritsche liegen.«
»Das meine ich nicht.«

Domenico legt seine Gänsefeder nieder und sieht den Jungen an.
Julio lehnt am Türrahmen. Auf seinem Kinn tauchen die ersten Barthaare auf. Seine Hose hat Hochwasser und seine Stimme ist tiefer geworden.
»Was meinst du dann?«
»Vielleicht sollten wir ihn auf die *Concepción* kommen lassen. Ihr könntet Kontakt mit ihm aufnehmen, vielleicht gewinnt er dann wieder etwas Lebensfreude zurück. Er kann Euch seine Sprache beibringen.«
»Ich gehe täglich zur *Trinidad*.«
»Das ist doch nicht das Gleiche.«
Domenico denkt nach. Der Junge hat recht: Das ist nicht das Gleiche. Auf der *Trinidad* kümmert sich niemand um den Gefangenen, und ein bisschen Zuwendung täte ihm sicher gut. Hinzu kommt, dass sie keinen anderen Riesen mehr finden können. Magellan hat fast eine Woche lang nach ihnen suchen lassen, aber sie sind wie vom Erdboden verschluckt. Stürbe auch der zweite Gefangene, wäre dies eine verschenkte Chance.
»Ich werde mit Magellan darüber sprechen. Lass mich jetzt allein.«

Der Riese wird samt Käfig auf die *Concepción* verlegt. Domenico lässt die Schellen entfernen und nennt ihn Pablo. Pablo hat wohl gesehen, wie sie seinen Kameraden über Bord geworfen haben, er versteht, dass sie ihn nie mehr freilassen werden und isst. Wenn Domenico sich mit seinem Buch neben ihn setzt und auf etwas zeigt, sagt der Riese, wie es in seiner Sprache heißt. In manchen Dingen zeigt er sich konsequent. So sagt er immer *aro*, wenn er das Meer meint und *capac*, wenn er Hunger hat. Dennoch kommt es zu vielerlei Missverständnissen zwischen

Domenico und Pablo: Pablo hat beispielsweise ein seltsames Ritual, wenn er Wasser will. Er macht Schreibbewegungen, denn das war Domenicos unmittelbare Reaktion, als er zum ersten Mal um Wasser bat. Als Julio sich darüber amüsiert, erzürnt Domenico, denn über seine wissenschaftliche Arbeit wird nicht gelacht.
Nicht nur Domenico sieht, dass Julio sich verändert, sondern auch Don Nino. Julio treibt sich viel draußen herum und geht auch alleine jagen. Bei seiner ersten Schifffahrt war ihm hundeelend, doch nun klettert er zum Vergnügen in den Ausguck, um sich mit der Wache zu unterhalten oder um in die Ferne zu blicken. Durch den Hunger ist sein Gesicht schmaler und ernster geworden – hübscher. Seine hellen Augen fallen noch mehr auf als früher, und sein Kopf ist nicht mehr kahlrasiert. Er hat dunkles Haar, das er allmorgendlich sorgfältig mit gespreizten Fingern kämmt. Seine ersten Barthaare verleihen ihm ein älteres, ja erwachseneres Aussehen. Julio lässt sie stolz wachsen und vergleicht ihre Länge eifrig mit denen Manuels. Dieser Flaum verärgert Don Nino maßlos. Eigentlich müsste er den Jungen genau wir früher zwingen, sich zu rasieren, was ja auch sein gutes Recht ist, aber Don Nino schafft es nicht. Es fällt ihm immer schwerer, Julio Befehle zu erteilen.
Manchmal ist ihm, als wachse und erstarke sein Sklave, während er selbst schrumpfe. Don Nino zecht immer noch mit Juan, doch auch das ist nicht mehr so, wie es einmal war: Je länger sie unterwegs sind, desto stärker erlebt Don Nino, wie unterschiedlich sie doch sind. Juan ist ein Bruder Leichtfuß. Immer wieder schafft er es, über Dinge, die ihn eigentlich bedrücken sollten, hinwegzusehen. Zur Meuterei fällt ihm nur ein, es gelte eben, den Weizen von der Spreu zu trennen. Der tote Riese? Der hätte halt was essen sollen.

»Magellan hätte den Riesen nicht gefangen nehmen dürfen«, meint Don Nino, während er durch das Bullauge auf die Nebelschleier starrt, die oft über dem Wasser hängen. Wie denkst du denn, seien all deine Bücher entstanden?«, fragt ihn Juan.
»Wie meinst du das?«
»Wissenschaft fordert Opfer, das müsstest du doch wissen. Die ganzen Bücher, die du verschlungen hast, von denen deine Bibliothek überquillt – die Reiseberichte des Marco Polo oder des Kolumbus. Warum hast du das alles gelesen, wenn du die Realität nicht aushältst? Hast du vielleicht geglaubt, Papiertote seien nicht real?«
Don Nino denkt an seine Bücher: Er vermisst sie sehr. Er vermisst Nadina, seinen Hund. Er vermisst sein Kaminfeuer. Er vermisst die unbeweglichen Porträts, die seinen Bewegungen wie stumme Zeugen beiwohnten. Juan vermisst nichts. Er glaubt felsenfest daran, dass er bald heimkehren wird, und zwar mit einem Wagen voller Schätze. Nach Ablauf einer Woche wird er bereits wieder auf neue Abenteuer aus sein.
»Das weiß ich wohl. Wie soll ich das erklären?«
Juan schenkt ihm noch einmal ein. Don Nino trinkt sein Glas in einem Zug aus.
»Juan«, fährt er leise fort, »ich hätte nicht mitkommen sollen. Ich bin nicht so tapfer wie du. Oder soll ich es Übermut nennen? Wenn ich ehrlich sein darf: Ich habe Angst. Vielleicht habe ich auch einfach nur Heimweh und will nach Hause, um dort ein einfaches Leben zu führen. Ich weiß es selbst nicht.«
»Aber Nino, was sagt du denn da? Diese Reise war doch dein sehnlichster Wunsch! Wir haben uns jahrelang darauf vorbereitet. Ich weiß, was los ist, du langweilst dich. Kannst du Domenico nicht bei seiner Forschung helfen?«

»Warum sollte ich das tun?«

»Dann hast du etwas, womit du dich beschäftigen kannst, statt dich blind auf solche Albernheiten zu versteifen. Deine Grübeleien führen zu nichts.«

Eines Tages gerät die *Santiago* auf einem kurzen Erkundungsausflug in einen Schneesturm. Das Schiff wird gegen eine Klippe geworfen und zerschellt. Die Mannschaft kann sich selbst und einen Teil des Proviants in Sicherheit bringen. Da Magellan kein weiteres Schiff aufs Spiel setzen will, schickt er einen Stoßtrupp auf dem Landweg, um sie abzuholen. Juan meldet sich sofort. Ihn kümmert nicht, was ihn da wohl erwarten wird – solange er nur in Bewegung ist. Sie nehmen nur Schiffszwieback mit und trinken geschmolzenes Eiswasser. Fünfzehn Tage lang ziehen sie durch kahles, gefrorenes, ausgestorbenes Land.

Nach ihrer Rückkehr sucht Juan Don Nino auf und erzählt ihm von seiner Expedition. Er erzählt von der Kälte, von dem Kompass, der auf einem Felsen zerschellte und davon, wie sie sich zum Glück an den Sternen orientieren konnten.

Don Nino sitzt ausgestreckt mit einem Glas in seiner Hand. Seine Augen jucken. Er hört nicht zu, sondern beobachtet Juan heimlich. Er betrachtet den sich bewegenden Mund seines Freundes und fragt sich, was er eigentlich mit diesem Mann zu tun habe. Mit seinen Augen verfolgt er die Gesten, mit denen Juan seine Worte untermalt.

Letztes Jahr fand er die Geschichten seines Freundes noch spannend. Letztes Jahr! Unfassbar, dass nur ein Jahr seither verstrichen ist. Ihm kommt es so viel länger vor – doch ist es so. Noch vor einem Jahr saßen sie warm und geborgen an Don Ninos Kamin.

Jetzt ist alles anders. Sie sitzen auf dem Schiff und draußen heult der Wind und hält sie gefangen, während immense Eis-

berge vorbeiziehen und der Eisregen alles zerschlägt. Hinter den Schiffen erstrecken sich ausgedehnte Ebenen – leer und leblos.
Don Nino fühlt sich genauso leer. Ihm ist, als sei etwas in seinem Innersten zerbrochen, das nicht geheilt werden könne. Er kann es nicht in Worte fassen. Stattdessen nimmt er einen Schluck und lässt den Branntwein in seiner Kehle brennen.
Mitten in einem von Juans Sätzen erhebt er sich und geht wortlos hinaus. Juan sieht ihm verdutzt nach. Don Nino sucht seine Kajüte auf, in der Julio gerade seine gewaschenen Kleider zusammenlegt.
»Lass mich allein, Julio.«
»Aber ich muss die Sachen noch ...«
»Hörst du nicht? Geh zu Manuel. Mach doch, was du willst, aber geh mir aus den Augen und lass die Kleider.«
Julio legt, was er noch in den Händen hält, auf Don Ninos Bett und tritt zur Tür. Das lässt er sich nicht zweimal sagen: Julio geht liebend gerne zu Manuel. Er bewundert seine Kraft, seinen Erfindergeist und seine klugen Bemerkungen. Don Nino klagt wie ein alter Mann. Dennoch wendet er sich noch einmal zu Don Nino um.
»Habe ich etwas falsch gemacht, Don Nino?«
»Weshalb?«
»In letzter Zeit habe ich oft das Gefühl, dass Ihr mich nicht ausstehen könnt.«
»Du hast nichts falsch gemacht. Du machst das schon richtig. Besser als ich.«
»Was meint Ihr?«
»Du passt dich an, Julio. Du lässt das Leben auf dich zukommen. Ich kann das nicht. Da ist so viel, was ich nicht verarbeiten kann – als sei in meinem Kopf nicht genug Raum. Es ist zu real.

Zu rau. Juan hat recht: Hinter meinen Büchern habe ich die Welt anders gesehen.«
»Meint Ihr die Meuterei?«
»Und andere Sachen. Mein Körper schmerzt. Ich halte das nicht durch. Ach, ich will nicht darüber sprechen. Los jetzt, geh schon.«
»Das tut mir leid, Don Nino. Kann ich noch etwas für Euch tun?«
Don Nino schaut sich verwirrt um. Dann nimmt er seinen Mantel.
»Bring dies dem Segelmacher. Bitte ihn, das Futter zu nähen.«
Julio nimmt den Mantel entgegen.
»Ich bin da, um Euch zu helfen, Herr.«
»Das weiß ich.«
»Die Reise wird vorübergehen. Bald kehren wir heim. Irgendwann werdet Ihr wieder zu Hause sein.«
»Schweig jetzt. Ich habe dich gebeten, wegzugehen. Verweigerst du mir den Gehorsam?«
Julio schließt die Tür hinter sich und lauscht noch einen Augenblick, aber aus der Kajüte dringt kein Laut. Julio zuckt mit den Schultern und rennt lautstark die Treppe hinauf.

Die Durchfahrt

Nach fünf Monaten in San Julián werden die Anker gelichtet: nach fünf endlosen Monaten in der Bucht. Wir schreiben den 20. August 1520. Das Wetter ist zwar weiterhin schlecht, doch die Frühlingsboten sind nicht mehr zu übersehen. Sie sehen wieder Fische; das Meer ist ruhiger – zwar toben immer noch Stürme, doch haben sie nicht mehr diese verwüstende Kraft; die Tage werden länger und Magellan findet, es sei sinnlos, noch länger auszuharren. Es gelte, weiter nach Süden zu fahren und schnell den Durchgang zu finden, sonst sei alles verloren. Die Natur bleibt rau: Strudel machen ihnen das Leben schwer und unwirtliche Klippen das Anlegen fast überall unmöglich. Jenseits der Klippen finden sie ausgedehnte Plateaus mit nichts, außer kniehohem Gras, so weit das Auge reicht. Alle sind froh, wieder unterwegs zu sein und voranzukommen. Die Sonne hat gerade genug Kraft, um die beeindruckenden Eisberge schmelzen zu lassen. Ganze Türme stürzen mit Getöse ins Wasser und lösen heftige Wellen aus. Die Männer halten sich fest und hoffen, dass das Schiff nicht kentert. Nach ein paar Wochen werden auf der *Trinidad* zwei Fackeln entzündet.

»Magellan hat etwas gesichtet, wir müssen näher an die Küste«, sagt Juan.»Reff das Großsegel. Kurs Südsüdwest. Wir folgen der *Trinidad*.«

»Alle Mann an Deck. Großsegel reffen. Kurs Südsüdwest«, wiederholt Giacomo.
In der Ferne erklingt die Stimme des Maats. Verschneite Berge mit spitzen Gipfeln bilden eine Art Hafen, in den die Schiffe nacheinander einfahren. Steile, eisige Wände schließen sie ein und reflektieren das Sonnenlicht. Die Männer flüstern unwillkürlich. Da sie an den Küsten große Feuer sehen, tauft Magellan das Gebiet Feuerland. Die Feuer müssen von Menschen entzündet worden sein, es ist aber niemand zu sehen. Sie kommen an größeren und kleineren Nebenfjorden vorbei. Magellan weiß nicht, wohin sie weitersegeln sollen. Er signalisiert, die Fahrt zu stoppen, aber das Wasser ist zu tief, als dass sie vor Anker gehen könnten. Also lässt er die Schiffe mit langen Tauen an Land festzurren. Die Tiefe ist ein gutes Zeichen – zumal eine starke Strömung herrscht. Magellan beschließt, zwei Schiffe auf Erkundungsfahrt zu schicken. Die *Trinidad* und die *Victoria* ziehen das Los. Für Magellan kommt es nun darauf an: Er darf keine einzige Möglichkeit übersehen und gleichzeitig keine Risiken eingehen.

Die zwei Schiffe sind kaum verschwunden, als dunkle Wolken am Horizont erscheinen und ein böiger Wind einsetzt. Ein Gewitter zieht mit atemberaubender Geschwindigkeit auf und ein ohrenbetäubender Knall hallt durch das Tal. Ein Blitz erleuchtet alles. Es donnert, als vergingen Himmel und Erde, und die Männer retten, was zu retten ist: In Windeseile werden die Segel eingeholt. Ein Segel reißt sich los und weht wie ein Gespenst übers Wasser. Giacomo lässt die Taue kappen, die die Schiffe an Land festhalten – gerade noch rechtzeitig. Die *Concepción* wird wie von einer Riesenhand einen Augenblick lang emporgehoben und landet mit einem harten Schlag wieder im Wasser.

Don Nino kniet in der Kajüte und betet. Sein Gesicht ist fahl vor Angst. Er ist bereit, Gott jeden Wunsch, jede Prozession, jede Schenkung zu erfüllen, solange Er ihn nur aus diesem Albtraum errette. Plötzlich erhebt er sich und schwankt mit weit aufgerissenen Augen auf Julio zu.
»Licht«, flüstert er. Kaum eine Handbreit vor Julios Gesicht bleibt er stehen und schreit plötzlich: »Lass mich durch, kleiner Teufel. Du hältst mich nicht auf. Ich bin auf dem Weg nach Hause. Wo das Licht ist.«
Don Nino holt aus, um Julio zu schlagen. Er ist leichenblass. Seine Lippen haben eine blaue Farbe und beben. Die Augen sind groß und dunkel und scheinen nichts zu sehen. Als Julio zurückweicht, torkelt Don Nino wie ein Betrunkener an ihm vorbei zur Tür hinaus und steigt die Treppe hinauf. Julio ruft ihm hinterher, doch Don Nino lässt sich nicht beirren. Julio hört, wie er sich an der Luke zu schaffen macht und geht ihm hinterher. Don Nino will nach draußen – bei diesem Unwetter! Er kriecht an Deck und Julio folgt ihm auf allen Vieren. Der Wind reißt ihm die Luke aus den Händen und keine Sekunde später bricht ein Schwall eiskalten Wassers über ihn herein. Das Wasser umklammert den Jungen wie ein enger Handschuh und versucht ihn mitzureißen. Blind tastet er um sich und bekommt Don Ninos Stiefel zu fassen. Julio ergreift den Stiefel mit eisernem Griff und sucht mit der anderen Hand nach Halt, aber er weiß nicht mehr, wo oben und unten ist. Überall Wasser, das sie über das Deck spült, aber Julio lässt Don Nino nicht los. Während sie über die Planken geschleudert werden, sucht er weiterhin nach Halt. Das Wasser fließt ab. Wenn er jetzt keinen Halt findet, sind sie verloren. Das Eiswasser wird sie erwürgen, und sie werden wie Ratten ertrinken. Er bekommt ein Tau zu fassen und zieht ruckartig daran: Es ist festgebunden. Julio er-

kennt, dass sie sich in der Nähe der Wanten befinden. Er sieht eine schmale Silhouette und ihm wird klar, dass dies der Mast ist. Als der nächste Brecher das Schiff attackiert, drückt er Don Nino gegen den Mast und schlingt das Tau um ihn. Ohne Zeit zu verlieren, wickelt er es sich mehrmals um das eigene Handgelenk und stemmt sich in der Hoffnung, dass das Seil beide halte, dagegen. Das Wasser zerrt und zieht. Der Mast knackt bedenklich, aber das Tau hält stand.

Julio ist völlig durchgefroren und verliert jegliches Körpergefühl. Das Wasser hat ihn grün und blau geschlagen und drischt wie eine Dampframme weiter auf ihn ein. Er fühlt und denkt nichts mehr. Um die eine Hand ist das Tau gewickelt, mit der anderen hält er Don Ninos Arm fest, obwohl das Tau um seinen Herrn stramm genug ist. Manchmal vergisst Julio, was er festhält. Ein einziges Mal will er seine Hand öffnen, doch sie verweigert ihm den Dienst. Seine Finger umklammern Don Ninos Arm und lassen nicht los. Julio hat weder Zeitgefühl noch Schmerzen. Hin und wieder verliert er das Bewusstsein.

Dass der Sturm nachlässt, dringt nur langsam zu ihm durch und er beschließt zu warten, bis er sich sicher sein kann. Die Brecher kommen immer noch bis zur Hälfte des Decks. Er muss sein Glück versuchen und fasst die Luke ins Auge. Sie erscheint ihm unendlich weit weg. Er haucht auf seine Hand, bis sie sich wieder bewegen lässt und tastet mühsam nach seinem Messer, mit dem er das Tau kappt, das sich tief in sein Fleisch gegraben hat. Don Nino ist schlapp wie ein Waschlappen. Keuchend und mit letzter Anstrengung schleift Julio ihn zur Luke. Er hat überall Schmerzen. Die Luke öffnet sich und Juans Kopf erscheint. Julio schiebt ihm Don Nino entgegen. Als Juan ihn ergreift, kann Julio ihn nicht rechtzeitig loslassen und poltert mit ihm zusammen die Treppe herunter.

Juan lässt eine Schimpftirade über die perplexe Mannschaft ergehen, weil ihm niemand etwas gesagt hat. Es fiel erst nach etlichen Stunden auf, dass Don Nino und Julio nicht mehr in ihrer Kajüte waren.
Er ist fuchsteufelswild wegen Don Ninos unverantwortlichen Benehmens.
»Wie verrückt muss man sein, um bei so einem Wetter an Deck zu gehen?«
Don Nino kann zunächst nicht antworten. Er liegt unter mehreren Decken auf seiner Pritsche und klappert mit den Zähnen.
»Ich weiß es selbst nicht«, stottert er. »Ich wollte, dass der Sturm vorbei ist. Vielleicht dachte ich, er sei vorbei. Ich wollte ein bisschen Himmel sehen.« Er hält die Hand vor die Augen, als wäre ihm das Kerzenlicht in der Kajüte zu hell.
»›… ein bisschen Himmel sehen.‹ Das ist doch Wahnsinn. Wenn ich meinen Männern glauben schenken soll, hatte der Sturm gerade erst angefangen!«
»Es tut mir leid, Juan. Ich habe gerade gebetet, als mir schwarz vor Augen wurde. Ich sah nichts mehr. Ich bekam keine Luft mehr, und die Wände der Kajüte drohten mich zu erdrücken.«
Don Nino schweigt. Die Panik hat erst nachgelassen, als ihm der erste Brecher die Füße wegzog.
»Mir brauchst du nicht zu sagen, dass es dir leid tut. Dein Sklave hat dich gerettet, nicht ich. Ohne ihn würdest du jetzt irgendwo im Wasser treiben – mit dem Gesicht nach unten. Wir hätten dich wohl nie wiedergefunden.«
Don Nino bedankt sich nicht bei Julio. Er sieht seinen Sklaven nicht einmal an. Julio juckt das nicht. Er zieht seine warme Decke behaglich bis unter das Kinn und sagt freundlich: »Ihr müsst nichts sagen, Don Nino, wenn Ihr nicht wollt. Es ist doch alles gut gegangen. Wir leben beide noch.«

»Schweig, Julio«, herrscht Juan ihn an. »Nichts ist gut gegangen. Nein, Nino, gib dir keine Mühe, du bist mir keine Erklärung schuldig. Ich gehe mal davon aus, dass du durch all die Entbehrungen und Spannungen einen Knacks bekommen hast. Ich will nichts mehr von der ganzen Sache hören. Schlaft jetzt – beide.«
Juan bleibt in der Kajüte sitzen. Es dauert lange, bis die Kälte aus ihren Knochen weicht.

Hin und wieder wirft Juan auf den mit eingefallenen Wangen und roten Augen still und mager auf seiner Pritsche liegenden Don Nino einen besorgten Blick und denkt gleichzeitig an die beiden Schiffe, die immer noch nicht zurückgekehrt sind. Wahrscheinlich wurden sie nur wenige Seemeilen entfernt vom Sturm erwischt und zerstört. Was nun? Ihnen bleiben noch zwei Schiffe und eine unpassierbare Durchfahrt.

Doch die Kundschafter kehren zurück. Sie haben einen Fjord gefunden, der in zwei andere breite Fjorde übergeht: einer in südöstlicher und einer in südwestlicher Richtung. Das Wasser ist weiterhin tief und die Strömung lässt nicht nach. Da sie bereits fünf Tage unterwegs waren, sind sie umgekehrt.
Gemeinsam fahren sie bis zur Gabelung und dieses Mal schickt Magellan die *Concepción* und die *San Antonio* auf Erkundungsfahrt – jedes Schiff in eine Richtung.
Die *Concepción* fährt nach Südwesten – ein heikles Unterfangen, denn unberechenbare Unterströmungen und tückische Winde, die urplötzlich die Segel schwellen und das Schiff vorantreiben, machen das Manövrieren schier unmöglich, und mehrmals können sie eine Havarie gerade noch abwenden.
Das Wetter ist stark wechselhaft. Die Sonne scheint und der Himmel ist wolkenlos, als es plötzlich stark zu schneien an-

fängt. Den Männern kommt es vor, als seien sie in einer Welt gelandet, die es eigentlich nicht geben dürfte – als träumten sie das alles nur.

Nach drei Tagen befiehlt Juan die Umkehr, denn für ihn steht fest: Sie haben die Durchfahrt gefunden! Er versammelt alle ihm wichtigen Männer auf der Kampanje und öffnet begeistert ein paar Weinflaschen.

»Es schien hoffnungslos, doch letztendlich haben wir doch gefunden, was wir suchten. Von nun an ist es nur noch eine Frage der Zeit, bis wir die Gewürzinseln finden. Das Schlimmste haben wir hinter uns. Prost allerseits!« Er hebt sein Glas.

Giacomo entschuldigt sich bei Juan.

»Ihr hattet doch recht. Ich sollte es Euch eigentlich gar nicht erzählen, aber ich habe nie an diese verdammte Durchfahrt geglaubt. Auf Eure Gesundheit, Juan. Ihr müsst mir verzeihen, ich bin eben nur ein armer, dummer Bootsmann.«

Er hebt sein Glas. Juan lacht über Giacomos übertrieben betrübtes Gesicht.

»Nun, Giacomo, jedem sein Fachgebiet. Euer Fachgebiet ist die Mannschaft. Mir würde es nie gelingen, so gut mit diesen Kerlen umzugehen.«

Man stößt erneut an.

»Und, Nino? Bist du nicht froh?«

»Doch, doch, natürlich«, sagt Don Nino. »Es ist fantastisch, dass wir auf dem richtigen Weg sind.« Er bemüht sich, in Juans Richtung zu lächeln, aber ihm ist nicht sonderlich zum Feiern zumute. Zwar ist die Durchfahrt gefunden, aber das ist ihm herzlich egal.

Diego säubert sich die Nägel und sagt dann: »Ihr müsst aber zugeben, lieber Juan, dass es pures Glück ist, dass wir jetzt hier anstoßen können.«

»Nicht nur Glück, Diego. Da ist auch noch so was wie Mut. Und Durchsetzungskraft und Glaube und so weiter.«
»Meine Männer sind Helden«, lacht Giacomo. »Kommt, wir bringen ihnen ein paar Flaschen.«
»Warte, bis wir bei den anderen Schiffen sind. Ich bin neugierig, was die *San Antonio* auf ihrer Route gefunden hat.«
Sie warten auf das zweite Schiff. Und sie müssen lange warten, viel länger, als verabredet war. Nach der Meuterei hat Magellan seinen eigenen Bruder an Cartagenas Position als Kapitän eingesetzt. Das Schiff kann nicht desertiert sein. Es muss sich verirrt haben oder auf Grund gelaufen sein. Magellan schickt die *Victoria* bis zum Eingang der Seestraße zurück, aber auch dort ist nichts zu finden – weder ein Schiff noch ein Wrack. Magellan zweifelt. Er weiß nicht, was er tun soll und wartet, eine ganze Woche lang. Dann muss er sich entscheiden: Wenn er noch länger hier bleibt, bringt er die ganze Expedition in Gefahr. Also fahren sie ohne die *San Antonio* ab. Magellan hinterlässt für den Fall, dass das Schiff doch noch wieder auftauchen sollte, überall Flaggen. Er zeichnet die Route, die er einschlagen wird, auf Pergament und legt sie auf einen hohen, auffallenden Steinhaufen, doch die *San Antonio* bleibt verschollen – ausgerechnet das größte Schiff mit einem Drittel des Proviants.
Mit den drei verbleibenden Schiffen fährt er den von der *Concepción* ausgekundschafteten Weg. Sie sehen drei Vulkane; Berge, undurchdringliche, dunkle Wälder und nur mit knorrigen, niedrigen Sträuchern bewachsene Ebenen wechseln sich ab. Hie und da finden sie große Seen, deren Wasser verlockend klar, aber eiskalt ist: Gletscherwasser aus den Bergen. Je weiter sie fahren, desto flacher werden die Küsten. Sie finden Sardinen und sie sehen fliegende Fische mit prächtigen Farben, die so schnell schwimmen können, dass sie jedem durch die Lappen

gehen. Es gibt handgroße Muscheln. Wenn sie nichts Essbares finden, kauen sie auf grünem Gras, das um Süßwasserquellen wächst. Domenico befindet es für essbar. Es schmeckt zwar bitter, aber krank wird davon auch niemand.

Und dann, nach ein paar Wochen, ist es endlich so weit: Sie finden das offene Meer. Das Wasser ist derart spiegelglatt, dass Magellan ihn *Océano Pacífico*, den »Stillen Ozean« tauft. Er weint – wegen des Ozeans, den er so lange gesucht hat, wegen des Bruders, der nicht mehr bei ihm ist, wegen all der Risiken, die er eingegangen ist und wegen all der Leben, die er in Gefahr gebracht hat. Er verbirgt seine Tränen vor der Mannschaft nicht und hält eine emotionale Ansprache.

»Alles ist gekommen, wie ich es versprochen habe. Ihr habt hart gearbeitet und viele Entbehrungen erlitten. Ihr werdet für eure Mühen belohnt werden. Wir fahren jetzt so weit wie möglich nach Norden, wo es wärmer ist. Dann überqueren wir den Ozean, was ein Kinderspiel wird. Ihr seht ja, wie ruhig das Wasser ist!«

Julio hört nicht weiter zu. Er gibt sich seinen eigenen Gedanken hin. Sie werden also weiterhin die Küste entlangfahren, und darauf freut er sich. Don Nino macht ihm seit einiger Zeit keine Vorschriften mehr, weshalb er viel Zeit zum Üben mit seiner Schleuder hatte. Er kann jagen – vielleicht noch nicht so gut wie Manuel, aber immerhin. Sein Freund ahnt noch nichts von seinen Fortschritten und Julio brennt darauf, ihn damit zu beeindrucken. Die Schleuder ist fantastisch. Seine schwirrenden Steine treffen jedes Tier, so schnell es auch rennt, voll am Kopf. Julio mag das leise Zischen, das die abfliegenden Steine von sich geben, und den kaum hörbaren Aufschlag. Noch ist das Tier unbeschädigt.

Magellans Stimme dringt wieder zu ihm durch.
»… also laden wir die Schiffe zur Sicherheit so voll wir können. Wir brauchen Holz, Frischwasser und Fleisch – soviel die Schiffe fassen können. Ich zähle auf euch, Männer, seht euch um! Ihr seid die Ersten, die diesen Ozean befahren!«
Julio läuft zu Manuel.
»Wir müssen jagen. Kommst du morgen mit?«
»Warum bist du so aufgedreht? Seit wann jagst du gerne? Ich dachte, du könnest es nicht leiden.«
»So halt. Hast du morgen Zeit?«
»Ich muss mit Giacomo Holz schlagen. Komm doch einfach mit, dann sehen wir danach, ob wir dann noch Zeit haben. Sag mal, was ist eigentlich mit Don Nino los? Der ist so komisch. Ich glaube, der hat kein Wort von der Ansprache mitbekommen.«
»Dem geht's nicht so gut. Ich glaube, er hat Heimweh oder so. Darf ich mit?«
»Heimweh? Er wollte doch so gerne mitfahren?«
»Er hat es sich anders überlegt. Darf ich jetzt mit, oder nicht?«
»Frag Giacomo. Ich muss noch helfen, den Anker sauber zu machen.«
Am nächsten Tag gehen sie Holz schlagen und danach jagen. Manuel ist hin und weg vor Bewunderung über Julios Fortschritte. Es ist ein gutes Gefühl, genau wie Manuel ein Paar Tiere an seinen Gürtel hängen zu können. Als sie von der Jagd heimkehren, scharen sich die Männer um sie, um ihre Beute zu bewundern, während Julios Wangen vor Stolz glühen.

Julio fühlt sich täglich wohler in seiner Haut. Es gibt viel zu tun und zu sehen. An Don Nino denkt er kaum noch, er benimmt sich immer seltsamer: Manchmal starrt er stundenlang mit den Händen auf seinem Schoß ohne auch nur zu blinzeln vor sich hin, und wenn er dann doch etwas zu Julio sagt, sind es Beschwerden: Julio sei zu übermütig, er denke wohl, er wisse alles, wo er doch eigentlich noch so viel lernen müsse, und er dürfe seinen Mitmenschen nicht ohne Weiteres vertrauen. Julio nickt, als gebe er seinem Herrn recht, doch eigentlich hört er gar nicht zu. Dann verfällt Don Nino wieder in Schweigen und liegt stundenlang bewegungslos auf seiner Pritsche.

Julio fühlt sich stark und strotzt vor Selbstbewusstsein. Er fühlt sich frei, obwohl er es nicht ist. Oft hängt er in der Takelage und sieht auf das offene Meer zu seiner Linken hinaus. Er genießt die Weite und die Leere, wenn er auch froh ist, dass sich auf der anderen Seite vorerst noch die Küste vorbeischiebt, was ihm eine gewisse Rückendeckung gibt.

Wenn sie an Land gehen, hilft er Diego beim Bestimmen ihrer Position. Auf dem schwankenden Schiff wären die Messungen zu ungenau. Julio trägt den Quadranten aus Bronze in seinem mit rotem Samt ausgeschlagenen Kistchen. Diego lässt sich Zeit. Stundenlang sucht er nach einem geeigneten Platz, während Julio frohgemut hinterherhüpft. Diego lässt Julio die ersten Messungen durchführen und vergleicht nachher dessen Ergebnis mit seinem eigenen unbeirrbar bis in die Sekunden. Äußerlich nimmt er die Richtigkeit von Julios Messungen mit Gleichmut hin, doch hält er Juan über Julios Messresultate auf dem Laufenden.

Hunger

Die Laderäume der Schiffe sind gut gefüllt mit Holz, frischem Wasser, Früchten, lebenden Enten und Gänsen, gepökeltem Seelöwen und -wolf und anderem, so wie Magellan es verlangte. Sie stechen gen Westen in See. Das Gewicht macht die Schiffe schwerfälliger und weniger wendig, aber der Stille Ozean macht seinem Namen alle Ehre. Das Wasser schwappt friedlich gegen den Bug und der Wind ist konstant. Er bläst sie in die richtige Richtung. Alles ist perfekt und die Stimmung wird euphorisch: Bald erreichen sie die Gewürzinseln und dann werden sie alle reich sein. Seltsam nur, dass sie nach ein paar Wochen noch niemandem begegnet sind, aber noch sieht man darin keinen Grund zur Sorge. Bestimmt sichten sie morgen eine Insel – und wenn nicht, dann übermorgen ...

Doch die See ist und bleibt leer: Nichts als Wasser weit und breit. Nach sieben Wochen sind so gut wie alle Vorräte aufgebraucht und noch immer ist kein Land in Sicht.

Julio und Manuel stehen mit ihren Tellern an. Der diensthabende Matrose schöpft ihnen ein Nichts von Suppe auf. Julio stochert mit seiner Gabel darin herum.

»Das ist gerade ein hohler Zahn voll.«

»Sei froh, dass es überhaupt noch Fleisch gibt. Bald ist das auch alle.« Manuel trinkt seinen Teller mit einem Zug aus.

»Igitt, da bewegt sich was.« Julio fischt eine kleine, weiße Made aus seinem Fleischstückchen.
»Das Fleisch ist schlecht. Verflucht!« Manuel würgt. Der Matrose neben ihm schmeißt seine Schale zu Boden, die anderen tun es ihm gleich. Sie rufen Giacomo.
»Was gibt's?«
»Das Fleisch ist voller Würmer.«
Giacomo begutachtet die Teller.
»Es tut mir leid, Jungs, aber das müssen wir wegschmeißen, bevor hier alle krank werden.«
Alle rufen durcheinander.
»Das Wasser sieht aus wie Pisse und schmeckt auch so.«
»Uns reicht's. Warum treffen wir nicht auf Land?«
»Gibt es noch Schiffszwieback?«
Giacomo steigt mit einigen Männern hinab. Sie kommen mit den Fässern schlecht gewordenen Wassers zurück und werfen sie über Bord. Schiffszwieback wird ausgeteilt, aber der ist voller Würmer und stinkt außerdem nach Rattenurin. Julio versucht das wimmelnde, weiße Getier mit seinem Messer herauszuoperieren, was sich allerdings alsbald als hoffnungsloses Unterfangen erweist, da der Zwieback zerbröselt und letztendlich nichts mehr von ihm übrig bleibt.
Niemand wagt es noch, zu protestieren. Angeekelt essen sie, was noch zu essen ist, es bleibt ihnen keine andere Wahl.

Julio fühlt sich auf einmal wie eine kleine Fliege, die merkt, dass sie gerade in einem Waschzuber ertrinkt. Dieser Ozean erstreckt sich endlos.
Jeden Tag erkranken weitere Männer. Ächzend liegen sie im Mannschaftsraum, ihr Zahnfleisch blutet und ihre Beine schwellen derart an, dass sie nicht mehr laufen können. Der Schiffsarzt

amputiert die geschwollenen Beine, was allerdings auch nichts nützt: Der Tod holt die Kranken dessen ungeachtet heim. Magellan lässt die Leichname in der Annahme, Würmer zu finden, aufschneiden, doch sie finden nichts. Die Toten werden auf ein Brett gebunden, der Priester murmelt ein paar Gebete, die Männer singen und die Toten verschwinden mit einem dumpfen Plumps im Wasser. Jeder fragt sich, wer der Nächste sein wird.
Täglich findet jemand das Seemannsgrab. Auch Pablo, den gefangenen Riesen, ereilt der Tod. Er wird weder auf ein Brett gebettet noch wird für ihn gesungen. Wie das Wasser oder das verdorbene Fleisch wird er einfach über Bord geworfen. Der Käfig wird zerkleinert. So haben sie zwar wieder etwas Feuerholz, aber nach wie vor schier nichts zum Kochen.
Gevatter Tod hat das Schiff betreten. Er offenbart sich im Röcheln der Sterbenden und wählt unbeirrt den nächsten Kandidaten aus. Julio atmet den Gestank des Todes. Noch will er seine Seele nicht aushauchen und zieht sich nach frischer Meeresluft lechzend so oft wie möglich auf den Ausguck zurück. Hier späht er in die Runde, kann jedoch weder Vögel noch Land erkennen. Die Wache schickt ihn wieder hinab.
An Deck muss er über die Kranken hinwegsteigen, die ihm vorwurfsvoll nachschauen, als sei es eine Sünde, im Gegensatz zu ihnen noch umherzulaufen. Dank Manuel lebt er noch. Sein Freund ist der schnellste Rattenjäger des ganzen Schiffs. Manuel schleudert sein Messer, bevor Julio auch nur etwas gesehen hat, auf die Ratte. Nach einem kurzen Piepsen und Scharren ist es still. Manuel hebt die Ratte auf und häutet sie, ohne eine Miene zu verziehen. Es sind haarige, zähe, pechschwarze Tiere. Manuel fängt genug, um sich und Julio ernähren zu können. Er verkauft sie für eine halbe Dukate. Als er merkt, dass die Ratten allmählich zur Neige gehen, treibt er den Preis in die Höhe.

Essen wird für alle zur Obsession: das Einzige, was noch wirklich zählt. Manuel und Julio unterhalten sich über die leckersten Dinge, die sie je gesehen haben. Sie erdenken mögliche Zubereitungsweisen und zählen Zutaten auf – grausame Gedankenspiele, mit denen sie sich selbst nur quälen, doch von denen sie nicht lassen können.

Einer unter ihnen nimmt nicht so schnell wie die anderen ab: Domenico. Einmal wühlt er gerade in seiner Kiste herum, als Julio hereinkommt. Domenico errötet, versteckt schnell etwas und schlägt die Kiste zu. Julio bleibt mit hochgezogenen Augenbrauen im Türrahmen stehen.
»Hatten wir nicht vereinbart, dass man immer klopft?«
Julio antwortet nicht und sieht Domenico forschend an. Dieser erhebt sich, schiebt Julio beiseite und steigt die Treppe hinauf.
»Kümmere dich um deine eigenen Angelegenheiten, Sklave!«
Julio tritt vor die Kiste und betastet sie. Neuerdings ist die Kiste verschlossen, Domenico hat sich ein Vorhängeschloss geben lassen. Domenico hat also etwas zu verheimlichen! Liegen da etwa Brotkrümel auf dem Boden vor der Kiste? Julio probiert sie. Sie schmecken nach nichts, sehen aber nach Essbarem aus. Julio fährt mit seinen Fingern über das Holz der Kiste. Von nun an drehen sich seine Gedanken nur noch um die Kiste und alle Herrlichkeiten, die sie versteckt, denn dessen ist er sich zunehmend sicher. Er fantasiert von vor Fett triefenden Hähnchenschlegeln und saftigen Kokosnüssen – alles in Reichweite. Doch wegen des verfluchten Vorhängeschlosses ist ihm der Zugang verwehrt. Julio hofft, Domenico irgendwann zu überraschen und platzt so oft er kann unerwartet in die Kajüte. Er verfolgt Domenico, der dem Jungen wiederum aus dem Weg zu gehen versucht, was Julio als Schuldbekenntnis deutet.

Manuel meint, das sei nur Einbildung. Domenico sehe noch so wohlgenährt aus, da er vorher schon so dick war und demzufolge mehr Fettreserven habe. Doch Julio ist davon überzeugt, dass er recht hat und nimmt sich vor, mit Manuel nicht mehr darüber zu sprechen.

Julio hat einen Albtraum: Er verfolgt Domenico und läuft auf einem ausgedehnten, weißen Strand hinter ihm her. Als er ihn fast eingeholt hat, will er nach seiner flatternden Jacke greifen, da dreht Domenico sich plötzlich um. Er lacht Julio aus. Er lacht so laut, dass sein Mund anfängt, zu zerreißen. Julio schreit Domenico an, er solle aufhören, doch Domenico hört ihn gar nicht. Er lacht weiter. Sein Gesicht zerreißt langsam und sein Gehirn, aus dem sich windende Würmer kriechen, quillt hervor. Schweißgebadet wacht Julio auf.

Zuallererst schaut er zu der Kiste. Er zittert. Sein Herz schlägt ihm bis zum Hals und seine Lippen zittern. Er geht an Deck und schweift dort ziellos umher. Sein geschrumpfter Magen fühlt sich an wie ein kleiner, harter Stein in seinem Hals. Er kann nicht mehr schlucken, weil er keinen Speichel mehr hat.

Er geht zu Alejandro, dem Rudergänger. Der Trotzkopf hält sich mit beiden Händen am Steuer fest und tut, als sehe er Julio nicht. Er schweigt. Julio schweigt auch. Julio denkt an den Koffer. Er hört jemanden beim Ofen. Es ist Diego. Julio geht zu ihm. Diego bläst in die fast erloschene Glut.

»Klappt's?«

Diego erschrickt.

»Ich will Feuer.«

»Soll ich helfen?«

»Gerne.«

Julio macht sich mit einem Paar Feuersteinen zu schaffen und nach ein paar Minuten brennt ein Zweig.

Diego zeigt vier schmale Rindlederriemen.

»Von meiner Kiste. Mal sehen, ob das essbar ist. Ist ja schließlich auch von Tieren. Es ist zu zäh, aber vielleicht wird es besser, wenn ich es warm mache.«

Julio nickt. Diego hält die Riemen vorsichtig ins Feuer und achtet aufmerksam darauf, dass sie nicht zu braten anfangen. Er probiert sie und gibt Julio einen.

»Versuch mal. Einigermaßen essbar.«

Julio nimmt ihn entgegen. Er ist tatsächlich genießbar. Sie setzen sich nebeneinander und kauen. Die Sonne ist ein dünner, roter Streifen am Horizont. Es ist fast hell.

»Wenn wir nicht schnell Land finden, müssen wir alle dran glauben«, sagt Julio.

»Der Kurs stimmt aber. Wir sind keine Meile abgewichen.«

»Vielleicht haben wir die Gewürzinseln ja verpasst. Oder vielleicht denken wir nur, dass wir fahren, sind aber die ganze Zeit auf der Stelle geblieben.«

»Das geht nicht.«

»Das weiß ich auch, Diego. Aber was ist das dann für eine Hexerei? Wir fahren schon monatelang, ohne auf etwas zu stoßen. Das ist nicht normal.«

Julio erwartet keine Antwort. Er steht auf und geht in die Kajüte. Die ranzige Luft, die hier hängt, verschlägt ihm den Atem. Domenico liegt mit seinem Gesicht zur Bordwand und holt rasselnd Atem. Auch Don Ninos Augen sind geschlossen. Er liegt bleich und still wie ein Toter da. Julio ertastet zum wiederholten Mal das Hängeschloss, aber der Koffer ist und bleibt verschlossen. Er fängt schier an zu schreien und überlegt, ob er Domenico das Messer an die Kehle setzen und ihm einfach den Schlüssel abnehmen soll.

Er weiß, dass er sich beruhigen muss und hält seinen Kopf mit beiden Händen fest. So gut er kann, versucht er nachzudenken, aber der Nebel in seinem Kopf spielt ihm Streiche. Dieser Nebel rührt vom Hunger und wird täglich dichter und macht aus der kleinsten Handlung eine schwere Aufgabe. Julio hält es nicht mehr aus, er kann es nicht länger hinnehmen, dass er nicht ans Innere der Kiste kommt. Er muss einfach wissen, ob Domenico einen geheimen Vorrat hat – und wäre es seine letzte Tat. Er weiß, dass er mit seinem Leben spielt. Ein Sklave, der beim Stehlen ertappt wird, ist nichts mehr wert.

Julio macht sich auf die Suche nach einem Hammer. Mit dem Hammer in der Hand kniet er vor der Kiste nieder und schlägt auf das Schloss. Nach zwei gezielten Schlägen fällt das Vorhängeschloss auf den Boden. Die beiden Schläfer fahren hoch, sind aber so schlaftrunken, dass Julio noch Zeit hat, die Kiste aufzureißen. Er wirft ein paar Kleidungsstücke und Dokumente beiseite. Leer! Die Kiste ist leer! Domenico hat keinen geheimen Vorrat – oder doch? Dort liegt ein Stückchen verschimmelter Kuchen. In dem Moment, als er ihn packt und sich in den Mund stopft, bekommt er einen harten Schlag auf den Kopf, und während er das Bewusstsein verliert, denkt er an das Essen, das ihm aus dem Mund fällt – und wie unermesslich schade das doch sei.

Julio bekommt Stockschläge. Er muss niederknien. Seine Hände werden am Mast festgebunden. Domenico darf die Strafe selbst ausführen. Im Augenwinkel sieht Julio Don Nino. Sein Herr steht aufrecht mit gekreuzten Armen da. Sein Gesicht ist hart und verschlossen, als gehe ihn das alles nichts an. Zwar sieht es aus, als schaue er zu Julio, doch eigentlich starrt er auf einen Punkt irgendwo über dem Kopf des Jungen. Er sieht nichts. Der Stock zischt durch die Luft. Julio schließt seine Augen und beißt sich auf die Lippen. Er will keinen Ton von sich geben.

Diesen Triumph gönnt er Domenico nicht. Er brüllt trotzdem. Er kann nicht anders, es passiert von allein. Er brüllt vor Wut und Schmerz. Domenico hat noch Kraft. Er schlägt und schlägt, bis Juan eingreift und ihm den Stock abnimmt.

»So, jetzt reicht's aber. Hört auf, Domenico. Ihr schlagt ihn noch tot.«

Manuel springt vor und löst die Taue. Julio sinkt zu Boden. Domenico beugt sich zu ihm herunter und zischt: »Du bist noch einmal davongekommen. Du kannst froh sein über so einen Herrn. Wenn es nach mir gegangen wäre ...«

Er macht eine Gebärde, als hacke er Julios Hände ab. Julio rührt sich nicht. Sein Rücken brennt. Manuel versucht, ihn hochzuziehen.

»Du musst laufen. Ich kann dich nicht tragen.«

Julio versucht es, doch nach einem Schritt bricht er wieder zusammen. Giacomo kommt zu Hilfe.

Unten wartet der Schiffsarzt und drückt Julio ein Tuch in den Mund. Da soll er so fest er kann reinbeißen. Der Arzt desinfiziert Julios Rücken mit Alkohol. Manuel ist wütend.

»Domenico ist so ein Schweinehund. Hast du gesehen, mit welcher Schadenfreude er zugeschlagen hat? So ein Sadist. Warte nur, den krieg ich noch.« Manuel ballt seine Fäuste.

Julio hört ihn nicht mehr. Er hat das Bewusstsein verloren.

»Was fällt ihm ein, bei Domenico in der Kiste rumzuwühlen?«, sagt Giacomo.

»Er faselt schon seit ein paar Tagen davon. Er dachte, dass da Essen drin sei. Ich habe versucht, ihm das auszureden. Als könnte man auf diesem Schiff auch nur den winzigsten Happen beiseitelegen!«

»Der Hunger macht seltsame Dinge mit uns, Manuel. Hast du in den letzten Wochen etwa keine Fantasien gehabt?«

»Ich weiß zumindest, dass es Fantasien sind.«
»Mach dich mal nicht schlauer als du bist, Manuel. Man weiß nie, was einen noch erwartet. Julio überlebt das schon. Das ist wahrscheinlich nicht das erste Mal, dass er eine Tracht Prügel bezogen hat. Häng hier nicht zu lange rum. Wir brauchen dich an Deck.«
Giacomo geht und der Schiffsarzt gibt Manuel ein nasses Tuch.
»Versuch ihn wieder zu Bewusstsein zu bringen. Wenn er wieder bei sich ist, gib ihm das hier zu trinken. Und achte darauf, dass er warm bleibt. Ich komme gleich wieder. Hol mich, wenn er Fieber bekommt.«
»Bleibt Ihr nicht hier?«
»Ich habe keine Zeit. Es gibt noch mehr Kranke.«
Manuel ist mit Julio allein. Er hört die Männer an Deck. Sie kommentieren die Geschehnisse laut: die Haltung des Sklaven, die Art der Strafe, Domenico, Don Nino.
Manuel beschreibt mit seinen nassen Fingern kleine Kreise auf Julio Schläfen und legt ihm das nasse Tuch auf den Hals. Das Wasser mäandert über seine nackte Brust. Julio stöhnt. Plötzlich richtet er sich halb auf und schlägt um sich. Tränen laufen ihm über die Wangen. Manuel nimmt Julios Kopf fest zwischen beide Hände und ruft: »Julio! Julio! Ich bin's!« Er versucht, Julio in die Augen zu sehen und lässt nicht los. Er weiß, dass er stärker ist. Als er fühlt, dass Julios Muskeln erschlaffen, zieht er ihn halb auf seinen Schoß und bleibt so ganz still sitzen. Er wird Domenico noch zwischen die Finger bekommen.

Als es dunkel wird, kommt Giacomo, um zu sehen, wo Manuel bleibt.
»Manuel, wo steckst du? Hatte ich dir nicht gesagt ...« Er verstummt. Das flackernde Kerzenlicht fällt auf die beiden Jungen.

Julio schläft in Manuels Armen. Auch Manuel schnarcht. Sein Kopf ist nach hinten gefallen und sein Mund ist weit geöffnet.

»LAAAAND! LAAAAND in Sicht!« Der Mann im Ausguck zeigt aufgeregt in die Ferne.
Juan schaut mit seinen Händen über den Augen in die gezeigte Richtung. Er wiegt den Kopf. »Es könnte sein. Vielleicht ... Was denkst du, Diego?« Er gibt ihm sein Fernrohr.
»Ein schwarzer Streifen am Horizont. Das sieht wie eine Insel aus.«
»Sie liegt auf jeden Fall nicht auf unserem Kurs.«
Auch Juan hat stark abgenommen. Seine zu weit gewordenen Kleider flattern im Seewind und seine Wangen sind eingefallen. Er spricht mit Mühe, weil sein Zahnfleisch entzündet ist. Wenn er mit seiner Zunge gegen die Zähne drückt, fühlt er, wie sie sich bewegen. Er weiß, dass sie heute oder morgen ausfallen werden. Von seinen ehemaligen Zigeunerlocken sind nur noch welke Strähnen geblieben und das Haar an den Schläfen ist schütter. Da jede Bewegung sehr anstrengend ist, tut er alles sehr langsam. Wenn er geschlafen hat, richtet er sich wie ein alter Mann mühsam auf, sonst würde er in Ohnmacht fallen.
So geht es jedem. Die Schiffe werden langsam zu treibenden Särgen. Wenn nicht bald etwas geschieht, wird es zu spät sein.
»Kurs zehn Grad Backbord.«
Sie folgen Magellan. Die Männer sind zu müde, um ausgelassen zu sein.
»Siehst du noch was?«
»Nein.«
»Aber wie ist das möglich?«
»Es muss eine Luftspiegelung gewesen sein. Eine tiefhängende Wolkenbank oder so.«

»Wie lange sind wir schon auf diesem verfluchten Ozean?«
»Drei Monate.«
»Drei Monate«, seufzt Diego. »Der Teufel treibt seinen Schabernack mit uns. Hier ist alles leer. Offensichtlich sind wir wohl doch am Ende der Welt. Unsere Berechnungen stimmen hinten und vorne nicht.«
Juans Hände zittern.
»Fang bloß nicht wieder an, Diego. Wir schaffen das schon. Jeden Moment können wir auf Land stoßen. Du wirst deine schicke Kluft schon noch wieder anziehen können.«
Diego lacht bitter. Die Kleider, die er trägt, sind so dreckig und zerrissen, dass er sich nicht mehr traut, in den Spiegel zu sehen. Er würde sich selbst nicht mögen. Eine einzige weiße Uniform hat er noch. Die hebt er auf, bis sie Land finden.
Auf der *Trinidad* werden zwei Lichter entzündet.
»Magellan ändert den Kurs. Ob er was gesehen hat?«
Sie ändern erneut den Kurs.
»Da ist tatsächlich Land! Seht euch das an Männer, es wird größer! Eine Insel!«
Aber sie stellt sich als ein kahler, unwirtlicher Felsen heraus, an dem sie nicht einmal anlegen können. Es gibt keine Ankerplätze, und es wächst auch nichts auf ihr.
Am nächsten Tag finden sie einen größeren Felsen, an dem sie zumindest anlegen können. Für zwei Tage gehen sie hier vor Anker und fangen ein paar Fische, um die heftig gestritten wird. Die Männer reißen sich das Essen gegenseitig aus dem Mund. Ratlos in der Not holt Giacomo die Goldwaage und wiegt genau gleichgroße winzige Portionen ab. Im Handumdrehen sind auch diese Fische unwiederbringlich verzehrt.

Don Nino

Hundert Tage sind eine halbe Ewigkeit. So lange fahren sie über den Ozean, bis sie endlich eine Insel mit Süßwasser, essbaren Pflanzen und Wild finden. Vollkommen entkräftet kriechen sie auf allen vieren an Land. Nach ein paar Stunden kann sich eine Gruppe zur Jagd aufraffen, und tatsächlich kommen die Männer mit einer wunderbaren Beute zurück: einem wilden Schwein. Magellan lässt die Kranken an Land bringen. Es wird ein großes Feuer entfacht. Der Duft des frisch gebratenen Fleisches macht sie ganz benommen. Sie versammeln sich um das Feuer, große Fleischstücke werden auf Stöcken aufgereiht und weitergereicht. Sie essen schweigend. Der Schiffsarzt hat sie gewarnt, nicht gleich beim ersten Mal zu viel zu essen: ihr Magen könne platzen. Dass sie vorsichtig sein müssen, wird ihnen klar, als sie schon von den ersten Bissen Krämpfe bekommen. Nach der Mahlzeit liegt die ganze Mannschaft erschöpft und einträchtig auf dem Strand. Sie halten nicht einmal mehr Wache. Zum Glück erweist sich das auch nicht als notwendig. Julio betrachtet die Sterne. Von den Stockschlägen sind nur eine Reihe geschwollener, roter Narben und eine tiefe Falte zwischen seinen Augen übrig geblieben. Neben ihm wühlt Don Nino unruhig auf dem Sand. Er hat kaum etwas gegessen. Stattdessen saß er schweigend am Feuer, sah in die Flammen und ließ die Spieße an sich vorbeiziehen. Juan stand auf und hielt ihm ein Stück Fleisch unter die Nase: »Iss!« Don Nino aß appetitlos. Julio dreht sich auf die Seite, sodass er Don Nino sehen kann. Seine Haare sind schütter, der Scheitel schimmert durch. Seine Hände sind weiß und mager und die Adern liegen in dicken, blauen Bahnen unter seiner Haut.

Don Nino schlägt die Augen auf, als habe er den untersuchenden Blick des Jungen gespürt. Er erhebt sich und klopft vorsichtig den Sand von seinen Schultern. Die Arme um die Knie gelegt, bleibt er für eine Weile sitzen und sieht zu den Schiffen. Dann erhebt er sich und winkt dem Jungen.

»Komm mal mit, Julio.«

Julio nimmt Don Ninos Mantel und legt ihn auf die Schultern seines Herrn. Zitternd zieht Don Nino den Mantel enger.

Sie gehen am Wasser entlang.

»Ich will mit dir sprechen.«

»Ja, Don Nino.«

»Es war ein Fehler von mir, mit auf Reisen zu gehen. Es war auch ein Fehler, dich mitzunehmen.«

Julio bleibt stehen. Er kennt Don Ninos Gedanken schon länger, nun aber teilt er sie ihm zum ersten Mal direkt mit. Don Nino wartet nicht und läuft weiter.

»Wenn du mir widersprichst, sage ich kein Wort mehr.«

»Ja, Don Nino.«

»Ich sage also, dass es nicht richtig von mir war. Ich bin kein Abenteurer. Ich ertrage nicht, was ich sehe. Und was dich betrifft ... ich hatte nicht das Recht ...«

»Ihr hattet das Recht. Ich war ein Nichts, und Ihr habt mich gerettet, indem Ihr mich gekauft habt. Ihr habt mir Unterricht gegeben. Ohne Euch wäre ich ein Dummkopf geblieben.«

»Du solltest mich nicht unterbrechen. So ist es auch nicht besser. Du bist immer noch ein Nichts.«

»Dank Euch weiß ich sehr viel.«
»Davon hast du nichts.«
»Irgendwann vielleicht schon.«
»Ich sag es zum letzten Mal: Widersprich mir nicht! Hast du die Tracht Prügel von Domenico schon vergessen? Ist dir klar, dass du die Striemen auf deinem Rücken für den Rest deines Lebens behalten wirst? Wie ein Hund musst du dich schlagen lassen. Juckt dich das nicht?«
»Ich bin ein Sklave, Don Nino. Es bringt nichts, sich dagegen auflehnen zu wollen. Ich hatte es doch verdient. Ihr habt mich doch auch hin und wieder geschlagen – aus viel unbedeutenderen Gründen.«
»Gut. Sprechen wir also über mich. Ich habe Geld. Ich habe es geerbt. Wenn du mit Geld geboren wärest, hättest du etwas Sinnvolles damit gemacht, weil du einen gesunden Verstand hast. Und ich? Ich bin ein Träumer. Ein Fantast. Ich stecke mein Geld in eine wahnsinnige Reise, die niemand – verstehst du? – niemand überleben wird. Ich bin selbst wahnsinnig.«
»Ihr seid nicht wahnsinnig. Ihr seid gut. Ihr habt das Strafmaß für meine Dummheiten bemessen. Stockschläge. Domenico hätte mir die Hände abgehackt. Ihr habt mich studieren lassen. Ein anderer Herr hätte mich absichtlich dumm gehalten – um mich bis zum Umfallen zu missbrauchen.«
»Nein Julio, so naiv bist du doch nicht, oder? Denkst du, ich hätte dich aus einem anderen Grund als zu meinem eigenen Spaß studieren lassen?«
»Das macht doch nichts.«
»Das macht dir nichts aus?« Don Ninos Stimme überschlägt sich. Er bleibt stehen und beugt sich bis kurz vor Julios Gesicht vor. Er will etwas sagen, kann die rechten Worte jedoch nicht finden. Sein Mund öffnet und schließt sich wieder wie

bei einem Fisch auf dem Trockenen. Er wedelt kurz wild und ohnmächtig mit den Armen, sodass Julio unwillkürlich einen Schritt zurücktritt. Don Nino erstarrt. Er sieht Angst und Argwohn in Julios Augen, was ihn tief verletzt. Er dreht sich um und eilt davon, ohne sich umzudrehen. Julio bleibt verzweifelt stehen. Don Nino wollte ihm sein Herz ausschütten, und er hat ihm dazu keine Möglichkeit gegeben und ihn noch dazu beleidigt. Ein guter Sklave hätte zugehört. Warum hat er die Geduld dazu nicht mehr? Er überlegt, was er hätte sagen sollen. Er hätte von Minas schmackhaften Getränken sprechen sollen, vom Kaminfeuer, dem Studierzimmer, der Hündin und ihrem warmen, weichen Bauch, ihren spitzen, beweglichen Ohren, der Allee, unter der sie wieder spazieren gehen werden. Er hätte noch einmal sagen sollen, zu Hause habe sich nichts verändert, dass seine Bücher und seine Sehnsüchte nach wie vor existierten und auf Don Nino warteten, doch inzwischen ist Don Nino nur noch ein Strich am fahlen Horizont.

Julio geht zu den anderen zurück. Don Nino bleibt bis zum Morgengrauen fort. Nach seiner Rückkehr ignoriert er Julio. Julio nimmt sich vor, sich so dienstfertig wie möglich zu erweisen und sich um Don Nino zu kümmern, wie es sich für einen Sklaven gehört.

Nach einer Woche sind sie wieder mehr oder weniger zu Kräften gekommen und können weiterreisen. Schon vom Strand aus sehen sie eine weitere Insel: Die Einsamkeit des Stillen Ozeans ist vorbei.

Kaum sind sie in See gestochen, als Alejandro der Rudergänger Julio ruft. Julio hat gerade nichts zu tun, da Don Nino schläft. Alejandro ist ein hässlicher Mann: Ein Bein ist kürzer als das andere, sein Rücken ist krumm und an seiner rechten Hand hat er nur noch drei Finger. Der Schiffsarzt hat irgendwo in der Nähe von San Julián zwei Finger amputiert, da sie erfroren waren. Alejandro ist ein argwöhnischer, schweigsamer Mann, aber trotzdem ist er ein guter Ruderstänger. Julio hat schon beeindruckende Geschichten über seine Steuermannskunst gehört.

»Kommst du mit, Bürschchen? Ich bring dir das Steuern bei«, sagt er und spuckt knapp vor die Füße des verdutzten Jungen.

»Heute noch!«, herrscht er ihn an. »Wenn deine Maulsperre vorbei ist ... Na ja, du weißt ja, wo ich stecke.«

Julio starrt ihm wie angewurzelt nach.

Er sucht Manuel.

»Das ist ja großartig«, brüllt Manuel. Er packt Julio und küsst ihn auf die Stirn. Dann tanzt er um seinen Freund herum.

»Bleib stehen«, schreit Julio hilflos. »Ich verstehe überhaupt nichts mehr.«

»Er gibt dir die Freiheit, du Trantüte! Kapierst du das nicht? Don Nino entlässt dich in die Freiheit. Du wirst Rudergänger und dann Steuermann und dann Kapitän.«

Manuel tanzt weiter, während Julio unschlüssig und ungläubig stehen bleibt. Dann besinnt sich Manuel und gibt Julio einen Stoß.

»Sieh zu, dass du bei Alejandro bist, eh er es sich anders überlegt!«

Alejandro ist auf Einsamkeit eingestellt, kennt aber sein Fach. Er wird Julio alles beibringen, was er wissen muss – nicht mehr und nicht weniger. Julio konzentriert sich auf das Gefauche des unwirschen Mannes. Er versteht, dass dies seine Chance ist, unter Beweis zu stellen, dass er kein trotteliger Sklave mehr ist, sondern Verantwortung übernehmen kann. Hin und wieder kommt Juan vorbei, um zu sehen, wie es geht. Mit gleichgültiger Miene erklärt er Julio die kompliziertesten Berechnungen.

Vor dem Einschlafen wiederholt Julio alles. In Gedanken geht er alles mehrmals durch, was er morgen, wenn er das Steuer übernimmt, zu tun hat und worauf es zu achten gilt. Er vergisst Don Nino und seine guten Vorsätze ihm gegenüber, und genau das ist Don Ninos Absicht.

Eines Nachts kommt Don Nino nicht in die Kajüte. Julio macht sich Sorgen und versteht selbst nicht, warum, denn Don Nino ist schon oft der Kajüte lange fern geblieben. Kaum beginnt es zu dämmern, geht er an Deck und fragt die Wache, ob sie seinen Herrn gesehen habe, aber man weiß von nichts. Julio beschließt, bei Juan nachzusehen. Vielleicht ist er ja bei ihm und die beiden widmen sich seit langer Zeit einmal wieder dem Wein. Julio will sich sicher sein können und ist bereit, Juans Tiraden ob der frühen Stunde auf sich zu nehmen. Er klopft leise an, als plötzlich der Wächter lautstark die Treppe herabkommt. Er ignoriert Julio und trommelt laut gegen die Tür. Julio schaut wie versteinert zu. Ein verschlafenes Gebrumme ist zu vernehmen. Der Matrose tritt ein und Julio hört aufgeregte Stimmen. Dann eilt Juan im Hemd hinaus, ohne Julio zu sehen. Julio eilt ihm nach – und sieht, nicht weit von der *Concepción* entfernt, einen leblosen Körper im Sand liegen. Die Haare sind vom Salzwasser verfilzt, das Gesicht blassblau und geschwollen.

Ist er ins Wasser gefallen? Wurde er ermordet? Hat er sich ertränkt? Don Nino hat eine große, klaffende Wunde am Kopf, der Schiffsarzt kann aber nicht sagen, ob die Wunde vor oder nach seinem Tod entstanden ist. Niemand hat etwas gehört oder gesehen.
Julio sitzt auf der Reling und betrachtet die Hektik, die durch Don Ninos Tod entstanden ist. Männer laufen hin und her und

Don Nino wird weggetragen. Ein Kloß, den er nicht runterschlucken kann, steckt Julio im Hals. Seine Brust schmerzt, und er atmet schwer. Don Nino ist fort. Don Nino ist tot. Julio kann es nicht fassen. Er schluckt und schluckt.
Juan setzt sich zu ihm.
»Das war absehbar. Er hat sich schon lange so erbärmlich gefühlt. Vielleicht ist es besser so.«
Julio straft ihn mit einem wütenden Blick. Er erhebt sich, schiebt Juan beiseite und springt an Land.
»Heda, wohin willst du? Komm zurück!«
Aber Julio hört nicht zu. Er rennt und rennt, ohne sich umzusehen. Nach wenigen Minuten läuft ihm der Schweiß über das Gesicht. Er wird nicht mehr aufhören zu laufen. Er wird sich zu Tode laufen. Laufen, bis sein Herz aufhört, in der Brust zu schlagen. Dann kann er neben Don Nino liegen. Er läuft blindlings weiter. Äste schlagen ihm ins Gesicht, Vögel in allen Farben fliegen erschrocken auf, eine Schlange sucht das Weite. Julio bleibt mit seinem Fuß an etwas hängen und fällt der Länge nach auf sein Gesicht. Er bleibt still mit seiner Nase im Moos liegen und atmet tief durch. Die Kühle des Bodens kriecht in seine Kleider und in seinen Körper, ohne dass er es merkt. Er bewegt sich nicht mehr. Er drückt seine Lippen auf den Boden und flüstert, er sei tot und er fühle nichts mehr.
Nichts.
Die Nacht ist bereits hereingebrochen, als er seinen Kopf hebt. Unweit von ihm brennt ein Feuer. Julio erkennt Manuels Silhouette und geht darauf zu. Manuel hält ihm ohne aufzusehen einen Kaninchenschenkel hin. Julio nimmt den Schenkel schweigend an. Dann wirft er das Fleisch ins Feuer und wirft sich auf Manuel. So stark er kann, trommelt er mit seinen Fäusten in das Gesicht seines Freundes.

»Was denkst du denn? Warum bist du mir hinterhergelaufen? Lass mich doch in Ruhe.«

Manuel wehrt sich keuchend. Als er sich von dem überraschenden Angriff erholt hat, schleudert er Julio von sich. Er wirft sich auf ihn und drückt seine Knie auf Julios Oberarme. Julio kann nichts mehr ausrichten und windet sich machtlos. Manuel stößt einen Schrei der Verärgerung aus, da Julio immer noch versucht, ihn abzuschütteln. Wütend starren die beiden sich an. Dann steht Manuel auf und setzt sich wieder ans Feuer, nimmt sein eigenes Stück Fleisch, das ihm in den Sand gefallen ist, macht es sauber und isst weiter. Julio stellt sich mit geballten Fäusten neben ihn.

Seine Wut verfliegt genauso schnell, wie sie aufgekommen ist.

»Da, du Trottel, so ein leckeres Stück Fleisch ins Feuer zu schmeißen!«

Manuel reißt ein Stück von seinem eigenen Fleisch ab und gibt es Julio, der es annimmt und sich neben Manuel niederlässt. Eine Weile sitzen sie schweigend nebeneinander.

»Was wird jetzt aus mir, Manuel?«

»Woher soll ich das denn wissen? Ich nehme mal an, dass du zu dem Schiff gehörst, bis wir zu Hause sind. Vielleicht hat Don Nino Verwandte. Wer weiß, vielleicht hat er ein Testament aufgesetzt. Wenn da schwarz auf weiß steht, du seist frei, ist das auch so, glaube ich.«

»Das ist bestimmt nicht so.«

»Sei nicht so pessimistisch. Wart's halt ab.«

»Du hast gut reden. Du bist ja frei.«

»Du bist taktlos, Julio.« Manuel zeigt auf seine Narbe an seinem Hals.

»Ich bin nicht frei. Ich habe meinen eigenen Vater angegriffen. Schon vergessen?«

»Du hast ihn doch nicht getötet?«
»Getötet? Nein, das nicht.«
Julio wird klar, dass er noch lange nicht alles über Manuel weiß.
»Was soll das heißen: ›das nicht‹?«
»Dass ich ihn hart angepackt habe. Mit dem glühenden Schürhaken der Herberge, in der er saß. Mir war so erbärmlich zumute. Und als er anfing zu schreien, es sei meine Schuld, dass Mutter tot sein, bin ich durchgedreht.«
»Ich hätte mich besser um Don Nino kümmern sollen.«
»Du hast getan, was du konntest.«
»Nicht genug.«
»Reue kommt zu spät. Du wirst es nie wieder gutmachen können. Oder anders machen können. Du solltest lernen, damit zu leben. Der Tod ist für immer.«
»Wirst du eingelocht, wenn wir nach Spanien zurückkommen?«
»Keine Ahnung. Ich habe nicht auf die Polizei gewartet. Ich habe auf diesem Schiff angeheuert und bin davongesegelt. Wir haben aber eigentlich über dich gesprochen. Deine Chancen sind nicht so schlecht. Du wirst zum Rudergänger ausgebildet. Das macht dir vorläufig niemand streitig, denke ich.«
Sie starren einen Augenblick gemeinsam in die Flammen.
»Gehst du nach Spanien zurück?«, fragt Julio dann.
»Ich weiß es nicht. Vielleicht bleibe ich auf der einen oder anderen Insel. Obwohl ich meine Geschwister vermisse.«
»Bist du der Älteste?«
»Ja.«
Manuel sucht im Schein des Feuers nach Ästen.
»Denkst du, dass wir Gold finden werden?«, fragt er.
»Keine Ahnung. Warum?«
»Vielleicht sind meine Geschwister im Waisenhaus, so wie du früher. Vielleicht kann ich sie freikaufen. Das ist mein Traum.«

Mit dem Gedanken daran falle ich in den letzten Wochen in den Schlaf. Ich kaufe sie frei, dann bau ich ein kleines Häuschen irgendwo weit ab in den Bergen und da leben wir dann alle zusammen.«

»Das wäre fantastisch«, antwortet Julio, ›aber unwahrscheinlich‹, denkt er für sich. Die Chance, dass sie Spanien je wiedersehen werden, ist klein. Und die Chance, dass so viel Geld übrig bleibt, ist noch kleiner. Zwei Schiffe haben sie schon verloren, und ihr Wert geht samt Ladung von dem Gewinn ab, den sie durch den Handel auf den noch zu erreichenden Gewürzinseln erzielen werden. Und wird er als Sklave überhaupt auf irgendetwas ein Recht haben? Bestimmt nicht. Er hört Manuel seufzen.

»Du findest sie schon«, sagt er ermutigend.

Sie rücken zusammen und warten wachend den Morgen ab.

Beim Morgengrauen gehen sie zu den Schiffen zurück. Zum Glück hat Manuel einen Kompass mitgenommen. Sie sind drei Stunden unterwegs. Hin und wieder schielt Julio beschämt in Manuels Gesicht. Das Auge seines Freunds ist purpurrot und halb geschlossen.

Don Nino liegt auf einer Holzbahre unter den Palmen. Eine Hälfte seines Gesichts ist verrutscht. Er ist kalt und steif, sein Körper mit Blumen bedeckt. Auf seinem blassen Gesicht liegt ein blauer Schimmer und die Finger sind unschön klauenhaft gekrümmt. Seine Haut sieht wie altes Pergament aus: graugelb und voller Risse. Vorgestern atmete er noch, fühlte er, bewegte er sich. Und jetzt ist er nur noch eine sterbliche Hülle. Julio wird nie mehr seine Stimme hören oder seine Hand auf seiner Schulter fühlen. Er wird mit ihm nie mehr über Sokrates oder das Sternensystem Gespräche führen können. Er kniet und betrachtet aufmerksam das Profil seines Herrn. Jedes kleinste

Detail will er sich für immer einprägen: die feinen Linien um die Augen, das kleine Faltendreieck an seiner Schläfe, das Muttermal über seinem rechten Nasenflügel, die spitze Nase – er erinnert sich daran, wie bei ihrer ersten Begegnung ein Tropfen daran hing. Er muss an die Porträts im Hausflur in Barcelona denken, an all die Vorfahren mit der gleichen Nase ...

Julio betet still. Er betet dafür, dass Don Nino etwas für ihn geregelt haben möge. Er betet darum, dass er nicht wie eine Sache weitervererbt werden möge, denn das sagte Don Nino an jenem Abende am Strand: »Du bist immer noch ein Nichts.« Sein Herr hatte recht: Er ist nach wie vor ein Nichts.

Während des Begräbnisses fühlt Julio sich todkrank. Manuel muss ihm in den Rücken stupsen, da er vergisst, sich hinzuknien. Er bewegt seine Lippen, ohne es zu merken. Beinah verpasst er das Heilige Abendmahl. Als Don Ninos Leib in der Erde verschwindet, fühlt Julio sich, als dringe die schwere Erde in seinen Mund. Seine Beine versagen ihm den Dienst und er sinkt zu Boden. Während er auf dem Boden liegt, wird sein Kopf wieder klar, seine Beine fühlt er jedoch nach wie vor nicht.

Juan lässt Julio trotz seiner Proteste in Don Ninos Bett legen. Es riecht noch nach seinem Herrn: Schweiß und Moschus. Juan setzt sich zu ihm.

»Bleib mal einen Augenblick liegen. Warum gerätst du so in Panik? Du hast in den letzten Wochen doch genug Leichen gesehen, sollte man meinen.«

»Ach, Don Juan. Das hier ist etwas anderes. Ich bin ein Sklave. Ich bin Teil meines Herrn.«

»Du bist kein Teil deines Herrn. Sei ein Mann. Oder ich suche mir einen anderen Reserverudergänger. Einer, den nichts so leicht umhaut. Du bleibst einen Tag im Bett und morgen will ich dich einsatzbereit sehen. Am Steuer. Ohne Kinkerlitzchen.«

Als Julio allein ist, findet er das Gefühl in seinen Beinen wieder und bewegt langsam die Zehen. Er hört, wie über ihm das Schiff zur Abfahrt vorbereitet wird. Don Nino wird hier zurückbleiben – unfassbar. Er, Julio, muss ohne ihn weiter. Er hört Vögel kreischen, als foltere man sie. In der Ferne sind Schüsse zu hören, doch all die Geräusche dringen nur gedämpft in die Kajüte.
Don Ninos Pritsche ist breiter, und über ihr ist auch mehr Platz. Das Bett ähnelt weniger einem Sarg als sein eigenes. Ob er hier liegen bleiben darf? Wie wird Domenico darauf reagieren, dass er in Don Ninos Bett liegt? Er will sich erheben, aber sobald er sich aufrichtet, wird ihm wieder schwindelig.
Domenico tritt ein.
»Jetzt hast du also keinen Beschützer mehr, Bürschchen.«
Julio dreht seinen Kopf zur Wand und nimmt sich vor, nicht zu antworten.
»Aha, du liegst schon im Bett deines Herrn? Was sind denn das für Manieren? Vielleicht sollte ich dich abkaufen. Dann kann ich dir beibringen, wie ein Sklave sich zu benehmen hat. Ein bisschen Erziehung könntest du schon vertragen.«
Julio fühlt, wie ihm das Blut aus dem Gesicht weicht, rührt sich aber nicht. Er denkt an Juan. Er würde das nie zulassen – oder doch?

Krieg

Auf einer der Inseln brennt ein großes Feuer. Magellan steuert darauf zu und lässt seine Kanonen knallen, um Eindruck auf die Eingeborenen zu machen, die sich zögernd am Strand versammeln. Dann schieben sie ihre Boote ins Wasser und kommen längsseits zu den Schiffen. Sie sehen höflich und gepflegt aus. Sie tragen bunte Kopftücher und breite, goldene Armbänder. Ihre Kleider sind mit Seide bestickt. Magellan lässt seinen Sklaven Enrico von den Gewürzinseln etwas in seiner Sprache sagen. Die Eingeborenen verstehen sofort, was er sagt und alle können ihr Glück nicht fassen! Das kann nur bedeuten, dass sie tatsächlich nicht mehr weit von den Gewürzinseln entfernt sind – und das heißt wiederum nichts Anderes, als dass sich die Ängste unter der Mannschaft, ans Ende der Welt zu geraten und über ihren Rand direkt in den Rachen widerlicher Ungeheuer zu stürzen, nicht bewahrheitet haben! Stattdessen ist es ihnen gelungen, die unter den Gelehrten des Abendlandes allgemein anerkannte *Theorie* von der Kugelform der Erde als erste Menschen in die *Tat* umzusetzen! Magellan hatte trotz enormer Fehleinschätzungen ob der Größe jenes unbekannten Ozeans jenseits der Neuen Welt recht behalten!
Die Eingeborenen wenden, um ihren König zu holen. Dessen Name ist Raia Humabon. Er ist ein kleiner, dicker Mann, an des-

sen Hals eine schwere Goldkette hängt und an dessen Gürtel ein goldener Dolch baumelt. Er lässt sich an Bord der *Trinidad* hieven. Seine Gefolgsleute folgen ihm mit einem Barren massivem Gold – so schwer, dass einer allein ihn nicht tragen kann. Magellan nimmt den Goldbarren nicht an – so will er den König glauben lassen, dass seine Handelsware mehr wert sei, als das Gold.

Magellan breitet eine Seekarte auf dem Kartentisch aus. Mit Enrico als Dolmetscher erklärt er, woher sie kommen. Er beschreibt sehr genau, was sie alles erlebt haben. Raia Humabon ist höchst überrascht. Dann deutet er auf den letzten Ort, den Magellan ihm gezeigt hat und sagt: »Cebu«, denn so heißt seine Insel in seiner Sprache. Magellan fragt, ob der König ihm seine Insel zeige. Raia Humabon willigt ein. Domenico und Enrico begleiten sie an Land.

Als sie zurückkehren, glänzen ihre Lippen vor Fett und stinken sie nach Alkohol. Sie sehen satt und zufrieden aus. Die Männer scharen sich um sie. Domenico strahlt. Er fühlt sich wichtig und hebt an, mit hoher und lauter Stimme zu erzählen.

»Ihre Stadt ist ziemlich groß. Vom Schiff aus kann man das schlecht einschätzen. Sie wohnen auf Pfahlbauten über ihrem Kleinvieh. Sie haben viele Tiere: Hühner, Ziegen und Schweine. Sie haben ein Schwein für uns geschlachtet. Es war eine rituelle Schlachtung, sehr interessant zu sehen: Zwei alte Frauen – zahnlos und mit verschrumpelten Brüsten – tanzten um das Tier. Es war betäubt, es stand nämlich ganz still da. Eine der Frauen blies ein Horn, während die andere mit der Sonne sprach. Das denke ich zumindest. Ich muss zugeben, dass ich nur wenig verstanden habe.«

Enrico sagt: »Ich habe alles verstanden.«

Domenico bringt ihn mit einer Geste zum Schweigen. Er lässt sich nicht ins Wort fallen – erst recht nicht von einem Sklaven.

»Die Frauen bekamen Wein. Sie tranken und bestrichen die Herzgegend des Schweins mit Wein. Dann nahm die Frau ohne Horn einen Speer. Erst machte sie eine Finte. Ich dachte mir noch, sie sei viel zu alt zum Töten. Ich nahm an, einer der Männer nähme ihr das Töten ab. Da schnellte ihr Arm nach vorn und durchbohrte das Herz des Schweins mit einem Mal. Es fiel zu Boden, ohne auch nur einen Laut von sich zu geben. Dann gab jemand der Frau eine brennende Fackel, und die schob sie sich in ihren Mund, ohne sich zu verbrennen.«
»Eine brennende Fackel? Einfach so in ihren Mund?«
»Wenn ich es doch sage! Das hat ihr nichts ausgemacht. Man sah auch nichts. Ihr Mund war noch nicht einmal rot. Die andere Frau tauchte das Horn in das Blut, das auf den Boden getropft war, und schmierte es den Männern auf den Kopf. Auch auf unsere Köpfe.« Domenico reibt unwillkürlich seine Stirn.
»Das war es dann. Danach wurde das Schwein aufgeschnitten.«
Enrico sagt: »Sie schlachten immer so.«
»Und was ist mit Gold? Habt Ihr Goldminen gesehen?«
Giacomo stellt die Frage, die nicht nur ihm unter den Nägeln brennt.
Domenico antwortet: »Sie haben uns zu einer Goldmine gebracht. Da liegen große Nuggets rum – größer als Eier. Man muss sie nur aufheben.«
»Hab ich es nicht gesagt?«, brüllt Giacomo. »Hab ich es nicht gesagt!« Er vollführt einen Tanzschritt.
Domenico zögert, aber er genießt die Aufmerksamkeit zu sehr, als dass er sich beherrschen könnte: Seine Hand verschwindet in seiner Tasche und zaubert ein Nugget hervor. »Das habe ich heimlich mitgenommen. Reinstes Gold.«
Um ein Haar wird es ihm aus den Händen gerissen. Er lässt es schnell wieder verschwinden und versucht, weiterzuerzählen.

Aber jetzt sprechen alle aufgeregt durcheinander, und Domenico kommt überhaupt nicht mehr zu Wort.
Enrico verschwindet und kommt mit Magellan zurück. Magellan bleibt dicht vor Domenico stehen. Er ist wütend.
»Her damit«, sagt er und streckt seine Hand aus.
»Her womit?«
»Her mit dem Gold. Wie kannst du so etwas tun, Domenico? Ich lehne ihr Gold ab und mein erster Abgesandter füllt sich seine eigene Tasche damit! Wenn Raia Humabon etwas davon gemerkt hat, bleibst du für den Rest der Reise an Bord.«
Domenico zieht das Gold aus seiner Tasche und gibt es Magellan. Magellan geht wieder nach unten. Enrico streckt Domenico, der rot angelaufen abseits der Menge steht, die Zunge raus und folgt seinem Herrn.

Magellan handelt mit den Bewohnern. Sie kennen Maße und Gewichte und wiegen Magellans Eisen aufs Genaueste gegen ihr Gold ab. Jeder freut sich über das Gold, das an Bord kommt. Die Insel ist wunderbar: Windschiefe Palmen wachsen bis dicht ans Wasser. In großen, gut verschlossenen Muscheln finden sie glitzernde Perlen, und das Wasser ist voller Fische in den herrlichsten Farben. Es gibt Feigen, frische Orangen und Reis. Die Seeleute werden ständig zu stundenlangen Gelagen eingeladen, dann sitzt man an langen Tafeln und zwischendurch musizieren die Gastgeber mit Saiteninstrumenten, Triangeln und Tamburinen, die laut Domenico aus China stammen.
Ihre Gastgeber tragen Sorge, dass es an nichts fehle, doch Magellan stößt sich an ihrem Glauben. Für alles haben sie einen Gott.
»Die beten den Mond, die Sterne, den Blitz, die Fruchtbarkeit der Frauen und so weiter an«, höhnt er.
Überall stehen Götzenbilder. Ihre Götter haben breite, platte

Nasen und verhältnismäßig kleine, eng stehende Augen. Sie verziehen ihren Mund zu einem Grinsen, wodurch vier große, liebevoll herausgearbeitete Zähne zu sehen sind. Die Standbilder verfolgen einen auf Schritt und Tritt: im Dorf, beim Tempel, aber auch an verlassenen Orten. Die Priester und Magellan kommen zu dem Entschluss, dass man die Bevölkerung bekehren müsse. Sie beschließen, mit einer Messe anzufangen. Ein Altar wird gebaut und jedermann ist angehalten, seine besten Kleider anzulegen.
Erst stehen die Eingeborenen steif in einer Reihe und nehmen alles staunend wahr. Sie sind fasziniert, aber auch ein bisschen beunruhigt, da sie nichts von alledem verstehen. Nach einer Weile ahmen sie die Männer nach. Sie knien sich auch hin und bewegen ihre Lippen, als beteten sie. Enrico dolmetscht die Messe für den andächtig lauschenden König Raia Humabon. Als der Gottesdienst vorüber ist, sagt Raia Humabon zu Magellan, sein Bruder sei schwer krank. Sie hätten nichts unversucht gelassen, ihn zu heilen, doch nichts helfe. Er frage sich, ob Magellans Gott seinen Bruder heilen könne. Der Schiffsarzt geht zusammen mit Magellan nachsehen, was sich machen lässt und heilt den Prinzen in wenigen Tagen. Magellan sagt, dies sei seinem Gott zu verdanken und dieser Gott könne noch weit mehr. Magellan verspricht dem König, wenn er sich bekehre, werde dieser Gott ihm helfen, die Herrschaft über alle Inseln zu erlangen. Er töte jeden, der sich dem neuen Glauben widersetze.
Gesagt, getan: Raia Humabon wird Christ und lässt alle Tempel und Götzenbilder zerstören. Am Strand wird ein großes Kreuz errichtet und Magellan lässt alle Eingeborenen taufen. Sie bekommen neue Namen – Namen christlicher Heiliger. Raia Humabon wird nach König Karl von Spanien auf den Namen Carlos getauft.

Señor Carlos hat Magellan verstanden: Magellan hat gute Waffen und will sich für seinen Glauben einsetzen. Dem König macht die Nachbarinsel Probleme, da kommt es ihm gerade recht, dass Magellan das für ihn regeln will. Er erzählt Magellan, eben jene Insel mache sich über den neuen Glauben lustig. Magellan richtet umgehend eine Strafexpedition ein. Er ist froh, seine Unüberwindlichkeit sofort unter Beweis stellen zu können. Sie brechen unmittelbar auf.

Aber die Exkursion beginnt ungünstig: Die Schiffe laufen in den Untiefen um die Insel auf, wodurch sie außerhalb der Reichweite der Kanonen bleibt. Magellan jedoch verteilt dennoch die Waffen. Er ist fest entschlossen.

Julio und Manuel gehen mit von Bord. Mühsam waten sie durchs Wasser und halten ihre Arkebusen über die Köpfe.

Manuel läuft neben Julio. Julio zittert auf seinen Beinen und ein roter Nebel tanzt vor seinen Augen. Manuel weiß, dass sein Freund nicht kämpfen will und sucht fieberhaft nach einer Möglichkeit, ihn aus der Affäre ziehen zu können.

Die Eingeborenen erwarten sie bereits. Wie eine schwarze Welle schwappen sie über einen Hügel und kommen in Windeseile näher, während sie einen Regen von Pfeilen und Speeren auf die Europäer niedergehen lassen. Sie schützen sich mit Holzschilden, von denen die Schüsse der Iberer abprallen.

»Verdammt«, zischt Manuel zwischen seinen Zähnen. »Das sind mindestens ein paar Hundert, die schaffen wir nie.« Er gibt Julio einen Stoß. »Hinlegen. Kriech da rein. Schnell. Da sind Büsche.«

»Warum? Ich will bei dir bleiben. Lass mich los.«

Manuel drückt sein Gewehr an Julios Nase. »Mach, dass du wegkommst und halt's Maul.«

Julio kriecht in die Büsche und Manuel sieht sich um. Niemand hat es gesehen, Magellan treibt seine Mannen voran. Manuel muss sich beeilen, um ihn einzuholen.

Julio liegt platt auf seinem Bauch. Der Moorboden zieht ihn nach unten, er hört Schreie, er atmet Brandgeruch ein. Sie stecken ein Dorf in Brand. Wie ein Feigling hat er sich versteckt. Er will zwar nicht töten helfen, aber Manuel behandelt ihn wie ein Mädchen und er lässt sich auch noch reinlegen, denn Manuel hätte ihm sicher mit seinem ollen Gewehr kein Haar gekrümmt. Er sieht zu den Schiffen hinüber. Magellan war übermütig: Ohne die Kanonen haben sie keine Chance. Julio erhebt sich, geht in Richtung des brennenden Dorfes und vergisst ganz seine Waffe, die noch in den Büschen liegt.

Auf der *Trinidad* wird zum Rückzug geblasen.

Ein paar Matrosen rennen in Julios Richtung. Einer von ihnen blutet stark im Gesicht.

»Rückzug«, schreit er. »Zurück!«

Von allen Seiten kommen sie jetzt angelaufen, aber Manuel ist nicht unter ihnen. Pulverdampf juckt in Julios Augen. Er stolpert über einen toten Eingeborenen, der mit aufgerissener Brust auf dem Boden liegt. Julio übergibt sich. Dann sucht er weiter, bis er in der Ferne Magellan sieht.

Manuel kämpft in Magellans Nähe, aber das kann Julio nicht sehen, da um ihn die Häuser brennen und der qualmende, dicke Rauch ihn umschließt. Manuel weiß selbst nicht mehr, in welcher Richtung der Strand liegt. Die Flammen springen von Hütte zu Hütte und verbreiten sich rasend schnell. Für einen Augenblick sieht es so aus, als seien sie von den Flammen eingeschlossen, doch in letzter Sekunde gelingt es ihm, über ein paar brennende Balken zu springen. Er schnappt nach Luft und lädt seine Waffe neu. Die Eingeborenen sind wie wild und einfach

überall. Die Arkebuse versagt ihren Dienst. Manuel schleudert sie von sich und ertastet in seiner Hosentasche das Messer. Neben ihm fällt ein Matrose zu Boden – zwischen seinen Augen vibriert noch der Pfeil. Ein Hüne stürzt sich mit Riesenschritten auf ihn. Manuel umfasst sein Messer und stößt es ihm in den nackten Bauch. Etwas Warmes schwappt über seine Hand. Er stößt erneut zu. Sein Messer verschwindet vollkommen im Bauch des anderen. Manuel stolpert und der Mann fällt auf ihn.
Manuel kann sich nicht bewegen und bekommt keine Luft mehr. Er blickt direkt in die starren, toten Augen des Mannes. Über ihm ist der blaue Himmel. Der schwere Körper, der blaue Himmel. Die Zähne des Kriegers sind rot und schwarz gefärbt. Er hört Schritte, warnende Schreie, aber er kann seinen Kopf nicht mehr drehen. Er schaut vom Himmel in das tote Auge, auf die bemalten Zähne und wieder zurück. Der blaue Himmel. Niemand wird ihn hier finden. Er wird hier zurückbleiben. Er ringt noch einen Augenblick.
Um ihn wird es immer stiller.

Giacomo zieht den Mann an seinen Haaren zur Seite. Manuel richtet sich hustend auf. Sein Hemd klebt von all dem Blut des Eingeborenen an seiner Brust. Er bleibt kurz auf den Knien sitzen.
»Den hast du gut erwischt. Jetzt aber los, Rückzug. Alle sind schon weg. Ich habe dich fallen gesehen, konnte aber nicht gleich zu dir kommen.«
Giacomo tritt noch einmal mit seinem Holzbein gegen den Kopf des Toten. Dann wendet er sich ab und eilt davon, Manuel rennt ihm hinterher. Kurz bevor sie das Wasser erreichen, fährt ihm ein stechender Schmerz in seine Wade. Er stürzt und schluckt

Meerwasser. Er versucht aufzustehen. Giacomo kommt zurück und zieht mit einer Bewegung den Pfeil aus seinem Bein. Manuel schreit auf: Der Pfeil hat tückische Widerhaken.
»Stütz dich auf meinen Arm«, sagt Giacomo. »Schnell.« Er blickt über Manuels Schulter, während er ihn hochzieht. Er hält inne und ruft: »Magellan!«
Magellan setzt sich gegen fast ein Dutzend Eingeborener zur Wehr – allein. Die Eingeborenen umzingeln ihn. Magellan fällt.
»Zu spät! Sie haben ihn. Verdammt.«
»Hast du Julio gesehen?«
»Nein. Beeil dich oder ich bin weg.«
»Geh nur«, sagt Manuel und kriecht, sein Bein wie ein totes Tier hinter sich herziehend, auf das Gebüsch zu.
Giacomo holt aus und trifft ihn hart am Hinterkopf.
»Du hast noch etwas bei mir gut. Der Hai, weißt du noch?«
Er wuchtet den bewusstlosen Manuel auf seine Schultern. Giacomo watet so schnell er kann durchs Wasser. Das Gewicht des Jungen macht ihm zu schaffen und er sieht, dass die *Trinidad* schon gewendet hat. Gleich ist es zu spät. Hinter sich hört er die Krieger triumphierend grölen. Sie haben Magellan und mit ihm das Oberhaupt.
Giacomo schwimmt mit Manuel auf seinem Rücken. Noch einen Augenblick muss er durchhalten. Er schafft es nicht. Hinter sich hört er es platschen. Sind das die Eingeborenen? Dann Gnade ihnen Gott!
»Giacomo! Ich helfe dir.«
Julio zieht Manuel von seinen Schultern.

Als Manuel wieder zu sich kommt, sitzt er mit seinem Rücken an den Mast gelehnt. Verwirrt sieht er sich um. Über ihm knattert das Großsegel im Wind. Sie fahren über das Meer. Sein Bein

brennt entsetzlich und ist dick angeschwollen. Er ächzt. Ihm ist, als bearbeite ihn jemand mit Nadeln.
Giacomo beugt sich zu ihm herab.
»Geht's? So ein Pech aber auch. Wir hätten es fast geschafft.«
»Julio?«
»Julioooo! Er ist wach.«
Julio eilt herbei. Seine Augen funkeln zornig.
»Das bringst du mir nicht noch mal.«
»Was meinst du?«, stöhnt Manuel.
Julio ergreift ihn unsanft am Kragen. »Du und ich sind ebenbürtig. Ich bin nicht eines deiner jüngeren Geschwister. Du brauchst mich nicht zu beschützen, das kann ich selber. Hast du das ein für alle Mal verstanden? Nur weil du stärker bist als ich, brauchst du nicht zu denken, ich sei total unfähig. Dein großkotziges Gehabe geht mir bis *hier*. Ich hätte bei dir sein sollen, um dir zu helfen. So läuft das unter echten Freunden.«
»Okay, okay, ich habs verstanden. Du kannst mich jetzt loslassen. Wo sind wir?«
»Auf der *Victoria*.«
»Ich habe solche Schmerzen. Warum habe ich solche Schmerzen?«
»Weil du immer bei allem der Beste sein willst.«
»Komm, Julio«, sagt Giacomo. »Schon ihn ein bisschen. Ich weiß nicht, was vorgefallen ist, aber du gehst zu hart mit ihm ins Gericht. Hör zu, Manuel. Die Pfeile waren vergiftet. Der Schiffsarzt will dir das Bein nicht amputieren, weil sich das Gift schon im ganzen Körper verteilt hat.«
Julio fällt neben Manuel auf das Deck. Manuel sieht ihn schief an, stupst ihn in seine Seite und versucht zu lachen.
»Ich habe dich wirklich verstanden, Julio.«
»Es war nicht so gemeint.«

»Du hast es schon so gemeint und das ist auch richtig so. Aber hör auf, so sauer zu gucken.«

Die Sieger sind nicht zu Verhandlungen bereit und tauschen Magellans Leiche nicht ein. Sie ist ihre Trophäe. Sie hängen ihn mit gespreizten Armen und Beinen an einen Pfahl und stellen ihn gut sichtbar am Strand auf. Julio geht an Deck auf und ab, hin und wieder streift sein Blick Magellans Leichnam. Was für eine Schmach, dass ihr Befehlshaber jetzt dort hängt, getötet, erniedrigt und nackt aufgehängt, wie ein Hund. Julio tut er leid, obwohl er eigentlich keinerlei Sympathie für Magellan hegte. Dafür fand er ihn zu grausam. Er ist sich zwar dessen bewusst, dass sie durch Magellans Besessenheit und Scharfsinn so weit gekommen sind, aber dieser Kriegszug war vollkommen überflüssig. Sie hätten sich bei den Menschen hier für ihre Gastfreundschaft bedanken und weitersegeln können. Magellans Fehlentscheidung kostete viele das Leben, schließlich sogar ihn selbst – und das von Julios einzigem Freund, denn so, wie Manuel nun mit rollenden Augen an Deck liegt, sieht es nicht gut für ihn aus. Julio legt sein zerrissenes Hemd ab, geht zur Wassertonne und taucht das Hemd ein. Er legt das klatschnasse Kleidungsstück auf den glühenden Kopf seines Freundes und lässt sich niedergeschlagen neben ihm nieder.

Juan Serrão, der Sohn des alten Gefährten Magellans, Francisco Serrão, übernimmt den Oberbefehl.

Die Niederlage lässt bei Señor Carlos einige Zweifel aufkommen. Enrico, der Sklave von den Gewürzinseln, nutzt die Gunst der Stunde.

»Der allmächtige Gott hat Magellan sterben lassen!«, raunt er dem König ins Ohr. »Zugegeben, der Gott hat den Prinzen wieder gesund gemacht, aber war er tatsächlich so schwer krank? Ihr habt Euren Gott umsonst verraten und Eure Tempel umsonst zerstört. Denn Magellans Gott macht einen nicht unbesiegbar. Der Beweis dafür hängt dort am Strand am Pfahl. Ich aber weiß, wie Ihr Eure Ehre retten könnt. Die Schiffe, die hier unweit vor Anker liegen, sind voller Waren, voller Schätze. Wäre das nicht eine Möglichkeit, damit die kurz und klein geschlagenen Tempel und Götzenbilder wieder wettzumachen?«

Enrico will keine Gegenleistung. Er will nur wieder ein freier Mann sein, was der König durchaus nachvollziehen kann. Die Waren in den Schiffen kämen Señor Carlos tatsächlich äußerst gelegen, und so schließen Sklave und König einen Bund.

Señor Carlos lässt Serrão, den neuen Befehlshaber, wissen, er habe noch Geschenke für König Karl und ob er geneigt sei, diese vor der Abfahrt entgegenzunehmen? Serrão begibt sich mit Enrico und zwanzig Trägern im Gefolge an Land. Dort werden sie in einen Hinterhalt gelockt und alle bis auf Serrão getötet. Letzterer wird geschlagen, bis auf sein Hemd entkleidet und ans Ufer gebracht.

Serrão ruft. Seine Stimme klingt heiser.

»Enrico hat uns verraten. Alle sind tot. Der König will die Ware im Tausch für mein Leben. Ich flehe euch an: Gebt sie ihm! Gebt ihm, was er will.«

Alle stehen an der Reling und blicken schockiert auf das grausame Schauspiel: Serrão kniet im Sand, sein Hemd ist blutdurchtränkt. Zwei Eingeborene drücken ihm grinsend einen Speer in den Nacken. Beim König steht Enrico. Über seinen Schultern hängt ein purpurner, gewebter Mantel.

»Alle Mann an Deck«, schreit João Carvalho, der Steuermann der *Trinidad*. »Wir stechen in See.«

»Nein«, brüllt Serrão. »Lasst mich nicht zurück!« Er versucht sich loszureißen, doch die Eingeborenen haben ihn fest im Griff.

Auf dem Schiff zaudert man.

»Tut, was ich sage«, ruft Carvalho. »Oder wollt ihr hier alle sterben? Wir können nicht mehr kämpfen. Wir sind zu wenig. Jeder Zweite ist verwundet. Alle Mann an Deck, klarmachen zur Abfahrt! Wer Serrão helfen will, darf gerne ins Wasser springen.«

Das kommt an. Wer sich noch auf den Beinen halten kann, hilft mit beim Segelsetzen und Ankerlichten. Sie verlassen den Hafen.

Serrão wird erstochen. Das große Kreuz am Strand, das Magellan so stolz errichten ließ, wird von der wütenden Menge umgerissen.

Carvalho hat recht: Im Krieg haben sie fünfzig Mann verloren und jetzt weitere zwanzig. Unter der ermordeten Delegation waren zehn Besatzungsmitglieder der *Concepción*. Und damit nicht genug, weitere Männer segnen das Zeitliche. Der Arzt reinigt zwar täglich die Wunden, doch das Gift zerfrisst unbeeindruckt die umliegende Haut.

Manuel ist todkrank.

»Giacomo, lass mich Manuel in die Kajüte legen, bitte. Er leidet solche Schmerzen! In der Kajüte kann ich ihn warm halten und liegt er ruhig.«

»Was? Das kommt überhaupt nicht in Frage!«, fährt Domenico dazwischen.

»Bitte, Giacomo.«

»Hört zu, Don Domenico, ich habe den Jungen nicht gerettet, um ihn dann einfach krepieren zu lassen. Wenn Julio ihn so am Leben halten kann, habe ich nichts dagegen einzuwenden.

Wir haben ohnehin zu wenig Leute, seht Euch doch um. Mit so wenig Mann können wir das Schiff nicht einmal in Gang halten. Oder wollt Ihr Manuels Posten übernehmen?«

»Ihr beliebt zu scherzen!«

»Als ob ich noch zum Scherzen aufgelegt wäre! Aber sobald Manuel wieder gesund ist, kommt er wieder in den Mannschaftsraum zurück, verstanden Julio?«

»Jawohl, Giacomo.«

Julio wacht über den im Fieberwahn fantasierenden Manuel. Er tut kaum noch ein Auge zu und versucht, sich die Zeit zwischen Steuer und Manuel aufzuteilen. Manuel wühlt in seinen Decken und kratzt sich das Bein, während Julio neben ihm sitzt und alle Kraft aufwenden muss, ihn im Bett zu halten. Er fesselt Manuels Hände mit Tüchern, damit er sich nicht selbst verstümmelt. Domenico schläft mit einer Decke über dem Kopf, um Manuels steinerweichendes Stöhnen nicht zu hören.

Irrfahrt im Reich der tausend Inseln

Nach reiflichem Überlegen beschließen sie, die *Concepción* in Brand zu setzen. Sie sind zu wenige für drei Schiffe, und der Zustand der *Concepción* ist am schlechtesten. Der größte Teil der Mannschaft wechselt auf die *Victoria*, auf der nur ein Drittel der ursprünglichen Besatzung überlebt hat. Die Ladung wird auf die *Trinidad* umgeladen. Der resolute Carvalho bekommt den Oberbefehl über die zwei noch verbleibenden Schiffe und Juan hat auf der *Victoria* das Sagen. Er erhebt Alejandro zum Steuermann und Julio zum Rudergänger. Zuerst protestiert Julio unter dem Vorwand, noch nicht bereit zu sein, doch Juan widerspricht, er habe ausreichend Zeit zum Üben gehabt.
»Du kannst dich nicht für immer hinter jemandem verstecken. Außerdem habe ich keinen anderen, Julio. Hier hast du Alejandros Jacke. Nicht sonderlich hübsch, ich weiß, aber nimm sie erstmal. Du kannst natürlich Gepäck mitnehmen, schau einfach in Ninos Koffer. Ich habe es so geregelt, dass du wieder mit Domenico eine Kajüte teilen kannst. Was dagegen?«
Julio schüttelt seinen Kopf: nichts dagegen. Er findet alles besser, als im Mannschaftsraum zu schlafen. ›Domenico ist zwar ein Widerling, doch er kämpft zumindest mit Worten.‹
»Die Kajüte ist klein. Sie ist kleiner, als diese hier. Eigentlich ist sie für eine Person gedacht. Domenico?«

»Meinetwegen. Scheinbar werde ich diese Sklavenbrut nicht los.«

Juans Stimme klingt scharf, als er sagt: »Ihr sprecht von meinem Rudergänger – Julio ist vorläufig Seemann, nicht Sklave.«
Er schlägt die Tür hinter sich zu.

Julio versetzt es einen Stich im Herzen, von der *Concepión* Abschied nehmen zu müssen. Von seiner Pritsche aus blickt er noch einmal durchs Fenster: ›Der Stille Ozean – ein schöner Name für ein so trügerisches Meer. Zwar ist die See ruhig, aber auch so leer! Ein befreundetes Volk, das auf einmal anfängt, uns zu hassen …‹
Mit einem Seufzer erhebt sich Julio. Er öffnet Don Ninos Koffer und stöbert in ihm nach Mitnehmenswertem. Da ist Don Ninos mit rotem Stoff gefütterter Mantel. ›Der kommt schon mal mit.‹ Weiter findet er noch ein paar Hemden, die noch einigermaßen in Schuss sind – seine eigenen sind voller Löcher. Von der heimlichen Hoffnung, ein Pergament mit Don Ninos Willensbekundung zu finden, verabschiedet er sich schnell, außer den Kleidern ist nichts in der Kiste. Zwar besteht immer noch die Hoffnung, dass Don Nino Juan ein solches Testament hinterlassen hat, aber Juan verliert kein Wort darüber, weshalb die Chance nicht groß ist. Julio traut sich nicht zu fragen und momentan ist das ja auch nicht weiter von Belang.

Er nimmt Don Ninos Weltkarte von der Tür. Es kommt ihm vor, als sei es eine Ewigkeit her, dass sein Meister die Karte dort aufgehängt hat: schön gerade und mit der blauen Kreide daneben. Inzwischen ist die Karte zerrissen und verdreckt, doch Julio kann sie nicht zurücklassen. Er wird sie in der neuen Kajüte an die Tür hängen.

Juan geht als letzter von Bord. Er verteilt Schießpulver über das Schiff und steckt mit einer Fackel das Segel in Brand. So schnell

sie können, rudern sie zur *Victoria* – sie haben sie noch nicht ganz erreicht, als sie mehrere Explosionen hören. Das Feuer greift auf das ganze Schiff über, erst langsam, dann immer schneller. Es legt sich auf die Seite wie ein sterbendes Tier im Wasser und der Bug der *Concepción* verschwindet. Carvalho befiehlt die Abfahrt.
Juan umklammert die Reling der *Victoria*, bis seine Knöchel ganz blutleer sind. Dann wendet er sich ab und brüllt Julio an – weil er zufällig in der Nähe steht.
»Halte das Schiff auf Kurs, Junge. Sonst bist du weg vom Steuer.«
Julio korrigiert hastig: ein einziger Grad.
»Es tut mir leid, Juan.« Er deutet auf die schwarze Rauchfahne. Die *Concepción* ist schon fast vollständig in den Wellen versunken. »Ich find das so schrecklich.«
»Es ist nur ein Schiff, außerdem war es nicht mehr seetüchtig.« Juan steigt hinab.
»Kipp dir mal einen Hinter die Binde, Bürschchen.« Er meint es leise genug gesagt zu haben, aber Diego hat ihn trotzdem gehört. Er lächelt, tritt zu Julio und zeigt aufs Meer hinaus.
»Schau mal, das Boot da drüben.«
»Die *Trinidad* nimmt genau auf das Boot Kurs. Was haben die bloß vor?«
Diego schweigt. Überrascht sieht Julio zu, wie die *Trinidad* mit Absicht das Boot rammt. Die vier Seeleute springen von Bord und die Mannschaft der *Trinidad* eröffnet das Feuer auf sie. Als der letzte Mann tot ist, brechen sie in Jubel aus und schmeißen sogar ihre Mützen in die Luft.
»Was haben die denn?«, sagt Julio empört. »Die haben doch gar nichts gemacht!«
Da Diego sich weiter in Schweigen hüllt, dringt Julio weiter in ihn.

»Carvalho ist ja noch schlimmer als Magellan. Warum hat er eigentlich den Befehl und nicht Juan zum Beispiel?«
»Lass es gut sein, Julio. Wer ein Seemann sein will, darf nicht zu viel Fragen stellen. Er muss die Mehrheit respektieren. So wie ein Sklave seinen Herrn. Da ist gar nicht so ein großer Unterschied. Carvalho lässt es zu, weil er will, dass sie sich abreagieren. Die Leute hatten einfach Pech. Sie sind ihnen zufällig in die Quere gekommen. Jeder hat jemanden auf der verdammten Insel verloren. Wenn die Männer von der *Victoria* die Gelegenheit haben, werden sie das Gleiche tun. Du wirst schon sehen. Und Carvalho ist Oberbefehlshaber, weil er als Erster die Initiative ergriffen hat. Den Posten nimmt ihm jetzt keiner mehr ab.«

Diego hat recht. Auf der Suche nach den Gewürzinseln segeln sie an reich aussehenden Küsten entlang, doch nach der schlechten Erfahrung auf Cebu trauen sie sich nicht mehr anzulegen. Carvalho lässt alle Schiffe und Boote entern, die ihnen in die Quere kommen. Dann wird geplündert und gemordet. Wenn die Boote Proviant mitführen, wird dieser konfisziert. Ihre Segel bestehen meistens aus Baumrinde und brennen wie Zunder. Wenn der Widerstand zu groß ist, müssen alle mitkämpfen. Doch Julio tötet nicht und hat auch nicht vor, zu töten. Er schießt und schreit ständig triumphierend, trifft aber nichts und niemanden. Die Männer achten nicht auf ihn – zum Glück, denn sonst stünde er als Feigling und Verräter da. Allein Manuel weiß, dass Julio nur so tut, sagt aber nichts.
Im Gegensatz zu Julio zielt er tatsächlich auf die Feinde – schließlich haben auch sie versucht, ihn mit ihren vergifteten Pfeilen zu töten. Nur dank Julios Pflege hat er überhaupt überlebt, aber das Bein, das getroffen wurde, hat bleibende Schäden. Manuel wird immer leicht hinken und das macht ihn wütend.

Manchmal nimmt Carvalho einen Gefangenen und lässt ihn foltern – er kennt den Kurs nicht und will Auskunft. Das Meer ist übersät mit Inseln und Carvalho hat keine Ahnung, wo die Gewürzinseln liegen. Täglich ändern sie den Kurs, Alejandro hat schon Schmerzen an der Hüfte von dem Hin und Her. Julio beißt sich auf die Zunge und merkt, wie Juan sein Schweigen zu schätzen weiß. Er arbeitet gern mit Juan zusammen und bemüht sich, sich alles zu merken, was Juan sagt. Julio gibt nie zu, wenn er etwas nicht versteht. Er fragt nach keiner Erklärung, sondern wartet, bis er allein ist und rechnet und schlussfolgert dann so lange, bis er verstanden hat, was Juan meint. Am nächsten Tag fährt Juan fort – ein subtiles Spiel.

Zu guter Letzt muss Carvalho eingestehen, dass er durch Plünderei und Morden die Gewürzinseln nie finden wird. Vielmehr gilt es, an Land einen vertrauenswürdigen Lotsen zu finden. Sie segeln in den Hafen einer größeren Insel und gehen vor Anker, reffen die Segel jedoch vorerst nicht. Sie warten ab. Im Hafen liegen große Schiffe, deren Vor- und Achtersteven mit Gold beschlagen sind und das gleißende Sonnenlicht reflektieren. Die Häuser stehen auf Pfählen. Niemand geht an Land.
Nach einigen mühsamen Gesprächen mit Abgesandten des Königs, beschließt Carvalho, Domenico mit einem Sack voller Kostbarkeiten loszuschicken. Ein Elefant kommt ihn abholen. Als Julio in Juans Haus das Bild des Elefanten sah, hatte er sich nicht vorgestellt, dass das Tier in Wirklichkeit so prächtig und majestätisch ist. Er bestaunt den Elefanten mit offenem Mund. Der Elefant trompetet laut, sein Rüssel baumelt hin und her. Die Haut ist runzelig und hart wie ein Harnisch; der mächtige Rücken mit Seidentüchern bedeckt. Domenico erblasst, als ihm klar wird, dass dies sein Transportmittel ist. Der Elefant sinkt

am Ufer auf seine dicken Knie, bis sein Bauch im Wasser hängt. Domenico klettert auf den Rücken und hält sich mit einer Hand einen Schal vor seine Nase. Gegen den Gestank des Tieres können alle Seidentücher der Welt nichts ausrichten.

Nach seiner Rückkehr berichtet Domenico Carvalho und den nautischen Offizieren, was er gesehen hat und was für sie von Belang sein könnte: welche Waffen die Insulaner haben, die Befestigung des Hafens, der Reichtum der Bevölkerung. Anschließend macht er in seiner Kajüte einige Notizen. Die kurzen Kritzeleien sind nicht mehr mit den ausführlichen Berichten von früher zu vergleichen. Kaum ist er fertig, legt er sich auf sein Bett und hebt ungefragt zu erzählen an – stundenlang. Julio erinnert sich an den Domenico, mit dem er die Reise antrat: ein Domenico, der kein Wort zu viel sagte. An der Miene des Gelehrten ist allerdings zu erkennen, dass es im Grunde gleich ist, ob Julio in der Kajüte ist oder nicht. Aber Julio durchschaut ihn: Er ist Domenicos Publikum. Domenico braucht es, dass ihm zugehört wird. Julio kommt das gerade recht, denn außer Domenico und ein paar Ausnahmen lässt Carvalho niemanden mehr an Land – er will keine Männer mehr verlieren. Domenicos Erzählungen sind so genau, dass Julio sich die Festsäle, die taubeneigroßen Perlen und ausladenden Mahlzeiten gut vorstellen kann.

Julio liegt mit seinem Gesicht zur Mauer und hört zu. Er macht sich so klein wie möglich. Sie liegen ziemlich eng beieinander, und Julio hat Domenico so manchen blauen Fleck zu verdanken.

»Hier sollte man besser nicht König sein. Zwar wohnt er in einem Palast, davon hat er aber nichts. Ein bisschen so wie bei Don Nino, der einen Sklaven hatte, mit dem er nichts anfangen konnte.«

Julio schweigt. Domenico provoziert ihn, aber Julio wird sich nicht aus der Reserve locken lassen. Er will wissen, was Domenico im Palast des Königs gesehen hat.

»Ich musste in einem riesigen Saal durch ein Spalier von dreihundert nackten und schwer bewaffneten Männern gehen. Beinahe hätte ich mir in die Hose gemacht, bin aber weitergegangen. Am Ende des Saals war ein kleines Fensterchen mit einer roten Gardine davor. Dahinter wohnt die königliche Familie. Ich habe mit dem König durch ein Rohr in der Wand gesprochen. Der Mann darf das Zimmer nie verlassen, nur, wenn Krieg ist. Dann stellen sie ihn in die erste Reihe.«

»Warum? Dann stirbt er ja als Erster!«

»Das ist ja der Sinn. Sein Tod soll den anderen Mut zum Kampf verleihen. So müssen die anderen nicht nur für ihre Freiheit kämpfen, sondern auch für ihren neuen König.«

»Dann sind die Könige hier bestimmt sehr friedlich.«

»Schon. Aber manchmal können sie natürlich nicht anders, zum Beispiel, wenn sie angegriffen werden. Ein König darf auch nur *eine* Frau haben, während alle anderen so viele Frauen haben dürfen, wie sie bezahlen können.«

»Warum schreibt Ihr nichts mehr, Don Domenico?«

»Ich habe alles in meinem Gedächtnis gespeichert. Aufschreiben werde ich es, wenn ich zu Hause bin.«

»Und was werdet Ihr mit den Berichten tun?«

»Verkaufen natürlich. Ich gehe zu allen wichtigen Fürsten in Europa. Um zu erfahren, was wir hier alles gesehen haben, werden sie einen schönen Batzen Geld übrighaben. In meinem Pflanzenbuch sind schon Hunderte unbekannter Arten. Vielleicht gebe ich zuerst eine wissenschaftliche Arbeit heraus. Und ich will eine vergleichende Studie über alle Sprachen, die wir unterwegs gehört haben, verfassen. Ich habe ein paar Theorien über die Entwicklung der Sprache und mein Forschungsmaterial reicht für den Rest meines Lebens. Mein Name wird in aller Munde sein. Weißt du übrigens, was die hier zum Schreiben nehmen? Baumrinde. Die schreiben auf Baumrinde. Die Schrift ist sehr eigenartig. Sie sieht mehr wie Zeichnungen aus, als wie Buchstaben. Sie gehen mit ihrem ganzen Oberkörper mit, wenn sie schreiben, und sie schreiben alles auf: wie viele Perlen ich dabei hatte, was sie mir zu Essen mitgegeben haben, was ich zum König sagte und was er mir antwortete ...«

Julio zwängt sich an die Wand. Domenico ist immer noch dick. Er nimmt unverschämt viel Platz ein. Warum nimmt er nicht ab, wie alle anderen?

»Du darfst übrigens nicht denken, Sklave, dass ich das alles erzähle, weil ich dich inzwischen mag. Du bist einfach zufällig da, das ist alles.«

»Ich bin kein Sklave. Ich bin Rudergänger. Das hat Juan gesagt.«

»Ach so. Ich wusste nicht, dass Juan über dem Gesetz steht. Du weißt es scheinbar besser, aber ich würde mich nicht zu früh freuen. Wenn du wieder feil bist, werde ich zur Stelle sein, darauf kannst du Gift nehmen.«

Domenicos warmherziger Ton lässt Julio erschaudern. All ihre nächtlichen Gespräche gehen so aus. Julio weiß, warum es Domenico nicht stört, die enge Kajüte mit ihm zu teilen, denn indem er alles Gesehene noch einmal laut erzählt, kann er es sich besser einprägen. Das ist weniger anstrengend, als alles aufzuschreiben. Domenico reagiert sich auch an Julio ab. Es entspannt ihn, den Jungen zu verängstigen. Julio gibt sich Mühe, sich nicht einschüchtern zu lassen, was aber nicht einfach ist. Domenico weiß genau, wie er Julio das Herz in die Hose rutschen lassen kann.

Der König gibt ihnen einen Lotsen mit, der sie zu den Gewürzinseln bringen soll. Carvalho marschiert über das Deck der *Trinidad*. Vor Nervosität nagt er an seinem flammend roten Bart. Um seinen Mund erscheinen kahle Stellen. Seine Geduld ist aufgebraucht, er will zu den Gewürzinseln oder *Molukken*, wie sie auch genannt werden. In der Eile wird er unvorsichtig, sodass er zu dicht an die Küste kommt. Die *Trinidad* läuft auf einen Felsen auf. Zunächst läuft nur ein kleiner Strahl Wasser durch das Leck, den Carvalho ignoriert. Er will nicht an Land, weil das nur Zeitverlust bedeuten würde. Doch innerhalb einer Stunde läuft die ganze Bilge voll. Carvalho weiß wohl, dass es sein eigener Fehler war, dennoch lässt er weiß vor Wut den Lotsen foltern. Nachdem der arme Kerl sich ein bisschen erholt hat, soll er für Carvalho einen ruhigen Hafen suchen, in dem sie die *Trinidad* reparieren können.

Die beiden Schiffe legen an und es werden Aufgaben verteilt: Manche schlagen Holz, andere bringen Frischwasser. Julio und Manuel suchen Früchte – sie wollen Aufgaben, die sie so weit wie möglich aus Carvalhos Dunstkreis entfernen, denn der speit Gift und Galle. Er schreit die Männer an und poltert: Sie arbeiteten nicht schnell genug. Sie machten alles falsch. Sie finden kaum Material, um die Schiffe zu reparieren und nur ein Zimmermann hat überlebt.

»Gut, dass er einen roten Bart hat«, sagt Manuel. Sie stehen auf einer Anhöhe und blicken über die kleine Bucht, in der die Schiffe vor Anker liegen. »So sieht man ihn schon von weitem.«

»Er ist ein Kotzbrocken. Denkst du, dass wir lange hierbleiben müssen?«

»Wir haben kein Material. Es wird wohl noch etwas dauern. Bist du es leid?«

»Ja«, sagt Julio, »ich bin es leid. Ständig geht was schief. Erst finden

wir diese olle Durchfahrt nicht und dann stellt sich heraus, dass eine rund zweiwöchige Überfahrt drei Monate dauert. Wir sind dem Hungertod gerade noch so von der Schippe gesprungen, da müssen wir schon wieder um unser Leben kämpfen. Und wenn wir fast da sind, fallen die Schiffe auseinander ... Findest du es nicht auch seltsam, dass gerade *wir* noch leben? Von denen, die gestorben sind, waren viele viel stärker als wir.«
»Ich denke, dass das nicht so von Stärke abhängt. Eher von Glück. Es ist Zufall, dass wir noch leben. Wir könnten genau so gut tot sein.«
»Das hat Diego auch schon gesagt. Zum falschen Zeitpunkt am falschen Ort und du gehst hops.«
»Fehlt Don Nino dir?«
»Natürlich fehlt er mir. Wir waren so lange zusammen. Er wusste so viel. Er konnte schrecklich sein, aber eigentlich war er schwer in Ordnung. Je länger er tot ist, desto perfekter wird er in meinen Augen. Stell dir mal vor, er hätte damals nicht mich, sondern einen anderen Jungen mit nach Hause genommen. Was wäre dann aus mir geworden?«
»Das kannst du nicht wissen. Vielleicht wäre am nächsten Tag eine umwerfend aussehende Frau gekommen und hätte einen Jungen kaufen wollen. Vielleicht wärst du das gewesen. Sie hätte dich mit Kuchen vollgestopft und in einem mit Seide bezogenen Bett schlafen lassen, oder so. Vielleicht wärst du aber auch dein ganzes Leben im Waisenhaus geblieben: Du wärst Aufseher geworden und hättest deinerseits die armen kleinen Kinder geschlagen.«
»Das würde ich nie machen.«
»Das kannst du nicht wissen. Du würdest es jetzt nicht machen. Aber der Julio, der du dann geworden wärst, vielleicht schon. Du denkst, du führst dein eigenes Leben und triffst deine Entschei-

dungen selber, aber so ist es nicht. Du passt dich ständig an deine Umgebung an. Don Nino konnte das nicht mehr. Deshalb ist er gestorben.«

»Machen dich solche Gedanken nicht fertig?«

»Ach, das führt doch zu nichts – hörst du das Horn? Sind die etwa schon fertig?«

»Komm, wir gehen zurück. Ich will echt nicht hierbleiben.«

Ein Dröhnen nähert sich ihnen und der Boden bebt. Sie bleiben erschrocken stehen.

»Schnell, auf den Baum.«

Kaum haben sie ihre Füße vom Boden, da bricht aus dem Gebüsch ein Wildschwein. Langsam und so leise wie möglich klettern sie weiter empor. Das Tier schnaubt und scharrt mit seinen Läufen in der Erde. Manuel und Julio halten den Atem an.

»Mist, am Ende bleiben wir hier noch hängen«, flüstert Manuel.

»Sie werden schon auf uns warten.«

Das Wildschwein hat sie nicht bemerkt. Julio und Manuel sitzen mucksmäuschenstill. Als es endlich weiterläuft, können sie sich vom Baum herablassen.

»Was für ein Vieh.«

»Es sah ein bisschen aus, wie Domenico, findest du nicht? Nimm die Beine unter den Arm, Manuel, das Horn wird schon wieder geblasen.«

Sie erreichen das Schiff gerade noch rechtzeitig.

Am 6. November 1521 ist es so weit! Am Horizont können sie vier Inseln ausmachen. Laut dem Lotsen sind das die Gewürzinseln. Die Sonne geht soeben unter. Giacomo holt seine Harmonika und Alkohol wird ausgeschenkt. Julio nimmt Don Ninos Weltkarte mit an Deck. Seit Don Ninos Tod hat er auf ihr nichts mehr vermerkt. Nun haben sie ihr Ziel erreicht. Julio bekommt

von Juan eine schöne Feder und im schwindenden Abendlicht zeichnet er ihre Erlebnisse mit Manuels Hilfe auf die Karte.
Ab und an blickt Julio zu den schemenhaften Stränden in der Ferne hinüber. Er ist ein bisschen enttäuscht. Er hatte schillernde, aus purem Gold erbaute Städte und Trompetengeschmetter als Ehrerbietung dafür erwartet, dass sie das Unmögliche möglich gemacht haben. Stattdessen ist nur ein Strand zu sehen, wie er sie schon zu genüge gesehen hat: sauber und verlassen.
Es war eine entbehrungsreiche Fahrt. Ihre Abfahrt aus San Lucar kommt ihm vor wie in einem früheren Leben. Julio denkt an den Vortag ihrer Abfahrt, als Don Nino mit ihm einkaufen ging. Er denkt an das Messer, das er von seinem Herrn bekam und an den Mantel, den Don Nino sich selbst kaufte. Der Mantel – Julio wird ihn für immer behalten.
Julio blickt auf die Karte und fragt sich, auf welcher Route Carvalho heimzukehren gedenkt. Wird er den gleichen Weg nehmen? Noch einmal über den elenden Ozean! Wenn Carvalho das Kap der Guten Hoffnung umschiffen will, muss er sich gegen die Portugiesen verteidigen, denn dieses Kap ist eine viel befahrene Schiffsroute der Portugiesen. Und sie werden zwei spanische Schiffe voller Schätze aus Ostindien nicht unbehelligt lassen – einmal ganz von all den wertvollen geografischen Informationen abgesehen. Sie werden sie mit Genuss versenken.
Julio schiebt die Karte beiseite und blickt auf – geradewegs in Juans Augen. Juan sitzt mit nacktem Oberkörper auf der Kampanjetreppe und stützt sich mit den Ellenbogen auf seinen Knien ab. Alle paar Minuten wandert die Flasche Schnaps an seinen Mund. Er sieht zufrieden aus. Als er Julios nachdenklichen Blick sieht, muss er lachen. Julio hört ihn denken: ›Kopf hoch. Mach nicht so ein langes Gesicht. Wir sind doch da, wo wir hin sollten!‹

Der Eindringling

Der König der Gewürzinseln, Raia Sultan Manzor ist ein ruhiger, alter Mann. Barfuß sitzt er auf einem hohen Thron und trägt ein weißes Leinengewand, an dem die Manschetten golddurchwirkt sind. Seine Handgelenke sind schlank und geschmeidig. Auf seinem Haupt ruht eine schlichte Krone, die er absetzt, als Carvalho eintritt. Seine Haare, seine Augenbrauen, ja selbst die Wimpern sind weiß. Er spricht langsam und mit Bedacht. Der Mann sieht wie ein König aus und spricht auch so, was jeden sehr beeindruckt.

Neben ihm steht ein Portugiese: ein hochgewachsener, braungebrannter Mann mit quicklebendigen Augen und gelocktem braunen Haar. Er hat einen breiten Mund und ein auffallend makelloses Gebiss mit großen, langen Zähnen. Er lacht ohne Unterlass.

»Mein Name ist Pedro Alfonso de Lorosa. Ich heiße Euch im Namen des Königs, Raia Sultan Manzor, willkommen. Es ist ein Wunder, dass Ihnen Ihr Plan gelungen ist. Gratulation!«
Carvalho staunt nicht schlecht, dass der Portugiese weiß, woher sie kommen. Ihn stört seine Anwesenheit. Carvalho spräche lieber unmittelbar mit dem König. Er stellt sich vor und winkt Domenico herbei.
»Sagt dem König, der herzliche Empfang rühre uns. Dies sei uns

eine große Ehre. Wir kämen von weit her und brächten gute Ware.«

Domenico dolmetscht, und Pedro Alfonso muss lauthals lachen. Domenico schweigt beleidigt.

»Sagt es einfach mir. Ich verstehe Spanisch, was Euch viel Zeit und Missverständnisse ersparen wird.«

Währenddessen betrachtet Raia Sultan Manzor Domenico nachdenklich. Carvalho seufzt, er wird den Portugiesen hinnehmen müssen. Auf einen Wink Carvalhos drapiert Domenico ein türkisches Gewand um des Königs Schultern.

»Wir hatten erwartet, hier Magellans Freund vorzufinden. Wo ist Franciso Serrão?«

»Ihr kommt zu spät«, antwortet Pedro. »Raia Manzor hat ihn vor einigen Wochen hinrichten lassen.«

Carvalho zieht seine Augenbrauen hoch. »Hinrichten lassen? Warum?«

»Es gab Streit um eine Frau. Raia Manzor siegt immer, wenn es um Frauen geht. Er hat zweihundert. Auf dieser Insel muss jeder Haushalt ihm eine Frau überlassen. Beim Nachtmahl sucht er sich aus, mit wem er die Nacht verbringen will. Niemand darf die Frauen sprechen oder sehen. Serrão hat gegen dieses Gebot verstoßen. Er wusste, was ihn erwartete.«

Raia Manzor macht eine unergründliche Miene. Scheinbar versteht er recht gut, wovon die Rede ist.

»Wo ist Magellan übrigens? Habt Ihr die Reise nicht unter *seinem* Befehl angetreten?« Pedro lässt seinen Blick über die Gesellschaft wandern, als wundere er sich, dass ein Wüterich wie Carvalho den Oberbefehl habe. Er sucht den Portugiesen, der sie so weit gebracht hat.

»Magellan ist in einem Stammeskrieg gefallen. Wie ist Euch von unserer Expedition zu Ohren gekommen?«

»Das war allgemein bekannt. Ihr hattet viel Glück. Mein König Dom Emmanuel hat nichts unversucht gelassen, Euch aufzuhalten. Ich habe Respekt vor dem, was Ihr geschafft habt. Deshalb werde ich Euch auch erzählen, was Ihr wissen wollt. Er wusste, dass die Molukken Euer Reiseziel war, also ließ er das Kap der Guten Hoffnung bewachen. Monatelang konnte kein einziges Schiff unbemerkt passieren. Als durchsickerte, dass Ihr westwärts statt ostwärts gefahren seid, war es für Dom Emmanuel schon zu spät, noch etwas zu unternehmen. Da hat er eine Galeone samt mehreren kleinen Schiffen zu den Gewürzinseln geschickt, um Euch ›in Empfang zu nehmen‹. Die Galeone ist in einem Sturm beim Kap der Guten Hoffnung gesunken, die kleineren Schiffe jedoch sind vor ein paar Wochen hier eingetroffen. Sie luden unweit von hier Gewürznelken. Dabei haben sie sich so unmöglich aufgeführt, dass die Bevölkerung die ganze Mannschaft ermordet hat. Es ist purer Zufall, dass Ihr bei Eurer Ankunft nicht sofort versenkt wurdet.«

Carvalho hört entsetzt zu. Das wäre kein ruhmreicher Abgang gewesen!

»Und Dom Emmanuel weiß nicht, dass wir hier angekommen sind?«

»Das stimmt.«

»Das bringt uns noch eine Schonfrist«, murmelt Carvalho.

»Domenico!« Carvalho nennt den Namen seines Dolmetschers mit Nachdruck, um Pedro deutlich zu verstehen zu geben, er möge sich diesmal nicht einmischen.

»Frag den König, ob er bereit ist, mit uns Handel zu treiben.«

Domenico dolmetscht die Antwort des Königs.

»Ich bin bereit. Ich habe Portugal gegenüber keine Verpflichtungen. Ich werde nahe am Strand eine Lagerhalle bauen lassen, dort können wir Handel treiben. Und Eure Männer können

sich auf der Insel frei bewegen. Ich empfehle Euch jedoch, nach Anbruch der Dunkelheit nicht auf die Straßen zu gehen. Es gibt Zauberer in diesem Land, die nachts kopflos umherirren. Ohne Kopf wissen wir nicht, wer sie sind. Sie haben einen geheimen Tarnbalsam, mit dem sie sich bis zum Hals einschmieren. Berührt Euch einer der Zauberer, werdet Ihr schwer erkranken und innerhalb weniger Tage sterben. Weiter ist der Zutritt zu allen Orten, die zum Palast gehören, verboten. Wenn Ihr Euch an diese Regeln haltet, wird Euch nichts zustoßen. Ich habe großen Respekt vor Euch. Ich bürge persönlich für Euer Leben.«
Nach diesen Worten erhebt sich der König, legt beide Hände auf die Stirn und verbeugt sich tief. Pedro Alfonso tut es ihm gleich. Carvalho und sein Gefolge folgen seinem Vorbild.

Carvalho gibt seiner ganzen Mannschaft für den Rest des Tages frei, das haben sie sich verdient. Giacomo geht mit Julio und Manuel auf einen Erkundungsgang und sie kommen in ein kleines Dorf. Überall nicken ihnen die Menschen freundlich zu. Ein Knabe bringt ihnen herrliche Kokosmilch. Das Kind trägt Kleider aus Baumrinde. Sie verweilen bei einer Frau, die ein Stück Rinde bearbeitet und mit Händen und Füßen zu verstehen gibt, die Rinde sei drei Tage und drei Nächte lang in einer Wassertonne eingeweicht worden. Nun schlage sie es mit einem Holzstück, bis es die rechte Länge und Breite habe. Sie schlägt im Takt einer Weise, die sie dazu summt. Hinter ihrer Hütte liegt eine Gewürznelkenplantage, die Giacomo und die beiden Burschen sich anschauen. Die Bäume stehen am Hang eines Hügels in Reihen und sehen ein bisschen wie Lorbeerbäume aus. Sie sind schön und wohlgeformt. Die Nelken hängen in kleinen Trauben an den Spitzen der sich biegenden Zweige, die Früchte sind feuerrot und werden erst beim Trocknen schwarz. Ein zarter Duft hängt in der

Luft, denn nicht nur die Nelken riechen sehr angenehm. Die Erde ist schwer und fruchtbar und zwischen den angebauten Pflanzen sprießen Blumen. Sie schlendern die langen, gepflegten Pfade entlang. Auf dem höchsten Punkt des Hügels lassen sie sich nieder. Von hier aus können sie ihren Blick über das tiefblaue Meer und die beiden Schiffe schweifen lassen. Zu ihren Füßen erstreckt sich das Dörfchen, durch das sie vorhin gekommen sind. Stille.
»Hier ist es prima«, seufzt Julio.
»Ob das mit den Zauberern echt stimmt?«
»Probieren geht über studieren«, raunt Giacomo mit funkelnden Augen. »Es wird bald Abend, wenn wir noch eine halbe Stunde hier sitzen bleiben, werden wir es sofort rausbekommen.«
Julio erhebt sich und klopft seine Kleider ab.
»Komm, Manuel, lass uns lieber verschwinden. Viel Spaß noch, Giacomo, willst du mein Messer?«
Giacomo erhebt sich ebenfalls.
»War nur ein Witz. Na los, wer als Erster unten ist!«
Sie fliegen den Hügel hinab. Manuel stolpert wegen seines schlechten Beines und bewegt sich rollend weiter – geradewegs in einen Stapel Ziegenkot. Wer den Schaden hat, braucht für den Spott nicht zu sorgen: Julio bricht in schallendes Gelächter aus – und bekommt als Dankeschön eine satte Portion Ziegendreck entgegengeschleudert. Aber dabei bleibt es nicht, und im Nu sind alle drei von Kopf bis Fuß mit Ziegenkot bedeckt. Röchelnd vor Lachen treffen sie bei der *Victoria* ein.
»Was ist denn mit euch passiert? Was ist das für ein Gestank?«
Diego, der ausgiebig gebadet hat, rümpft die Nase.
Giacomo wird schlagartig ernst: »Wir haben einen Zauberer gesehen.« Er reißt seine Augen weit auf. »Er ... hat ... uns ... gebissen.« Mit wildem Blick schwankt er auf Diego zu, der unwillkürlich zurückweicht.

Manuel und Julio brüllen vor Lachen.
Diego schreitet mit empört erhobener Nase davon.

Raia Manzor hält sein Versprechen, am Tag nach ihrer Ankunft bauen seine Männer eine große Halle. Die ganze Mannschaft hilft mit, die Schiffe zu löschen und wundert sich, was sich in den Schiffsräumen noch alles befindet: Stoff, Gläser, Beile, Scheren, Mützen und so weiter. Raia Manzor hat es vor allem auf die Spiegel abgesehen. Er will alle haben, die noch ganz sind. Im Tausch lässt er seine Untertanen Gewürznelken sammeln. Da er mit den Beständen seines Landes gerade einmal den Boden der *Trinidad* bedecken kann, entsendet er seine Söhne auf die Suche zu den umliegenden Inseln. Die Schiffe werden beladen mit Gewürznelken, aber auch mit Ziegen, Hühnern, Kokosnüssen und anderen Herrlichkeiten.

Alles scheint gut zu laufen, dennoch fühlt sich Julio nicht recht wohl in seiner Haut. Ihn stört zunächst Pedro Alfonso. Er und Juan sind unzertrennlich. Julio hat seit Don Ninos Tod alles daran gesetzt, Juan für sich zu gewinnen, im Glauben daran, dass er ihm zunächst auf dem Schiff, doch vor allem später bei ihrer Ankunft in Spanien hilfreich sein könnte, etwa mithilfe von Dokumenten, die er vielleicht von Don Nino bekommen hat, oder auch ohne. Aber jetzt vereinnahmt Pedro ihn ganz für sich, sodass Juan Julio wie Luft behandelt. Täglich kommt Pedro auf die *Victoria*, und bei einem Glas Wein erzählen sie sich ihr Leben. Ihr Hang zu Abenteuern, ihre Sorglosigkeit – ja selbst bis zu einem gewissen Grad ihr Aussehen verbindet sie.
Darüber hinaus macht sich Julio wegen der Portugiesen Sorgen. Sie könnten ihnen auflauern und sie versenken – wer sagt denn, dass Dom Emmanuel nicht noch eine zweite Flotte zu

den Gewürzinseln entsandt hat, die jederzeit eintreffen kann? Wer garantiert ihm, dass Pedro Alfonso kein Verräter ist, der nur einer günstigen Gelegenheit harrt? Letztendlich bleibt er ein Portugiese. Und wer sagt, dass er nicht versucht, so viele Informationen wie möglich zu sammeln, bevor er zuschlägt? Dann liefe Juan sehenden Auges ins Verderben.

Julio wird klar, dass er unter Umständen immer noch mit einem Fuß im Grabe steht und dass das Erreichen ihres Reiseziels daran nichts ändern wird. Er ist die Gefahr leid. Er ist das Schiff leid. Er ist die Koje und Domenicos Tritte leid.

Eines sonnigen Morgens machen sich drei Matrosen auf, Wasser zu holen. Sie bleiben lange fort, sodass ihre Kameraden schließlich aufbrechen, sie zu suchen. Sie finden sie von Pfeilen durchbohrt am Brunnen liegend. Man bringt sie auf die *Victoria* und sie werden an Deck aufgebahrt. Just in diesem Augenblickt trifft ein Bote des Königs ein, um sie zu einem großen Bankett einzuladen. Julio bekommt weiche Knie. Sein Blick wandert von den drei Toten über den Abgesandten, der unschuldig neben den Leichen steht, zu Juan, der mit Diego *und* Pedro beratschlagt. In zwei Schritten ist er bei ihnen.

»Don Juan, darf ich etwas sagen?«

»Muss das jetzt sein? Siehst du nicht, dass ich keine Zeit habe?«

»Bitte!«

»Nein!«

»Lass ihn doch kurz sagen, was er sagen will«, spricht Diego, der Julios Enttäuschung sieht.

»Also los, aber fass dich kurz.«

»Meiner Meinung nach werden wir wieder in einen Hinterhalt gelockt. Wir müssen zusehen, dass wir hier wegkommen.«

»Jetzt sei mal nicht so dramatisch, Julio.«

»Hört doch zu! Wir wissen nicht, warum sie getötet wurden.«

Julio deutet auf die Leichen. Er merkt, dass ihm alle zuhören. Er spricht mit lauter Stimme:
»Raia Manzor weiß es sicher auch nicht. Was passiert aber, wenn er es sich anders überlegt hat, so wie Señor Carlos vor ein paar Monaten? Werdet Ihr es dann sein, der blutend in seinem Hemd um Gnade flehen wird? Wir sollten in See stechen, und zwar so schnell wir können. Der König behauptet zwar, er müsse sich Portugal gegenüber nicht verantworten. Aber die Portugiesen genießen hier die älteren Rechte. Pedro ist schon fast seit zehn Jahren hier. Meiner Meinung nach winkt Raia Manzor eine saftige Belohnung, wenn er uns aus dem Weg schafft.«
Julio weicht Pedros Blicken aus und fährt fort.
»Warum sollte der König so mir nichts dir nichts seinen Handelspartner, mit dem er schon seit Jahren im Geschäft ist, gegen einen neuen Partner tauschen? Alles, was er von Spanien kennt, ist dieser abgemagerte Haufen.« Julio zeigt auf die Matrosen und sich. »Sehr beeindruckend sehen wir nicht aus – oder?«
Juan sieht ihn nachdenklich an. Er fährt sich mit der Hand über die Stirn und spricht zu Pedro: »Das ist Julio. Julio ist ein Sklave. Aber kein normaler Sklave, wie du hören kannst. Er hat es vom Findelkind zu meinem Rudergänger gebracht und ist so etwas wie mein Schützling, bis wir in Spanien sind. Hör zu, Julio, was du da sagst, ist gar nicht so dumm. Im Gegenteil. Und ich habe tatsächlich keine Lust, blutend in meinem Hemd zu stehen.«
Er wendet sich an Domenico.
»Lasst den Boten wissen, dass wir uns beraten. Wir geben noch keine Antwort. Ich gehe erst zu Carvalho.«
»Soll ich mitkommen?«
»Nein, Pedro. Ich gehe allein. Es dauert nicht lang. Ich bin gleich wieder da.«
Julio ist zufrieden. Juan hat seine Warnung nicht in den Wind

geschlagen und ihn sogar seinen Schützling genannt. Julio hat Pedro beschuldigt und Juan hat ihm das nicht verübelt. Juan bespricht die Lage nur mit Carvalho. Julio dreht sich triumphierend um, als Pedro seine Hand auf seine Schulter legt.
»Kommst du einmal mit?«
Julio errötet und setzt ein verdrießliches Gesicht auf, während Pedro ihn an die Reling außer Hörweite der anderen drängt. Pedros Stimme ist freundlich wie immer.
»Wie bist du so schlau geworden? Ist es nicht das Los eines Waisenkindes, dumm und arm zu sterben?«
»Ich hatte einen gütigen Herrn«, antwortet Julio kurz angebunden.
»Wen, wenn ich so neugierig sein darf?«
»Antonio de la Cruz.«
»Aha, einer der Finanziers der Reise! Du kannst stolz auf ihn sein.«
Julio ist stolz – und kann Pedro nicht ausstehen.
»Weißt du, Julio. Ich habe großes Interesse, dass ihr lebendig und wohlbehalten nach Hause kommt. Ich komme nämlich mit. Ich will hier weg. Juan hat mir schon versichert, dass Kaiser Karl mich sicher gebrauchen kann.«
»*König* Karl!«
»Inzwischen wurde er zum Kaiser gekrönt. Während ihr unterwegs wart.«
»Ihr kommt also mit uns mit?« Julio versucht, die Verzweiflung in seiner Stimme zu unterdrücken.
»Ja, gewöhn dich schon mal an mich. Du wirst mich in den nächsten Monaten noch oft zu Gesicht bekommen … Da kommt Juan. Ich bin gespannt.«
»Carvalho findet auch, dass es höchste Zeit ist, die Anker zu lichten«, sagt Juan. »Nicht, weil er Raia Manzor nicht vertraut,

sondern weil die beste Jahreszeit, das Kap zu umsegeln, fast vorbei ist. Wir akzeptieren die Einladung zu dem Bankett und nehmen anschließend Kurs auf Spanien! Ich brauche ein paar Träger, um die letzten Säcke aus der Lagerhalle zu holen.« Pedro klopft Juan auf die Schulter. Gemeinsam gehen sie weg. Julio sieht ihnen hinterher. Einerseits ist es eine gute Nachricht, dass Pedro mit ihnen fahren will, er kann die Chance auf eine heile Heimkehr am besten einschätzen. Es werden seine eigenen Landsmänner sein, die sie jagen werden. Andererseits findet er den Gedanken schrecklich, diesen Mann an Bord zu haben. Aber vielleicht hat Manuel recht. Vielleicht ist Pedro nicht so schlimm, wie Julio denkt. Er sieht stark und klug aus, und schlechte Laune kann ihm auch niemand vorwerfen. Eigentlich stößt ihm nur die Kombination mit Juan sauer auf, denn die steht seiner eigenen Beziehung zu diesem im Weg.

Julio geht zur Kajüte, seiner kleinen stinkenden Kajüte. Er stößt mit dem Kopf gegen den tiefen Tragebalken – mit Absicht. Staub wirbelt auf und er muss husten. Das zerwühlte, dreckige Stroh ist voller Ungeziefer. Überall hat Domenico sich mit seinen Sachen breitgemacht. An den ausgeblichenen, knarrenden Planken rinnt das Wasser in dünnen Strömen hinab. Er weiß, dass er froh sein sollte. Ein einziges Bankett noch und dann auf und davon gen Spanien – endlich die Heimfahrt, nach der er sich so gesehnt hat. Wenn doch bloß Pedro ...

Pedro kommt mit *fünf* Koffern an Bord. Es macht den Anschein, als habe er die ganze Insel geplündert. Für Karl V. hat er Paradiesvögel mitgenommen. Es sind prächtige Vögel. Pedro verkündet, diese Tiere schützten ihren Besitzer vor Verrat und Mordanschlägen. Sie seien ein Vermögen wert.

Als sie gerade die Anker lichten wollen, stellt sich heraus, dass die *Trinidad* schon wieder ein Leck hat. Das Wasser strömt herein – wahrscheinlich, weil sie überladen ist. Ehe sie wieder seetüchtig ist, werden mehrere Wochen verstreichen. Nach einer langen Krisensitzung wird der Beschluss gefasst, dass die *Victoria* allein in See stechen soll. Sobald die *Trinidad* wieder flott ist, wird Carvalho versuchen, die spanischen Kolonien in der Neuen Welt zu erreichen. So vergrößern sie ihre Chancen. Juan schreitet mit besorgter Miene die Bilge der *Victoria* ab. Er fürchtet, dass auch seine Bordwand nicht Stand halten wird. Vorsichtshalber lässt er einen Teil der Ladung löschen.

Schließlich nimmt die *Victoria* mit siebenundvierzig Mann Kurs auf das Kap der Guten Hoffnung. Julio ist am Steuer. Er hat seine Ärmel hochgekrempelt, neben ihm liegen frische Früchte. Das Schiff gehorcht ihm – wie ein Pferd, das man mit leichtem Kniedruck lenken kann. Er weiß, dass er dafür nicht allein verantwortlich ist: Wenn die Matrosen die Segel nicht ausrichteten und Alejandro nicht den Kurs hielte, wäre er machtlos. Der Gedanke, ihm gehorche das Schiff, gibt ihm trotzdem Kraft: Er, der kleine Sklave Julio, steuert die *Victoria*! Manuel hat frei und sitzt bei ihm. Seine nackten Füße sind pechschwarz und voller Risse. Er sitzt im Schneidersitz und kaut auf Blättern, die seine Lippen rot färben.

»Der Lotse, den man uns mitgegeben hat, ist fantastisch.«
»Ich habe ihn nur kurz gesehen. Er sieht lustig aus.«
»Er ist steinalt.«
»Hat der dir die Blätter gegeben?«
»Willst du mal probieren?«
»Nein. Keine Lust.«
»Stört es dich, dass ich hier sitze? Du guckst so bierernst.«

»Du störst nicht.«

»Er erzählt die unglaublichsten Geschichten über die Inseln hier in der Gegend.«

»Und zwar?«

»Gerade sind wir an einer Inselgruppe vorbeigefahren. Er hat gesagt, da wohnen Menschen mit so großen Ohren, dass sie in dem einen Ohr schlafen und sich mit dem anderen zudecken.«

»Und? Glaubst du das?«

»Warum nicht? Wir haben auch schon Eingeborene gesehen, die uns nur bis zum Bauchnabel gingen. Und Eingeborene, denen wir nur bis zum Bauchnabel gingen. Und einen mit so großen Löchern in den Ohren, dass man den ganzen Arm durchstecken konnte.«

»Was hat er sonst noch so erzählt?«

»Auf einer anderen Insel soll ein riesiger Baum stehen, und auf dem säßen Vögel, die so groß seien, dass sie Kühe und sogar Elefanten hochheben könnten. Giacomo wollte da sofort hin, um zu beweisen, dass der Mann lügt. Der guckt immer ganz griesgrämig zum Lotsen rüber, weil die Männer jetzt nicht mehr an *seinen* Lippen hängen.«

»Und Domenico dolmetscht?«

»Mit Vergnügen. Man weiß natürlich nicht so genau, was er sich ausdenkt und was er erfindet. Der kann so durchtrieben gucken, dass man seine eigene Existenz anzweifelt.«

»Und, fahren wir zu der Insel?«

»Der Lotse meint, man könne nicht hin, weil da immer schwere Stürme wüteten. Er habe davon nur Wind bekommen, weil dort mal ein Boot auf ein Riff gefahren sei. Alle Seeleute seien bis auf einen Jungen ertrunken. Der sei auf den Baum geklettert und habe sich unter den Flügeln von so 'nem Vogel versteckt. Als der Vogel über seine Insel geflogen sei, sei er abgesprungen. So sei er zu seinen Eltern zurückgekommen.«

»Ich kann mir gut vorstellen, dass Giacomo neidisch ist.«

»Allerdings. Der wird froh sein, wenn der Lotse von Bord geht.«

»Hmm.«

»Was ist denn? Warum machst du so ein betretenes Gesicht?«

»Ich wäre auch froh, wenn eine gewisse andere Person von Bord ginge. Leider ist die Chance nicht so groß.«

»Meinst du Pedro?«

»Nein, dich, du Trottel.«

»Was regt dich denn an dem Typen so auf?«

»Du weißt es genau.«

»Mein lieber Julio, du solltest nicht so an Juan hängen!«

Julio lässt das Steuer los und baut sich vor Manuel auf.

»Du hast doch keine Ahnung. Ich habe so gehofft, dass er mir hilft.«

»Vergiss den Kurs nicht – sonst gibt's noch Ärger. Wer von Juan etwas erwartet, bewegt sich auf dünnem Eis, Julio. Wenn Pedro nicht dazwischengefunkt hätte, wäre es jemand anderes gewesen.«

»Wie kommst du denn darauf?«

»Weil Juan so beständig ist wie der Morgennebel über dem Wasser. Gerade war er noch da und – schwupp – schon ist er wieder weg. Bei dem weiß man nie. Vielleicht geht ihm Pedro nächste Woche auf den Senkel.«

»Und ist wieder für mich da.«

»Pedro und Juan sind Dickschädel. Wenn die in Streit geraten, wird sich zeigen, wer der Stärkere ist.«

Manuel erhebt sich und reibt sich die schmerzenden Arme.

»Ich geh mal wieder runter an die Pumpe.«

»Kommt da soviel Wasser rein?«

»Mehr als du denkst.«

Juan verließ Spanien als gemeiner erster Offizier, doch nun, da Carvalho auf den Molukken zurückgeblieben ist, ruht die gesamte Verantwortung auf seinen Schultern – keine leichte Aufgabe. Er trinkt mit Pedro, so wie er in den guten alten Zeiten mit Don Nino getrunken hat, aber da enden auch schon die Gemeinsamkeiten. Pedro bestimmt alles: worüber sie sich unterhalten, wann sie zu Bett gehen ... Juans Widerstand gegen Pedro ist zwecklos: Ist er anderer Meinung oder macht sich Sorgen, lacht Pedro ihn nur aus und schenkt nach.

Sie nehmen Kurs auf das Kap der Guten Hoffnung. Bis jetzt sind sie noch keinem Portugiesen begegnet. Juan irrt umher, führt murmelnd Selbstgespräche und klopft hie und da auf das Holz. Wenn das Schiff jetzt versagt, sind sie verloren. Die Falten auf seiner Stirn werden täglich tiefer. Er ertappt sich selbst dabei, wie er nach den anderen Schiffen sucht, um dann wieder erkennen zu müssen, dass sie allein sind. Die Fackeln, die sie zum Signalisieren verwendet hatten, liegen aufgeweicht und verwaist auf der Kampanje.

Juan ist nervös und jedem gegenüber leicht reizbar. So fährt er auch Julio an und echauffiert sich über seine trägen Reaktionen beim Steuern, was Julio verletzt. Eigentlich dachte er, bei Juan einen höheren Stellenwert zu haben. Ihn dürstet nach einem freundlichen Wort, in dem sich Juans Wertschätzung für ihn äußern würde.

Als Juan eines Tages nachdenklich neben Julio steht, schüttet Julio ihm sein Herz aus. Dann steht er wie gebannt und hält den Atem an.
Doch Juan schweigt. Nach einigen Minuten seufzt er, wendet

Julio den Rücken zu und geht. Julio schießen Tränen der Enttäuschung und der Verbitterung in die Augen. Er wartet, bis er Alejandros sauren, stinkenden Atem in seinem Nacken fühlt. Endlich kann er gehen und das Steuer loslassen, das er die ganze Zeit verkrampft in seinen Händen gehalten hat. Er ist so durcheinander, dass er schier von der Kampanjetreppe fällt. Um sich zu beruhigen, verharrt er einen Augenblick am Schanzkleid und holt tief Atem. Überall um ihn herum nur Wasser – so weit das Auge reicht, sieht er nur die graue, sich kräuselnde Wasserfläche – und eine Wolkenbank in der Ferne.

Julio geht zum Mannschaftsraum weiter, während ihm tausend Gedanken durch den Kopf schwirren. Don Nino hat nie daran gedacht, das Leben seines Sklaven von seinem zu lösen. Und wenn er es doch getan hat, dann hält Juan es vor Julio geheim. Aber warum? Jetzt lässt Juan ihn fallen wie eine heiße Kartoffel, als seien die Zeit, die sie schon zusammen unterwegs sind und all die Widrigkeiten, die sie gemeinsam bewältigt haben, völlig bedeutungslos. Und an all dem ist Pedro schuld.

Wütend schöpft Julio Eimer für Eimer. Stundenlang. Dann stolpert er zu seiner Pritsche. Sein ganzer Körper schmerzt und er fällt in einen tiefen, traumlosen Schlaf. Als er geweckt wird, ist er steif wie ein Brett. Er kann das Steuer kaum festhalten. Aber er ist zur Ruhe gekommen. Kurz bevor er einschlief, hatte er sich vorgenommen, sich von niemandem und nichts mehr aus der Fassung bringen zu lassen. Und sich keinerlei Hoffnungen mehr zu machen.

Heimwärts

Julio konzentriert sich auf seine Aufgabe und versucht, alles andere außen vor zu lassen. Die Arbeit verleiht ihm Sicherheit und er lernt die Einsamkeit schätzen, sodass ihm sogar Manuel manchmal auf die Nerven geht. Der Wind heult. Das graue Wasser klatscht gegen den Bug. Manche Brecher machen ihn tropfnass, aber er hält bibbernd die Stellung. Der Wind bläst ihn wieder trocken. In den letzten Wochen musste ihn niemand mehr auf Fehler hinweisen.
Julio ist müde und hungrig. Er friert ständig. Domenico hat ihm vor kurzem erzählt, auf Java würfen sich die Frauen selbst in die Flammen, wenn man ihre verstorbenen Männer verbrenne. Er hätte sich besser mit Don Nino begraben lassen sollen, dann wäre ihm all das hier erspart geblieben.

Sie erreichen das Kap der Guten Hoffnung und Juan zaudert. Dicke Wolken hängen tief am Himmel. Die See ist wild und ungestüm und die Luft knistert vor Spannung. Soll er es wagen? Er weiß, dass sie alle am Ende ihrer Kräfte sind und sie nicht mehr viel Proviant an Bord haben. Juan traut sich nicht, das Kap zu umsegeln. Er beschließt, auf besseres Wetter zu warten, das vielleicht nie aufziehen wird.
So verstreicht eine Woche.

»Wir müssen zurück.«
»Warum, Pedro? Wir können nicht zurück.«
»Dann lass uns an der Ostküste entlang nach Mosambik fahren«, schlägt Pedro vor.
»Mosambik ist eine portugiesische Kolonie. Da kann ich mir genauso gut eine Kugel durch den Kopf jagen.«
»Juan, das hier ist sinnlos. Ich werde dich schon verteidigen.«
»Dein Wort zählt dort nichts. Hör auf. Wir steuern Mosambik nicht an. Ich will den Namen nicht mehr hören.«
Pedro kocht vor Wut. Juan hat ihm noch nie widersprochen.
»Du bist zu spät dran. Du kannst das Kap nicht mehr umsegeln, Juan. Das ist Wahnsinn.«
»Mag sein, dass das Wahnsinn ist. Trotzdem bin ich der Kapitän dieses Schiffes. Ich habe hier das Sagen. Du bist Passagier. Ein angenehmer Passagier, nicht mehr und nicht weniger. Also benimm dich gefälligst auch so. Ich muss dieses Schiff nach Spanien bringen – und genau das werde ich tun.«
»Ich will deinem Land dienen, aber nicht sterben, das wäre zu viel verlangt. Deine Männer werden mir recht geben.«
Juan schweigt. Vielleicht hat Pedro recht, es sieht aus wie ein unmögliches Unterfangen. Wenn er an Deck geht, muss er sich mit seinem ganzen Gewicht gegen den heulenden Wind stemmen. Soll er seine Männer wirklich den Portugiesen ausliefern? Wenn Pedro sie gegen ihn aufwiegelt und sie sich gegen ihn wenden, ist alles verloren.
»Ich verbiete dir, meinen Leuten diesen Vorschlag zu unterbreiten.«
»Du hast mir gar nichts zu verbieten.«
»Weißt du was? Ich werde dich auf einer Schaluppe aussetzen. Dann kannst du alleine zu der Kolonie fahren. Und dann bin ich dich gleichzeitig los.«

So wiegeln sie sich gegenseitig auf. Es wird geschrien, Gläser klirren. Die Männer eilen herbei und stehen fassungslos vor der Tür der Kapitänskajüte.

»Es ist so weit«, flüstert Manuel Julio ins Ohr. »Aus ist die große Liebe.«

Die Tür fliegt auf und ein entrüsteter Pedro stürmt heraus. Er sieht die Seeleute, die sich vor der Kajüte versammelt haben und fasst einen Entschluss.

»Männer, ich werde euch nach Mosambik bringen. Ich werde mich persönlich dafür einsetzen, dass euch nichts zustößt. Vertraut mir. Euer Kapitän ist des Wahnsinns. Er kann euch nicht um das Kap bringen. Die Jahreszeit zum Umsegeln des Kaps ist vorbei. Ihr wartet hier schon eine Woche und müsst einen Sturm nach dem anderen über euch ergehen lassen. Außerdem haben wir kaum noch Proviant. Vertraut mir! Lasst mich euch in einen sicheren Hafen bringen!«

Pedro keucht. Julio sieht an ihm vorbei. Da steht Juan. Er ist leichenblass und sprachlos und hört wie alle anderen auch Pedro zu. Julio spürt Manuels Hände an seinem Rücken. Manuel gibt ihm einen Knuff, mit dem er sagen will: ›Jetzt. Jetzt oder nie.‹

Julio sagt leise, aber für alle verständlich: »Verräter!«

Entsetzt blickt Pedro zu ihm. Er will etwas sagen, aber es ist zu spät: Der Zauber ist gebrochen. Juan sieht aus, als erwache er aus einem Albtraum. Er tritt vor seine Mannschaft und spricht mit schneidender Stimme.

»Es ist sinnlos, die Portugiesen aufzusuchen. Sie werden nicht viel Federlesen mit uns machen, das wisst ihr selbst. Nur Pedro werden sie das Leben lassen. Diego, nimm diesen Mann fest. Er hat sich der Anstiftung zur Meuterei schuldig gemacht, und darauf steht die Todesstrafe. Morgen bei Sonnenaufgang wird

er hingerichtet. Männer, lasst uns unser Gesicht wahren. Wir führen die Mission bis zum bitteren Ende durch.«
Die Männer murmeln einverstanden. Diego lässt Pedro ergreifen und abführen.
»Unmittelbar nach Pedros Hinrichtung steuern wir das Kap an«, sagt Juan zu den wartenden Männern. »Da haben wir zumindest noch eine Hoffnung. Und jetzt ab in die Kiste. Morgen wird ein schwerer Tag.«
Juan schließt mit einem leisen Klacken die Tür. Als er alleine ist, fängt er an zu beben. Mit einer einzigen Armbewegung fegt er die Tafel leer. Er lässt sich nieder und vergräbt sein Gesicht in seinen Händen.

Ohne großes Aufheben wird Pedro hingerichtet. Jeder denkt an das Kap und an sein eigenes Leben. Ein Matrose legt ein Tau mit einer Schlinge um Pedros Nacken. Das Tau hängt an der Rah und Pedro steht auf einer Kiste. Er ist totenbleich, weiter lässt er sich nichts anmerken. Aufrecht wartet er auf das, was kommt. Pedros und Juans Blicke kreuzen sich kurz. Da geschieht etwas Seltsames: Pedro lächelt.
Juan wendet sich schockiert ab und wendet sich zum Gehen, doch Diego hält ihn auf. Von einem Kapitän wird erwartet, jeder Hinrichtung beizuwohnen.
»Juan?«
»Vertritt mich, Diego. Du weißt, wo du mich findest.«
Pedro sieht ihm hinterher. Ein Priester tritt auf ihn zu.
»Weg mit dir«, fährt Pedro ihn an. »Ich will allein sterben.«
Diego gibt ein Zeichen und der Matrose tritt die Kiste weg. Julio schaut zu Boden, er betrachtet das Holz und kann sich doch nicht vor dem Todesgeröchel verschließen. Pedro schlägt mit seinen Beinen. Noch ein letztes Zucken, dann ist es still.

»Holt ihn runter«, sagt Diego. »Und gebt ihm ein Seemannsgrab. Ich habe selten jemanden so mutig sterben gesehen.«
Die Männer gehen auseinander.
»Der Ausgang ist eindeutig«, sagt Manuel, während er mit Julio auf die Kampanje steigt. »Juan hat gewonnen, aber Pedro war der Stärkere.«
»Das war kein Wettbewerb, Manuel, sondern bitterer Ernst. Gerade ist jemand gestorben. Beeindruckt dich das nicht?«
»Tu mal nicht so unschuldig, Julio. Du wolltest es selber.«
»Mir tut es schon leid. Der Tod ist etwas Furchtbares.«
»Qutasch nicht. Wir befinden uns direkt auf dem Weg zur Hölle – Pedro wird heute nicht der einzige Tote bleiben.«

Manuel hat nicht übertrieben. Sie fahren in die Hölle – nichts mehr und nichts weniger. Schwarze Wolken umschlingen die Masten, die Böen fahren wie Kanonenkugeln in die Segel und zerren heulend an dem wehrlosen Schiff. Jetzt gibt es kein zurück mehr. Die Naturgewalten haben das Ruder übernommen.
Julio lässt sich am Steuer festbinden.
Man hört etwas zerreißen.
»Abbrassen! Abbrassen! Wir kentern! Großsegel reffen!«
Ein paar Matrosen klettern in die Wanten. Ihre Füße suchen auf den glitschigen Tauen halt.
Ein gewaltiger Stoß geht durch das Schiff.
»Was war das? Sind wir auf ein Riff gelaufen? Wo ist der Ausguck?«
»Der Ausguck ist leer! Mann über Bord! Mann über Bord!«
»Zu spät. Die Segel, Männer! In die Wanten, verdammt noch mal. Soll ich es selbst machen?« Giacomos Stimme überschlägt sich. »Achtung!«

Eine Woge hebt das Schiff hoch und für einen Augenblick scheinen sie in der Luft zu schweben, bis sie mit voller Wucht zehn Meter tiefer in einem Wellental wieder aufschlagen. Turmhoch brechen die Wassermassen über sie herein.

Ein hohes, klagendes Geräusch erklingt, gefolgt von Gezeter und Gebrüll.

Mit einem grauenerregenden Ächzen bricht der Fockmast – ganz langsam vollzieht sich dieses Schauspiel, als halte ihn noch etwas auf. Die Männer stieben auseinander. Nur Giacomo bleibt stehen. Sein Holzbein hat sich in einem Netz verfangen. Sein Gesicht ist angstverzerrt und er will seinen Mund zu einem Schrei öffnen, doch es kommt kein Laut heraus. Es dauert nicht länger als einen Sekundenbruchteil, bis ihm klar wird, dass es kein Entrinnen gibt. Er kommt zur Ruhe und macht sich nicht einmal mehr die Mühe, seinen Kopf mit den Armen zu schützen. Er steht da und schaut zu der Mannschaft herüber, die ihm entsetzt zuruft.

Auch Julio brüllt. Er lässt das Steuer los und tut einen Schritt, aber die Taue, mit denen er festgebunden ist, halten ihn fest. Der Mast fällt auf Giacomo. Keine Überlebenschance.

Man eilt zu ihm.

»Nein!«, ruft Diego. »Lasst ihn vorläufig liegen. Wir müssen weiterkämpfen. Julio, Kurs halten! Männer, wenn wir das Großsegel verlieren, sind wir geliefert. Schnell.«

»Wartet!«, ruft Juan. »Wir müssen den Fockmast kappen. Er ist mit dem Segel hängengeblieben. Den Wirrwarr abschneiden und den Fockmast kappen!«

»Den Fockmast kappen!«

Der Ballast kann ihnen zum Verhängnis werden. Ein paar Männer schlagen auf den Masten ein, bis er schließlich in den Fluten verschwindet.

Giacomo hat sein Leben ausgehaucht. Blut strömt ihm aus den Ohren und aus dem Mund und sein Körper ist unnatürlich verrenkt. Zunächst hat keiner Zeit für ihn, der Sturm fordert jede Hand. Seine Leiche rollt über das Deck, bis ihn endlich jemand eilig mit Tauen am Maststumpf festbindet.

Kaum haben sie das Kap umsegelt, flaut der Wind ab. Die Welt ist nicht untergegangen. Die Wolkendecke reißt auf, und der Mond und die Sterne kommen zum Vorschein. Einer nach dem anderen lassen die Männer sich niedergeschlagen nieder und kauern ermattet an Deck.
Sie segeln die afrikanische Küste entlang. Proviant gibt es kaum noch, und sie können nicht an Land gehen, um ihren Vorrat aufzustocken, weil die Portugiesen überall ihre Posten haben. Sobald die Portugiesen erfahren, wer sie sind, sind sie des Todes; soviel steht fest. Der Hunger kommt erneut an Bord, gefolgt von Gevatter Tod – wie schon auf dem Stillen Ozean, und diesmal haben die beiden nicht weniger Erbarmen. Zu Julios Glück hat Manuel trotz des Hinkens nichts an seiner Behändigkeit und an seinem Einfallsreichtum eingebüßt. Er stiehlt und fängt allerlei Getier. Es ist unglaublich, was sich auf so einem Schiff an Ungeziefer versteckt. Treu teilt er auch dieses Mal seine Beute mit Julio. Die Mischung aus Genießbarem und Ungenießbarem beschert ihnen schreckliche Magenkrämpfe, und oft schreien sie vor Schmerz.

Eines Morgens findet Manuel zwischen den Planken eine Spiegelscherbe. Er betrachtet sich selbst in der Scherbe und wird ziemlich nachdenklich. Er geht mit ihr zu Julio.
»Nicht erschrecken, Alter.«
Julio nimmt die Scherbe mit einem unwirschen Gesicht an.

»Wenn du mich zum Narren halten willst – mir ist gerade nicht danach.«

Julio blickt in die Spiegelscherbe und erschrickt vor den hungrigen, verwilderten Augen, die ihn anstarren. Sie sind gerötet, verquollen und liegen tief in den Augenhöhlen. Julio fährt mit seinen Fingern über seine braune und harte Haut. Ein paar tiefe Linien sehen aus, als wären sie mit einem Beil in sein Gesicht gehackt. Er hat keine Wangen mehr, die Haut spannt sich über seinem Jochbein. Sein Haar klebt ihm in dicken, verfilzten Strähnen am Kopf. Ein chaotisches Bärtchen, in dem sich sogar ein paar weiße Haare finden, bedeckt sein Kinn. Aus seinem Gesicht sprechen Schmerz und Hunger.

Es ist kaum zu fassen: Als er vor vier Jahren die Reise antrat, war er noch ein Kind. Jetzt aber blickt ihm aus der Spiegelscherbe kein Kind mehr entgegen, sondern einer, der viel älter als die sechzehn Jahre aussieht, die er eigentlich alt ist. Er gibt Manuel den Spiegel zurück.

»Mir war nicht klar, dass ich mich so stark verändert habe. Schmeiß das bitte ins Wasser.«

Manuel erfüllt seine Bitte. In einem hohen Bogen landet die Scherbe in den Wogen. Sie haben sich beide verändert, ohne dass sie es beim anderen bemerkt hätten … Manuel geht wieder und kommt nach einer Weile mit einer Schere zurück.

»Sind wir auf Kurs? Hast du kurz Zeit?«

Julio nickt. Er setzt sich auf die Planken und Manuel macht es sich hinter ihm bequem. Er schneidet Julios Haare so kurz er kann. Dann ist der Bart an der Reihe. Anschießend schneidet Julio Manuel seinerseits die Haare.

»So, jetzt sehen wir schon etwas weniger seeräubermäßig aus.«

Manuel klemmt Julios Kinn zwischen Daumen und Zeigefinger.

»Du siehst gut aus, Julio. Sobald wir in Spanien sind, werden wir uns eine Woche lang den Ranzen vollschlagen und dann wird sich zeigen, was für Kerle wir geworden sind. Wir lachen uns ein paar Mädels an und dann wird gefeiert, bis wir umfallen.«
»Abgemacht. Aber jetzt lass mich wieder ans Steuer.«

Sie magern bis auf die Knochen ab und die Kräfte schwinden ihnen. Die Kampanjetreppe wird zum Gebirge. Von einer knappen Stunde Wasserschöpfen werden ihre Arme schwer und gefühllos, doch es bleibt ihnen nichts anderes übrig: Das Wasser sickert durch die Bordwand, weil man die Kalfaterung schon längst hätte erneuern müssen. Sie schaffen es kaum, die Ladung vor Nässe zu schützen.
Nach zwei Monaten auf See tut Alejandro seinen letzten Atemzug. Er ist der fünfzehnte Tote, seit sie das Kap hinter sich gelassen haben. Sie finden ihn morgens auf den Planken. Mit einer Hand umklammert er das Steuer, mit der anderen zeigt er gen Himmel. Er ist schon steif. Sie sind ein ganzes Ende vom Kurs abgekommen, weil die Wache eingeschlafen ist und nichts gemerkt hat. Alle sind auf den Beinen, um der Arbeit Herr zu werden. Es ist nicht mehr zum Aushalten. Sie brauchen dringend Sklaven und Nahrung, wofür sie allerdings an Land müssten. Nach einer hitzigen Diskussion beschließt Juan, Kurs auf die Kapverdischen Inseln zu nehmen. Auch sie sind in der Hand der Portugiesen, doch die Verzweiflung an Bord ist so groß, dass sie es dennoch wagen – zumal die Inseln nicht mehr weit sind.

Sie legen an und Juan lässt die Laufplanke zum Steg legen. Sofort kommen schwer bewaffnete Soldaten auf sie zu. Nun ist es an Juan, eine glaubwürdige Begründung für die ausgemergelte

Mannschaft und das schwer beschädigte Schiff zu erfinden. Juan erzählt ihnen, sie seien auf dem Weg zu den spanischen Kolonien in der Neuen Welt in einen schweren Sturm gekommen. Sie seien drei Schiffe gewesen, hätten sich aber gegenseitig aus den Augen verloren. Die Blicke der Portugiesen äußern Befremden, dennoch geben sie ihnen die Erlaubnis, Lebensmittel einzukaufen, wenn sie zahlen können. Juan lässt ein paar Stoffbahnen aus dem Laderaum schaffen und geht mit Domenico und einigen Matrosen an Land.

Julio blickt ihnen hinterher. Kalter Schweiß läuft ihm übers Gesicht. Er muss an Serrão denken: wie er gefesselt war und blutete und um Hilfe flehte. Ihm steigt noch immer die Schamesröte ins Gesicht, wenn er daran denkt, dass sie einfach so in See gestochen sind, ohne ihm zu helfen. Bei dem Gedanken, Juan könne blutend am Boden liegen, kann er nicht mehr stillsitzen und muss an Land springen. Er ist gerade dabei, den Hafen zu verlassen, als Juan ihn am Arm festhält. Sie stehen bei einem Stand und kaufen Früchte.

»Wen suchst du denn, junger Mann?«
»Juan! Ich hatte Angst, sie würden dich gefangennehmen. Ich bin so froh, dass ich dich hier sehe.«
Domenico zeigt schweigend auf ein paar Reisfässer.
»Komm, mein Freund«, sagt Juan. »Wir gehen Essen.«
Sie essen. Diego verteilt kleine Weingläschen. Sie feiern ein kleines Fest.

Am nächsten Tag geht Domenico in Begleitung einiger Matrosen erneut Nahrung einkaufen. Julio und Manuel spielen Karten, Diego steht daneben und gibt seine Kommentare dazu ab. Seit sie wieder einen vollen Magen haben, geht es ihnen merklich besser. Plötzlich sind Schüsse zu hören. Sie hasten alle zur Reling und sehen Domenico mit einer Gruppe Soldaten auf seinen Fersen. Er läuft so schnell er kann zur Laufplanke. Ihm fehlen noch zehn Meter, als ein Soldat auf ihn zielt. Es knallt, Domenico zuckt, schwankt und sinkt auf seine Knie. Er kriecht noch ein bisschen weiter, dann fällt er auf die Seite und bleibt unbeweglich liegen. Die Soldaten rufen und zeigen auf das Schiff.

»Den Anker lichten! Den Anker lichten!«, brüllt Juan.

Zum Glück hat er keine Planken erneuern lassen, sodass sie sofort abfahrtsbereit sind. Die Laufplanke fällt ins Wasser. Die ungeflickten Segel werden im Kugelhagel durchlöchert. Auf der *Victoria* ist nur eine Kanone geladen, mit der sie ziellos feuern. Sie sind schnell genug und können entkommen. Juan steuert so weit als möglich gen Westen auf den Atlantik hinaus, um sie abzuschütteln. Als er sich in Sicherheit wähnt, zählt er seine Mannschaft: zwanzig. Zwanzig!

»Jetzt können wir nicht mehr an Land. Die Portugiesen werden mit ihren Brieftauben alle Häfen warnen. Ab jetzt wird in Blöcken von drei Stunden geschlafen. Wir haben ein bisschen Reis und etwas Wein. Das gilt es zu rationieren. Rechnet euch lieber nicht eure Überlebenschancen aus, tut einfach eure Pflicht. Die einzige Alternative ist der Tod. Wo ist Julio? Julio, ab in die Koje. Ich übernehme das Ruder für die erste Wache.«

Julio trottet in die Kajüte. Dort ist es still – zu still. Er steckt keine Kerze an, sondern wartet, bis sich seine Augen an die Dunkelheit gewöhnt haben. Nun, da er allein ist, ist die Kajüte unangenehm groß.

Julio lässt sich in einer Ecke nieder und betrachtet Domenicos Hinterlassenschaften. Überall liegen Kleider, Papiere und Gänsefedern. Durch die plötzliche Abfahrt ist ein Tintenfässchen umgefallen. Der Tintenfleck sieht im Dunkeln wie eine Blutlache aus.

Julio kriecht ins Stroh. Jedes Mal, wenn er fast eingeschlafen ist, hört er die Schüsse wieder und sieht, wie Domenico fällt. Immer und immer wieder. Er wühlt im Stroh, wälzt sich und spitzt bei jedem Geräusch die Ohren. Sind es die Portugiesen?
Er tut kein Auge zu, bis er erleichtert Juans Schritte auf der Treppe hört. Juan tritt ein und ruft leise seinen Namen. Julio richtet sich auf.
»Übernimmst du bitte das Steuer? Diego löst dich dann ab – wenn er noch lebt.«
»Darf Manuel hier schlafen, Juan? Bitte. Ich kann alleine nicht schlafen.«
»Wie du willst.« Juan reibt sich die Augen. »Wenn Diego nicht aufstehen will, kipp ihm einfach einen Eimer Wasser über die Birne. Dann ist er gleichzeitig auch noch gewaschen, und du weißt ja, wie viel Wert er auf Sauberkeit legt. Du hast meine Genehmigung.«
»Was hören meine Ohren?«, tönt Diegos Stimme von fern.
Juan grinst Julio an. Da Julio das alles gar nicht komisch findet, wird er wieder ernst. »Wir kommen schon nach Hause, Julio.«
Julio zögert, aber der freundliche Klang in Juans Stimme ermutigt ihn.
»Wo ist mein Zuhause, Don Juan?«
»Keine Ahnung, mein Junge. Dazu habe ich nichts zu sagen.«
»Hat er Euch nichts gegeben?«
»Nino? Nein, wirklich nicht, fang nicht schon wieder damit an. Ich bin hundemüde. Sieh zu, dass du am Leben bleibst. Das ist das Wichtigste. Ich habe jetzt andere Sorgen.«
Juan streckt sich und geht. Julio schleppt sich nach oben.

Julios Lippen sind gesprungen und die Zunge klebt ihm am Gaumen. Seine Hände zittern, der Bauch und die Beine sind geschwollen, alles tut ihm weh. Er dreht am Steuer und denkt: ›Das mache ich jetzt zum letzten Mal. Gleich falle ich einfach um und stehe nie wieder auf.‹ Doch er hält noch eine Minute durch, und dann noch eine … Und eh er es sich versieht, sind drei Stunden vergangen und Julio lebt immer noch, wenn auch nur noch ein bisschen. Er hasst alle an Bord – und sei es nur, weil sie auch essen müssen. Schon von dem leisen Geräusch der Wellen, die gegen den Bug klatschen, wird ihm elend zumute.

Die Ankunft

Lautes Donnern dringt an Julios Ohr. Erst denkt er, es sei ein Gewitter, doch allmählich wird ihm klar, dass es Kanonenböller sind und kann sich keinen Reim darauf bilden. An Deck herrscht ein dicker, undurchdringlicher Nebel. Julio tastet sich zur Reling vor und rutscht beinahe aus. Er fühlt die Reling und das Stampfen – er ist also noch auf dem Schiff. Die Kanonen feuern immerfort. Da fährt ihm eine Brise durchs Haar und reißt die Nebelwand ein bisschen auf. Julio sieht die Konturen San Lucars. Er ist sich sicher, dass es San Lucar ist, weil er die Konturen eines kleinen, schmalen Türmchens erkennt, das ihm bei der Abfahrt aufgefallen ist, weil es so eingezwängt und hilflos zwischen den andern größeren Türmen stand. Bis auf das Kanonengedröhne ist es seltsam still. Wo sind sie alle? Das Schiff sieht menschenleer aus. Julios Herz schlägt ihm bis zum Hals.
Die *Victoria* erreicht den Kai. Verunsichert geht Julio zur Laufplanke, die bereits daliegt. Er schaut sich um, sieht aber immer noch niemanden. Als er an Land geht, hört er Jubelschreie. Er sieht eine Menschenschar im Hafen stehen, doch die Rufe, die er hört, stimmen nicht mit ihren Lippenbewegungen überein – oder doch? Alles ist verzögert, der Schall ist langsamer.
Julio versucht nachzudenken. Die Rufenden kommen ihm bekannt vor, er hat aber keine Ahnung, wer das sein könnte. Eine

Frau löst sich aus der Gruppe, eilt ihm entgegen und schreit: »Mein Junge! Mein Kind!«
Sie ist hübsch mit ihrem hochgesteckten, dunklen Haar und der widerspenstigen Strähne, die ihr ins Gesicht fällt. Sie trägt eine weiße Schürze, die zwar heruntergekommen und löchrig, aber makellos weiß gewaschen ist. Sie hat einen federnden Gang, wie Mina. Sie sieht Mina überhaupt ähnlich, ist aber jünger. Sie streckt ihre Arme aus, um ihm um den Hals zu fallen.
Don Ninos Stimme ertönt über den Kai.
»Der gehört zu mir!«
Der Nebel verzieht sich, und Julio sieht jetzt alles ganz deutlich: Niemand rührt sich mehr. Die Frau ist ein paar Schritte von Julio entfernt stehen geblieben und hält ihre Arme in seine Richtung ausgestreckt. Ihr Gesicht ist verzerrt. Julio wendet sich finsteren Blickes Don Nino zu. Der sieht ihn hämisch an, wirft plötzlich seinen Kopf in den Nacken und lacht. Julio geht auf ihn zu und will ihm einen Stoß geben, doch seine Hand fährt geradewegs durch ihn hindurch. Don Ninos Gelächter schallt noch immer über den Kai, aber langsam verblasst er, wie eine Zeichnung, die ausradiert wird.
Julio wendet sich erleichtert der Frau zu, aber auch sie schrumpft langsam. Es kommt ihm vor, als schmelze sie, denn von ihrem Haar tropft ein klebriger Brei, der sich vor ihren Füßen sammelt. Julio nimmt sie in die Arme und sagt allerlei Unsinn: Sie solle doch bei ihm bleiben und ihn nie wieder im Stich lassen. Er werde immer für sie sorgen. Kurz darauf ist sie verschwunden. Julio versucht, sie mit beiden Händen aufzuschöpfen, bis er über und über mit dem klebrigen, geleeartigen Glibber bedeckt ist. Er heult und schluchzt.
Jemand schüttelt ihn durch.
»Aufwachen, Blödmann. Du träumst.«

Manuel! Julio fährt hoch.
»Sind wir noch nicht in San Lucar?«
»Schön wär's. Hast du von unserer Ankunft geträumt? War wohl nicht so prickelnd. Jetzt komm, du musst Juan ablösen. Er hat dich schon zweimal gerufen.«
»Ich hasse das Steuer. Ich will in meinem ganzen Leben kein Ruder mehr sehen.«
»Das glaube ich dir nicht.«
Julio löst Juan ab, der ihn verwirrt ansieht. Es dauert einen Augenblick, bis er Julio erkennt.
»Ich schlafe schon mit offenen Augen. Ich habe den Kurs ein paar Grad korrigiert. Nordnordost halten. Durchhalten, Julio. Wir sind fast da. Ich hau mich noch eine Stunde aufs Ohr. Viel Erfolg. Und nicht einschlafen.«
Julio denkt an seinen Traum. Ob er ein Vorzeichen sein sollte? Vielleicht ist Don Nino nicht wirklich tot. Vielleicht hat er – Julio – wirklich eine Mutter, die ihn schon jahrelang sucht. Vielleicht hat sie ein Zimmer mit Meerblick in San Lucar und wartet auf die Rückkehr ihres Sohnes. Julio zittert!

»San Lucar in Sicht! San Lucar!«
Der Mann im Ausguck schreit sich die Lunge aus dem Leib und die Stimme heiser. Alle stürzen an Deck. Am Horizont taucht die Hafenstadt auf. Sie sind angekommen! San Lucar. Julio kommt aus dem Schluchzen nicht heraus. Da ist das Türmchen aus seinem Traum. Da sind auch der Kai und die Kanonenböller, weil die *Victoria* ihre Kanonen abfeuert. Ein paar Passanten bleiben stehen und schauen zu dem abgewrackten Schiff herüber. Soldaten laufen herbei und helfen, das Schiff am Kai festzumachen. Juan betritt die Laufplanke und stützt die schwächsten Matrosen, ehe die Soldaten sie übernehmen. Julio erkennt, wie

entsetzlich sie aussehen. Alle betrachten sie mit Grauen, und die Soldaten trauen sich kaum, sie anzufassen.

Juan und Diego gehen als Letzte von Bord. Sie werden unter strenger Bewachung abgeführt. Als Ranghöchste werden sie Rede und Antwort auf die Fragen stehen müssen, wer sie sind und woher sie kommen. Dann werden sie zu erklären haben, wie sie um Gottes willen so viele Schiffe und Besatzungsmitglieder verlieren konnten.

Die gemeine Mannschaft wird in eine Herberge gebracht, wo man ihnen zu Essen gibt und ihnen ein Bad bereitet. Zwei Soldaten gehen vor der Tür in Stellung – die Herberge darf weder betreten noch verlassen werden. Sie essen schweigend und betrachten einander verlegen. Es fällt ihnen schwer, sich an den Gedanken zu gewöhnen, dass sie nun in der sicheren Heimat sind und nach Herzenslust essen und trinken können. Einer nach dem anderen geht langsam nach oben.

Julio und Manuel haben zusammen ein Zimmer. Julio legt sich auf sein Bett und streckt alle Viere von sich: So viel Platz! Er sieht zur rissigen Decke auf. Auch sein Kopf fühlt sich ganz rissig an. Er kann keinen klaren Gedanken mehr fassen und ist viel zu erschöpft, um sich zu freuen – schon fallen ihm die Augen zu. Er schläft zwanzig Stunden am Stück.

Nach drei Tagen besuchen Juan und Diego sie. Sie sehen wieder ganz vornehm in ihren neuen Kleidern aus, sind von wohlriechenden Düften umgeben und bestellen für alle Getränke. Alle sprechen durcheinander. Juan hebt das Glas.
»Wir haben es geschafft. Unfassbar.«
»Wir sind noch ganz baff«, witzelt ein Matrose.
»Das kann ich mir vorstellen. Aber hört zu, ich habe gute Neuigkeiten. Der Kaiser will sich bei euch persönlich bedanken.«

»Bei allen?«
»Bei allen«, sagt Juan feierlich. »Ihr bekommt eine Belohnung. Unsere Ladung deckt den Verlust der Schiffe ab und bringt Spanien darüber hinaus noch einen ordentlichen Gewinn.«
»Bekommt jeder eine Belohnung?«, fragt Julio erneut. Er kann es nicht sein lassen. Alle anderen Männer am Tisch hier sind freie Männer, nur er nicht. Eine weitere Enttäuschung ertrüge er nicht. Juan beantwortet die Fragen der anderen: wie viel sie wohl bekommen würden, ob er etwas über die zurückgebliebene *Trinidad* wisse. Oder über die verschollene *San Antonio*.
»Die *San Antonio* hat sich das Fjordenlabyrinth zunutze gemacht, um nach Spanien zurückzusegeln. Sie haben ihren Kapitän gefesselt.«
»Aber er war doch Magellans Bruder.«
»Schon. Trotzdem hat er hier eine zeitlang als Verräter eingesessen. Kaiser Karl hat ihn gestern befreien lassen, nachdem er meine Version der Angelegenheit erhört hat. Nach den Mannschaftsmitgliedern der *San Antonio* wird jetzt gefahndet. Sie werden ihre gerechte Strafe bekommen.«
Julio bedrängt ihn ein weiteres Mal mit Fragen.
»Kriegt wirklich *jeder* eine Belohnung?«
Juan spricht weiter über die Meuterer der *San Antonio*. Julio springt auf und stürzt zur Tür hinaus. Diego geht ihm hinterher.
»Warum antwortet er mir nicht?«
»Weil er wahrscheinlich keine Lust hat. Du kennst die Antwort doch selbst, Julio. Gesetz ist Gesetz. Du bist ein Sklave. Du bist selbst Besitz. Ich wüsste nicht, warum du Recht auf eine Belohnung haben solltest.«
Julio packt Diego an der Weste.
»Dann kauft mich. Ich flehe Euch an, Don Diego! Ich werde

es Euch zurückzahlen. Ich bin der beste Rudergänger. Ich will nicht wieder wie ein Tölpel Frühstück servieren und mich verbeugen und ›Ja, Herr‹ und ›Nein, Herr‹ sagen. Das müsst Ihr doch verstehen.«

»Ich versteh das wohl und Juan auch, glaub mir. Wir haben vorgestern nach darüber gesprochen. Aber ich kaufe dich nicht, Julio. Ich will nicht, dass du mein Besitz wirst. Ich könnte den Gedanken nicht aushalten. Außerdem wäre dir damit nicht geholfen.«

Julio schlägt mit der Faust auf einen Baumstamm. Die ganze Reise über hat er sich Illusionen hingegeben. Und wieder schlägt er mit voller Wucht zu, sodass seine Knöchel bluten. Er holt zum dritten Schlag aus, doch Diego fällt ihm in den Arm.

»Halt ein. Das bringt doch nichts, Julio. Der Einzige, der dir helfen kann, ist der Kaiser selbst.«

Julio lässt die Arme fallen.

»Der Kaiser selber?«

»Er ist jung, etwa so alt wie du. Außerdem ist er auch ein Waise. Sein Vater wurde ermordet und seine Mutter wurde weggesperrt, weil sie wahnsinnig geworden ist. Vielleicht …«

»Seid Ihr sicher, dass ich überhaupt mit an den Hof darf? Als Sklave?«

»Du hast doch gehört, was Juan gesagt hat: ›Alle.‹ Komm einfach mit. Du hast nichts zu verlieren. Stell dich mit uns in eine Reihe und sprich den Kaiser an, wenn sich eine Gelegenheit bietet.«

Julios Augen fangen an zu leuchten.

Das ist die Lösung! Der Kaiser selbst wird ihm helfen, er wird ihn verstehen.

Frauen in Röcken mit schillernd bestickten Borten und Männer mit breiten Kniebundhosen und seidenen Schuhen sitzen in einem prachtvollen Saal und hören der Ansprache des Kaisers zu. Über ihren Häuptern hängt ein Kronleuchter mit Hunderten von Kristallen, die bei jedem Applaus leise klirren. Der Kaiser ist ein bleicher Mann mit großen, melancholischen Augen. Sein Unterkiefer steht ein bisschen vor, wodurch sein Mund immer ein bisschen offen zu stehen scheint. In gebrochenem Spanisch preist er in einer langen, umständlichen Rede ihren Mut und ihre Ausdauer.

Juan und Diego bekommen weitere Abzeichen angeheftet. Die anderen Männer warten in dieser ungewohnten Umgebung mit etwas Unbehagen. Sie sind frisch gewaschen und rasiert und haben sich komplett neu eingekleidet. Der Hof hat bei der Gelegenheit ihre Garderobe bezahlt. Der Kaiser kommt, um jedem Einzelnen von ihnen die Hand zu reichen. Ein Lakai geht hinter ihm und gibt jedem eine Schatulle. Julio wartet in der Reihe, bis er vor ihm stehen wird und muss unwillkürlich an das Waisenhaus denken, wo die Jungen sich ebenfalls in Reih und Glied aufstellen mussten. Damals hatte er blaue und vor Kälte steife Füße und einen leeren Magen. Julio drückt den Rücken durch. Er wird dem Kaiser gerade in die Augen blicken.

Kaiser Karl tritt vor ihn. Er legt seine schwere, beringte Hand auf Julios Schulter.
»Du bist der Sklave? Du bist Julio?«
Julio nickt. Seine Kehle ist wie zugeschnürt. Der ernste Blick des jungen Kaisers verschlägt ihm die Sprache.
»Ihr werdet den Saal als freier Mann verlassen. Ihr habt Großes für Spanien geleistet und Eure Rechtschaffenheit unter Beweis gestellt.«

Weiter mahnt der Kaiser Julio, seine Freiheit zur Mehrung von Spaniens Ruhm und Seiner Majestät zu nutzen und dass seine Freiheit an dem Tag, an dem er ein einziges Gesetz übertrete, verfalle, aber das bekommt Julio schon nicht mehr mit, so sehr ist er vom Mund des Kaisers und seinem auf und ab tanzenden Ziegenbärtchen hypnotisiert. Frei! Er ist tatsächlich frei!

Auch vom Rest der Zeremonie bekommt er nichts mehr mit. Als die Feierlichkeit vorbei ist, schreiten sie mit ihren Schatullen hinaus. Er kann sich nicht einmal mehr erinnern, dass er die Schatulle in Empfang genommen hat. Manuel hakt sich bei ihm ein und plaudert drauflos. Julio ist seltsam zumute und stolpert über seine eigenen Füße. Manuel schleppt ihn lachend zur Herberge ab.

Kaum sind sie auf ihrem Zimmer, fällt Julio siedend heiß ein, dass er sich beim Kaiser nicht einmal bedankt hat. Er will zurück, aber Manuel hält ihn auf.

»Jetzt halt aber die Luft an, der hat schon gesehen, dass du dich gefreut hast. Ich hab noch nie in meinem Leben jemanden so ein komisches Gesicht machen sehen. Ich dachte schon, gleich würden ihm die Augen aus dem Kopf plumpsen.«

»Aber ich muss mich bei ihm bedanken!«

»Der Kaiser ist schon längst wieder weg, Julio. *Du* wirst ihm keine schlaflosen Nächte bereiten.«

»Dann muss ich mich bei Juan bedanken. Oder denkst du, dass ihm Diego von mir erzählt hat?«

»Keine Ahnung, wer und ob überhaupt jemand für dich ein gutes Wort eingelegt hat, Julio. Und das tut auch nichts zur Sache. So ist es doch am besten. Jetzt bist du nichts und niemandem mehr Rechenschaft schuldig. Du bist frei, weil du es verdient hast. Komm, wir zählen unsere Kohle.«

»Und was ist mit dir?«

»Wie meinst du das?«
»Sucht man dich noch?«
»Bestimmt nicht mehr. Ich frage besser nicht nach. Übrigens: Wenn man schon Sklaven freispricht, werden sie in der Hinsicht sicher auch ein paar Augen zudrücken, oder?«
»Wer ist hier ein Sklave? Ich nicht, merk dir das.«
Manuel schüttelt seine Schatulle.
»Da sind lauter Münzen drin. Ich warne dich, du hast in deinem ganzen Leben noch nie so viel Geld auf einem Haufen gesehen. Und das ist *unser* Geld. Wir können damit tun, was wir wollen.«
Manuel leert den Inhalt der Schatulle auf sein Bett. Julio macht das Gleiche. Sie wühlen mit ihren Händen in dem Geld und beschnuppern es. Sie werfen es durchs ganze Zimmer, lachen, schupsen sich gegenseitig und springen übereinander. Es ist eine stattliche Summe.

Während ihre Gefährten die Herberge verlassen und sich zu ihren Frauen, Kindern oder Eltern aufmachen, bleiben die beiden Freunde vorerst dort, denn sie sind die einzigen Heimatlosen. Der Wirt ist einverstanden – er weiß, dass sie jede Zeche bezahlen können. Sie bleiben und genießen das Leben. Wie wunderbar, sich alles kaufen zu können, wonach ihnen der Sinn steht. Sie erwerben schöne Kleider, essen und trinken, soviel sie nur können, und ziehen bis in die Morgenstunden durch die Gassen. Sie sind Männer geworden, die so schnell nichts mehr umhaut. Sie sind jung, sehen gut aus und gehen Schlägereien aus dem Weg.

Doch nach einigen Monaten macht sich Langeweile breit, und Manuel quälen Schuldgefühle. Er will sein Vermögen nutzen, um seine Familie zu finden und spricht immer öfter davon.

Julio soll mit ihm kommen, und wenn sie seine Geschwister gefunden hätten, könnten sie sich gemeinsam in den Bergen niederlassen. Aber Julio steht nicht der Sinn danach, die quirlige Hafenstadt für eine hoffnungslose Suche durchs Hinterland zu verlassen, obwohl er eigentlich nicht so recht weiß, wie und wo es für ihn weitergehen soll. Als er noch an Bord war, hatte er sich vorgenommen, Mina zu suchen, doch inzwischen ist ihm klar geworden, dass Mina schon lange für einen anderen Herrn arbeitet und somit in einer anderen Welt lebt, in der für Julio kein Raum mehr ist.

Manchmal schlagen sie im Hafen die Zeit tot, weil vor allem Julio so gern den Schiffen zusieht, wie sie für die Abfahrt bereitgemacht werden. Manchmal helfen sie beim Beladen oder plaudern hie und da ein bisschen mit diesem oder mit jedem. Eines Tages hören sie eine bekannte Stimme: Juan steht mit einer Pergamentrolle bei einer schmucken Karavelle. Er ruft ein paar Matrosen etwas zu, die weiter weg mit Tauen beschäftigt sind. Als Juan sie sieht, eilt er zu ihnen. Er klopft ihnen übermütig auf die Schultern, kneift ihnen in die Wangen, als wären sie Mastschweine, und bohrt verächtlich seinen Finger in ihre Bäuche, die durch die Völlerei eine leichte Wölbung aufweisen.
»Ich sehe schon, ihr lasst es euch gut gehen.«
»Allerdings, kein Grund zur Klage.«
Julios Unterton lässt Juan die Ohren spitzen.
»Warum bist du mich nicht besuchen gekommen, Julio? Du weißt doch, wo ich wohne.«
»Ihr habt mich um nichts gebeten.«
»Ich wusste nicht, dass du auf eine offizielle Einladung gewartet hast.«
»Ich dachte ... ich wollte Euch nicht zur Last fallen.«

Als Juan während der Zeremonie beim Kaiser in vollem Ornat mit elegant-adeliger Haltung die Abzeichen entgegen nahm, sah er unnahbar und wie ein wahrhaftiger Kapitän aus. Julio war von der Pracht derart verunsichert, dass alle gemeinsam durchlittenen Seemeilen dagegen verblassten. Hinzu kam ihr letztes Gespräch in der Herberge, als Juan ihn bewusst ignorierte – schließlich war es Diego, der ihn beschwichtigte. Juan schien ganz offensichtlich keine Lust mehr zu haben, Julios zermürbende Fragen zu beantworten und überhörte ihn deshalb geflissentlich. Und jetzt kommt ihm auch noch einmal Manuels Beschreibung für Juan in den Sinn: ›… weil Juan so beständig ist wie der Morgennebel über dem Wasser. Gerade war er noch da und – schwupp – schon ist er wieder weg. Beim dem weiß man nie.‹
Deshalb hat Julio ihn nicht besucht.

»Wisst Ihr etwas von Diego?«, fragt Manuel.
»Er fährt nicht mehr. Ihm hat es gereicht und er hat sich zurückgezogen. Ich habe ihn nicht mehr gesehen.«
»Wohin soll die Fahrt gehen?«
Manuel zeigt auf die Karavelle.
»Schönes Schiff, nicht wahr? Wir fahren nach Konstantinopel – in geheimer Mission. Mehr darf ich nicht sagen.«
Er zwinkert ihnen zu. »Und was sind eure Pläne?«
»Ein bisschen die Zeit vertrödeln, oder, Manuel? Gut, wir müssen weiter. Gute Fahrt, Don Juan.«
Sie schlendern weiter, aber nach zehn Metern zieht es Julio zurück.
»Ihr müsst mich mitnehmen, Don Juan.«
»Ich *muss?*«
Juan schüttelt neckend den Kopf.

»Ich weiß nicht, ob das eine gute Idee ist.« Er dreht sich schon halb um, als stehe er eigentlich zu sehr unter Zeitdruck, um sich mit derlei Kleinigkeiten abgeben zu können. Als Julio sich vor ihn stellt, schaut Juan ihn herausfordernd an.
»Also gut, Julio. Ich glaube ich kann noch ganz gut einen Leichtmatrosen gebrauchen.«
»Einverstanden«, sagt Julio.
»Was? *Einverstanden?* Nein, Julio. Du bist kein Leichtmatrose! Das war nur ein Witz. Aber ich habe noch keinen Rudergänger – und ich schätze mal, dass du schon ein bisschen Erfahrung als Rudergänger hast.«
»Ohne Ende«, lacht Julio.
Als sie sich die Hände schütteln, tritt Manuel zu ihnen.
»Was denn, willst du etwa auch mit? Seid ihr immer noch unzertrennlich?«
»Nein, Don Juan, ich habe anderes zu tun. Etwas, das ich schon viel zu lange herausgezögert habe. Aber trotzdem: danke für das Angebot.«

Juan heuert Julio für die Karavelle *Nautus* an. Ohne es zu wissen, war es genau das, worauf Julio gewartet hat. Auf einmal weiß er, was er zu tun hat. Eine Zukunft eröffnet sich vor ihm. Diese Reise wird er noch machen, um sich danach zum Steuermann ausbilden zu lassen oder sogar Kapitän zu werden. Er wird es ganz selbstständig tun und nicht mehr auf Juan zählen, sondern auf eigenen Füßen stehen.

Die Burschen machen sich reisefertig. Manuel begleitet Julio noch bei seinen Einkäufen für die Seereise. Plötzlich ist auch er in Eile: Er will vor Julios Abfahrt die Stadt verlassen haben. Manuel lässt ein Teil seines Geldes in einem Tresor und legt

wieder seine alten, fadenscheinigen Kleider an, um unterwegs nicht überfallen zu werden. Sie lassen den Wirt sein köstlichstes Mahl auftischen und speisen ausgiebig. Dann nimmt Manuel sein Bündel.
»Wenn du mich brauchst, frag in dieser Herberge nach mir. Ich werde hier jedes halbe Jahr vorbeischauen.«
»Wir werden uns bestimmt wiedersehen«, antwortet Julio.
»Bestimmt.«
»Hast du eine Ahnung, wo du mit der Suche anfangen sollst?«
»Nicht wirklich. Ich werde erst unsere alten Bekannten abklappern, dann weiß ich bestimmt mehr.«
»Du kommst also hierher zurück?«, versichert sich Julio noch einmal. Der Abschied fällt ihm sichtlich schwer.
»Ja«, antwortet Manuel einfach.
Langsam geht er die aufgeweichte Straße entlang. Dann dreht er sich noch einmal um, hebt seine Hand zum Gruß und verschwindet um die Ecke.
Als Julio wieder auf seinem Zimmer ist, zieht er die Vorhänge zurück und blickt aufs Meer hinaus. Morgen wird er mit der *Nautus* in See stechen. Der Wind wird die Segel schwellen und die Möwen werden kreischend über die Wellen streichen. Auf dem Kai werden die Geliebten der Matrosen weinen. Julio kennt den launischen Charakter des Meeres. Die Gefahr, den Hunger und die Langeweile, die es in sich birgt.
Er fordert es heraus.

Karte der Magellanstraße

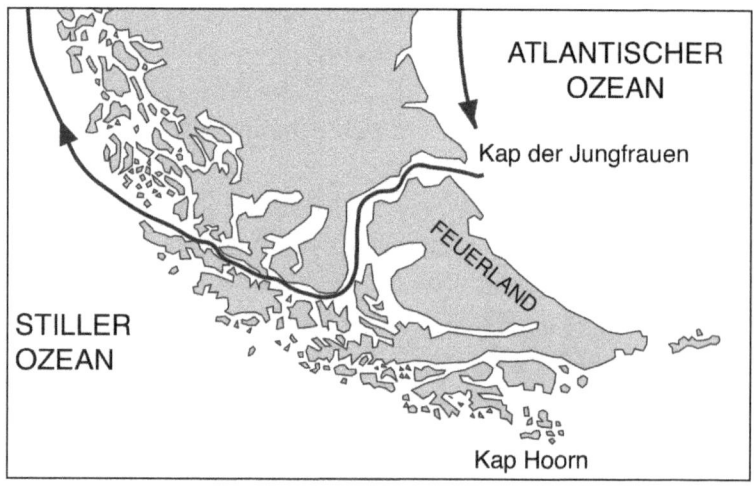

Glossar der wichtigsten nautischen Begriffe

abbrassen   Beim Abbrassen werden die Rahen so gedreht, dass die Segel längs zum Schiff stehen, damit der Wind nicht so stark hineinblasen kann. Das Gegenteil ist das Aufbrassen, um mehr Fahrt zu machen.

abbringen   ein auf Grund gelaufenes oder gestrandetes Schiff wieder flottmachen

anluven   Beim Anluven bringt man den Bug höher an den Wind. D. h. es wird beim Anluven mehr gegen den Wind gefahren. Das Gegenteil von anluven ist abfallen.

Arkebuse, die   Handfeuerwaffe aus dem 15. Jahrhundert, die mit Haken an einer Mauer oder einer Brustwehr eingehängt werden konnte, um den starken Rückstoß aufzufangen

Astrolabium, das   historisches astronomisches Mess- und Beobachtungsgerät, das gleichzeitig als Sternenuhr diente

Bilge, die   Kielraum eines Schiffes, in dem sich das Leckwasser sammelt

Bootsmann   Der Bootsmann ist die Bezeichnung für die Position des Meisters für den Beruf des Matrosen. Er trägt die Verantwortung für die Arbeitseinteilung und für die seemänische Ausrüstung.

Bramstenge, die   zweitoberste Verlängerung eines Mastes

dwars	dwars nennt man die Querrichtung zum Kiel. Man könnte auch sagen, dwars ist quer oder rechtwinklig (zum Kiel).
Etmal, das	von Mittag bis Mittag zurückgelegte Strecke
Fjord, der	durch Meeresspiegelanstieg oder Landsenkung überflutetes Trogtal mit übersteilen Hängen
Fockmast, der	bei Segelschiffen mit mehreren Masten vorderster Mast
Gangspill, das	Winde mit senkrechter Achse, in deren Kopf Speichen eingesetzt werden, die von den Matrosen im Rundgang herumgedreht werden, um (Anker-)Ketten auf- und abzuwinden.
glasen	Das Anschlagen der Schiffsglocke alle halbe Stunde. Die Zeit wurde früher anhand des Stundenglases, der Sanduhr, abgerufen. Zu jeder vollen Stunde gibt es beim Glasen Doppelschläge. Das Glasen beginnt zu jeder Wache mit einem Schlag (1 Glas) und beendet die Wache mit 8 (8 Glas).
Havarie	Seeunfall, Kollision
kalfatern	Abdichten der Fugen zwischen den Holzplanken. Beim Kalfatern benutzt man eine elastische Dichtungsmasse wie Teer bzw. Pech. Dient neben der Abdichtung auch der Elastizität und Stabilität der Konstruktion.
Kampanje, die	der hintere Aufbau auf dem Schiffsoberdeck
Karavelle, die	im Mittelalter und in der Zeit der Entdeckungsfahrten benutztes leichtes Segelschiff mit geringem Tiefgang und hohen Aufbauten am Heck
kielholen	schwere Strafe, bei der der zu Bestrafende an einem Tau unter dem Schiffsrumpf entlanggezogen wird

Legua, die	(auch Legoa oder Legue) Längeneinheit auf der iberischen Halbinsel und deren Kolonien, hauptsächlich in Südamerika. In Spanien: 5,5 km.
Luv	die dem Wind abgewandte Seite
Moses	(seemännisch spöttisch) jüngstes Besatzungsmitglied an Bord; Schiffsjunge
Quadrant, der	historisches astronomisches Instrument zur Messung des Höhenwinkels von Sternen
Rah, die	querschiffs waagerecht am Mast eines Schiffes beweglich angebrachtes Rundholz oder Stahlrohr zum Tragen der Rahsegel
Rahsegel	rechteckiges, an der Rah befestigtes Segel
reffen	Verkleinern der Segelfläche bei starkem Wind durch Rollen, Binden oder Falten
Rudergänger	Mitglied der Besatzung, das auf Weisung des Steuermanns oder Kapitäns das Schiff lenkt
Schaluppe, die	Beiboot mit Riemen oder einem Segel
Schanzkleid	Verstärkung der Reling, um das Eindringen von Wasser bei starkem Seegang zu verhindern
Schott	Wand im Schiffsrumpf zur gegenseitigen Abgrenzung von Lade-, Maschinen- und anderen Räumen zur Erhöhung der Sinksicherheit und der Festigkeit des Schiffes
Wanten	starke Taue oder Drahtseile, die den Mast seitlich stützen

Die Autorin

Marleen Nelen wurde 1971 in Essen/Belgien geboren. Als Kind las sie viel – meistens mit der Taschenlampe unter der Bettdecke – und spielte Klavier und Klarinette. Nachdem Studium der Fotografie begann sie zu schreiben, zunächst Kurzgeschichten und Essays für verschiedene Zeitschriften. Gleich für ihren ersten Roman *Expedition ins Ungewisse* wurde sie für den begehrten Thea-Beckmann-Preis nominiert. Sie liebt Filme und Musik, Badminton und Eis mit Schlagsahne. Marleen Nelen hat zwei Kinder, Nicolaas und Anna.

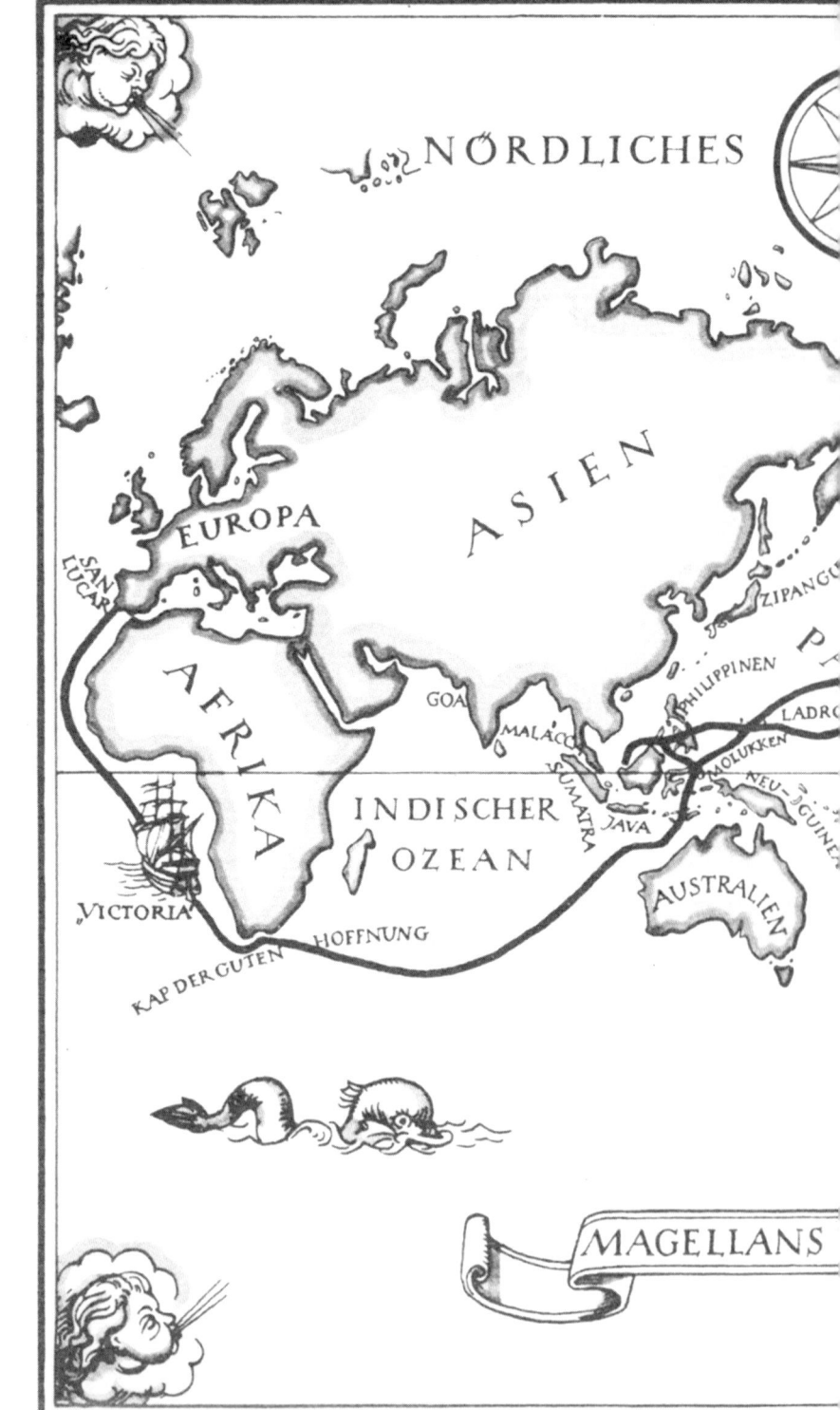